Österreichische
Mehlspeisen

Mohnsoufflé, *Rezept Seite 36*

Ingrid Pernkopf
Alexander Höss-Knakal

Österreichische Mehlspeisen

250 Rezepte für alle Jahreszeiten

Fotos von Michael Rathmayer

pichler verlag

Inhalt

● einfach · für Hobbyköchinnen und Hobbyköche

●● etwas schwieriger · mit etwas Übung und Erfahrung nachzukochen

●●● erfordert einiges Geschick und/oder Zeitaufwand

Links: Geschmorte Marillen mit Kokoscreme, *Rezept Seite 152*

Liebe Leserinnen und Leser!

Es fällt uns nicht einfach an dieser Stelle, die dem heiteren Genießen vorbehalten sein sollte, von Traurigem zu reden: Unsere Autorin Ingrid Pernkopf konnte die Fertigstellung dieses Buches leider nicht mehr erleben.
Wie immer war Ingrid mit Leib und Seele bei der Arbeit. Wie immer überlegte sie neue Rezepte und Variationsmöglichkeiten. Wie gewohnt wollte sie Ihnen, liebe Leserinnen und Leser, die bestmögliche Vielfalt bieten: von den beliebten Klassikern wie Kaiserschmarren, Powidltascherln, Biskuitroulade und Gugelhupf bis hin zu trendigen neuen Köstlichkeiten wie Tartes, Muffins und Cupcakes – alles, was der grandiose österreichische Mehlspeishimmel so bietet.
Kurz nachdem wir die Fotoaufnahmen zum Buch abgeschlossen hatten, kündigte sich jedoch Unheil an – Ingrid musste sich einer schweren Operation unterziehen, am 16. August 2016 ist sie viel zu früh an einer heimtückischen Krankheit gestorben. Wir konnten die Todesnachricht zunächst gar nicht fassen, arbeiteten wie betäubt weiter, wollten den Schmerz nicht an uns herankommen lassen.
Blicken wir kurz zurück auf ihr Leben: Geboren und aufgewachsen in Gmunden am Traunsee, besuchte Ingrid Pernkopf die Hotelfachschule in St. Pölten und absolvierte eine Koch- und Kellnerlehre. Anschließend arbeitete sie mit ihrem Mann Franz im Hotel Montana in Oberlech am Arlberg. Seit 1989 führte sie gemeinsam mit ihm das elterliche Gasthaus „Grünberg am See", das sie laufend ausbauten und modernisierten. Das „Grünberg" wurde zu einer Top-Adresse für Genießer, ein Ort zum Wohlfühlen, erfüllt von der Fürsorglichkeit und Herzenswärme der Gastgeberin.
Ein langer gemeinsamer Weg hat uns verbunden. Er begann 2006 auf Empfehlung von Christoph Wagner mit „Weihnachtsbäckerei aus Österreich", mit dem Ingrid Pernkopf auf Anhieb zur Kochbuch-Bestsellerautorin wurde. Jahr für Jahr folgten, meist in Zusammenarbeit mit Renate Wagner-Wittula, neue erfolgreiche Bücher: von der „Oberösterreichischen Küche" bis zur „Vorratsbibel", von der „Mehlspeisküche" bis zur „Knödelküche", von der „Strudelküche" bis zur „Resteküche". Es waren mit Liebe und Sorgfalt gestaltete Werke, die zum Fundament unseres Verlages wurden.
Wir sind überzeugt, dass Ihnen auch dieses letzte Buch Ingrid Pernkopfs, das Sie jetzt in Händen halten, ans Herz wachsen wird, dass Sie mit ihm kochen, backen und genießen werden, dass es Teil Ihres Alltags in der Küche wird. Wir wünschen Ihnen von ganzem Herzen gutes Gelingen!

An uns aber liegt es Danke! zu sagen – Danke! Ingrid für die wunderbare Zusammenarbeit, für deine Inspiration und Begeisterung. Danke! für die Herzlichkeit und Menschlichkeit im Umgang trotz aller Hektik und der großen Arbeitsbelastung, die mit dem „Grünberg" verbunden war. Danke! für die Zielstrebigkeit, mit der wir anspruchsvolle, große Kochbuchprojekte umsetzen konnten.
Mit Ingrid Pernkopf haben wir eine außergewöhnliche Persönlichkeit, Autorin und Freundin verloren – möge ihr kulinarisches Vermächtnis auch Ihnen, liebe Leserinnen und Leser, weiterhin Freude bereiten!

Alexander Höss-Knakal · Michael Rathmayer · Das Styria-Verlagsteam

Warme Köstlichkeiten

SCHMARREN, PALATSCHINKEN & WAFFELN
KNÖDEL, TASCHERL, NUDELN & SCHMALZGEBACKENES
WARME AUFLÄUFE & SOUFFLÉS
STRUDEL & WARME FRUCHTGENÜSSE

Links: Kaiserschmarren · *Rezept Seite 10*

Schmarren, Palatschinken & Waffeln

Kaiserschmarren

Dieses Rezept stammt von Souschef Peter Riess

ZUTATEN

ca. 250 ml Milch

120 g glattes Weizen- oder feines Dinkelmehl

4–5 Eier

Prise Salz und etwas Zucker

10–20 g in Rum eingeweichte Rosinen nach Belieben

evtl. 1 EL Zucker und 20 g Butter zum Karamellisieren

ca. 30 g Öl-Butter-Gemisch oder Butterschmalz zum Backen

Staubzucker zum Bestreuen

ZUBEREITUNG

- In einer Schüssel Milch mit Mehl und je einer Prise Zucker sowie Salz mit dem Schneebesen sorgfältig glatt verrühren.
- Nun die ganzen Eier nur kurz und rasch unterheben, dabei aber nicht verschlagen, damit der Teig flaumig wird.
- Butter-Öl-Gemisch in einer (am besten beschichteten) Pfanne heiß werden lassen, Teig eingießen, kurz mit einem Deckel abdecken und bei mittlerer Hitze goldbraun backen.
- Nun wenden und andere Seite (nach Belieben auch im heißen Backrohr) ebenfalls goldbraun backen.
- Mit zwei Gabeln in Stücke zerreißen, dabei die Rosinen und nach Belieben auch noch einige Butterflocken sowie Kristallzucker in die Pfanne geben und den Schmarren dadurch karamellisieren.
- Anrichten und vor dem Servieren mit Staubzucker bestreuen.

BACKZEIT: ca. 8 Minuten

GARNITUREMPFEHLUNG: Zwetschken-, Marillen- oder Hollerröster

DER SPEZIELLE TIPP

- Wenn Sie den Schmarren vor dem Wenden mit Zucker bestreuen sowie mit flüssiger Butter beträufeln und ihn dadurch karamellisieren, schmeckt er noch besser.

VARIATIONSMÖGLICHKEITEN

- Ersetzen Sie einen Teil der Milch durch Sodawasser, aber auch durch Obers, Topfen, Sauerrahm, Crème fraîche oder sogar Kokosmilch.
- Aromatisieren Sie die Masse mit Zimt, Lebkuchenbröseln, Lebkuchengewürz, fein geriebener Zitronen-, Orangen- oder Limettenschale.
- Größere Mengen backen Sie am besten in einer größeren Backform im 165–175 °C heißen Rohr ca. 20 Minuten.
- Die Eier können auch getrennt und das Eiklar mit etwas Zucker und 1 TL Maizena aufgeschlagen werden.
- Übergießen Sie den fertigen Schmarren mit Rum, Cointreau, Nussschnaps oder Schnaps und flambieren Sie den Kaiserschmarren.
- Der Teig eignet sich auch als Backteig für herausgebackene Früchte (Holler, Äpfel etc.) oder in verdünnter Form für feine Palatschinken.
- Den Teig in der Pfanne anbacken und im vorgeheizten Ofen bei ca. 230 °C mit Grillfunktion auf der zweituntersten Schiene aufgehen lassen. Aus dem Ofen nehmen und in Stücke zerteilen.

Sauerrahmschmarren mit Heidelbeeren

ZUTATEN (für 4 Personen)

- 300 g Sauerrahm
- 40 g Staubzucker
- 1 Pkg. Vanillezucker
- 3 Eier
- 1 EL Zitronensaft
- 40 g Mehl, glatt
- 20 g Kristallzucker
- 250 g Heidelbeeren
- etwas Butter
- Staubzucker zum Bestreuen

ZUBEREITUNG

- Eier trennen, Eidotter, Sauerrahm, Staubzucker, Vanillezucker und Zitronensaft gut verrühren, das Mehl untermengen.
- Eiklar mit Zucker auf-, aber nicht überschlagen und unter die Sauerrahmmasse heben.
- In einer Pfanne Butter erhitzen, Masse in die heiße Butterpfanne gießen, kurz am Herd anbacken, mit den Heidelbeeren bestreuen, anschließend im Rohr bei 170 °C so lange weiterbacken, bis die Oberseite goldbraun ist. Das dauert erfahrungsgemäß ca. 10 Minuten. Mit einer Gabel zerreißen und auf Tellern anrichten. Mit Staubzucker bestreuen.

Mandel-Briochekipferl-Schmarren

ZUTATEN (für 4 Personen)

120 g Briochekipferl, in ca. 1 cm große Würfel schneiden (sie sollen nicht zu frisch sein, 1 Tag oder älter ist optimal)

60 g Sauerrahm · 3 Eier · 100 g Milch

50 g Mandeln, geschält und in Stücke gehackt

Salz · Vanillezucker

abgeriebene Schale von 1 Zitrone

20 g Kristallzucker · etwas Butter

FÜR DIE WEICHSELN

40 g Kristallzucker

250 g Weichseln, entkernt

1 Zimtstange · 1 Stück Sternanis

200 ml Orangensaft

ZUBEREITUNG

- Brioche, Sauerrahm, Eier, Kristallzucker, Geschmackstoffe und die Milch vermischen. Die Mandeln im Backrohr goldgelb rösten, zu der Briochemasse geben.
- In einer Pfanne Butter leicht erwärmen und die Masse einlaufen lassen.
- Im vorgeheizten Backrohr bei 180 °C (Ober- und Unterhitze) auf der mittleren Schiene ca. 20 Minuten backen. Herausnehmen und mit zwei Gabeln in mundgerechte Stücke zerreißen.
- Für die BEILAGE den Kristallzucker in einer Pfanne karamellisieren, die Weichseln zugeben, mit Orangensaft ablöschen, Zimt und Sternanis zugeben, weich köcheln lassen und mit dem Schmarren servieren.

BACKZEIT: ca. 20 Minuten

Topfenschmarren

Dieses Rezept stammt von Jürgen Hametinger

ZUTATEN

250 g grober Topfen · 125 g Sauerrahm

3 Eidotter · 3 Eiklar

30 g Rohrzucker · 1 EL Waldhonig

40 g körniger Weizengrieß

2 EL Stärkemehl

Mark von 1/2 Vanilleschote

Prise Salz

abgeriebene Schale von 1/2 Zitrone

50 g Butterschmalz

mit Grand Marnier und evtl. auch Läuterzucker (Wasser und Zucker im Verhältnis 1:1 aufgekocht) marinierte Beeren

Minze oder Zitronenmelisse zum Garnieren

FÜR DIE SAUCE

250 ml Vanillesauce

2 Kugeln Vanilleeis

ZUBEREITUNG

- In einer Schüssel die Dotter mit Honig und etwa einem Drittel des Zuckers schaumig rühren. Topfen, Sauerrahm, Stärkemehl, Vanillemark, Zitronenschale sowie Weizengrieß unterheben und alles gut verrühren. Im Kühlschrank abgedeckt 10 Minuten quellen lassen.
- Währenddessen das Backrohr auf 180 °C vorheizen.
- Dann Eiklar mit Salz anschlagen und mit dem restlichen Zucker zu einem cremigen, festen Schnee schlagen. Unter die Masse heben.
- Butterschmalz in einer beschichteten, feuerfesten Pfanne erhitzen und die Masse eingießen. Die Pfanne in das vorgewärmte Rohr schieben und ca. 20 Minuten backen. Dabei nach ca. 10 Minuten wenden.
- Den Schmarren mit zwei Löffeln oder Gabeln in gleich große Stücke zerreißen.
- Inzwischen für die Sauce die Vanillesauce mit dem Eis aufmixen.
- Fertigen Topfenschmarren auf Tellern anrichten und mit Vanillesauce sowie Beeren garnieren, mit Zitronenmelisse oder Minze dekorieren.

BACKZEIT: 20 Minuten

GARNITUREMPFEHLUNG: Hollerröster, Rhabarber- oder Marillenkompott, Apfel-Preiselbeer-Sauce

Palatschinken

Dieses Rezept stammt von Monika Grashäftl, Almgasthof Windlegern

ZUTATEN

250 ml Milch (evtl. mit etwas Wasser oder Mineralwasser verdünnt)

3 Eier

60–70 g glattes Weizen- oder feines Dinkelmehl

Prise Salz

ZUBEREITUNG

- Zuerst Mehl mit einer Prise Salz in eine Schüssel geben und mit Milch glatt abrühren, dann die Eier zugeben und diese nur kurz unterrühren.
- Den Teig in einer heißen, beschichteten Pfanne mit wenig Öl oder Butterschmalz backen.
- Hierfür etwas Teig eingießen, dabei die Pfanne drehen, damit sich der Teig gleichmäßig verteilen kann und der Boden der Pfanne gerade bedeckt ist.
- Palatschinke auf beiden Seiten goldgelb backen.
- Zum Warmhalten übereinanderschichten. Beliebig füllen, einrollen und mit Zucker bestreut servieren.

BACKZEIT: 2–4 Minuten

GARNITUREMPFEHLUNG: Schlagobers, geriebene Nüsse, warme Schokoladesauce, Kompott

VARIATIONSMÖGLICHKEITEN

- Für SÜSSE PALATSCHINKEN können Sie den Teig noch mit Vanillezucker, Zitronenschale, Sirup oder Kakao verfeinern.
- Kleine, eingefettete Ringe von ca. 8 cm Durchmesser in die Pfanne stellen, den Teig in kleinen Portionen eingießen, Heidelbeeren einstreuen und backen. Mit Staubzucker bestreut servieren.
- Etwas fein gemahlene Nüsse, Kokosflocken oder Mohn unter den Teig mengen.
- Mit Topfenmasse füllen und mit Royal begießen und backen. Mit beliebiger Marmelade, Mus oder Kompott füllen.
- Anstelle einer Topfenfülle mit Mascarpone- oder Ricottafülle bereiten.
- Mit warmer, nicht zu fester Nuss- oder Mohnfülle bestreichen, einrollen, mit Schokoladesauce beträufeln.
- Füllen Sie die Palatschinken auch einmal mit Honig, Ahornsirup, Nutella, Haselnusscreme, Erdnussbutter, zerlassenem Nougat oder Powidl.
- Mit karamellisierten Äpfeln füllen und mit Orangenlikör flambieren.

Topfenpalatschinken mit Äpfeln und Rosinen

ZUTATEN (für ca. 8 Portionen)

FÜR DEN TEIG

80 g glattes Weizenmehl

evtl. 10 g Feinkristallzucker

200 ml Milch

2 Eier

Prise Salz

evtl. etwas abgeriebene, unbehandelte Zitronenschale

etwas Vanillezucker

Butter oder Öl zum Backen

FÜR DIE TOPFENMASSE

2 Eier oder 4 Eidotter

70 g Feinkristall- oder Gelbzucker

400 g Topfen (20 %)

20 g Vanillepuddingpulver bzw. Cremepulver oder 20 g Grieß oder Polenta

evtl. etwas unbehandelte Zitronen- oder Orangenschale

20 g Vanillezucker

FÜR DIE FÜLLE

ca. 500 g beliebige Äpfel, am besten Jonagold

ca. 150 g Feinkristall- oder Gelbzucker

ca. 300 ml Weißwein

Saft von einer 1/2 Zitrone

evtl. 60 g in Rum eingelegte Rosinen

evtl. 40 g Walnüsse, grob zerhackt

ZUBEREITUNG

- Für den TEIG Mehl, Milch und Aromen verrühren, Eier einrühren und in einer Pfanne mit etwas Öl Palatschinken backen.
- Alle Zutaten für die TOPFENMASSE verrühren und abschmecken.
- Für die FÜLLE die Äpfel schälen, Kerngehäuse entfernen und in kleine Stücke schneiden.
- Weißwein mit Zucker und Zitronensaft aufkochen, Äpfel zugeben, aufkochen lassen, von der Kochstelle nehmen und die Apfelmasse gut abtropfen lassen. Überkühlt die Rosinen und Walnüsse zugeben und unter die Topfenmasse mengen.
- Die Palatschinken damit füllen und in eine mit zerlassener Butter ausgestrichene Auflaufform von ca. 20 x 28 cm einschichten.
- Bei ca. 180 °C im vorgeheizten Backrohr ca. 30 Minuten backen.
- Eventuell nach ca. 10 Minuten Backzeit mit Eiermilch übergießen. Dazu 100 ml Milch mit 120 ml Obers, etwas Vanillezucker und einem Ei verrühren. Über die Palatschinken leeren und fertig backen.

BACKZEIT: ca. 30 Minuten

Oberswaffeln

ZUTATEN

100 g weiche Butter

20 g Vanillezucker

etwas unbehandelte Zitronen- od. Orangenschale; ersatzweise getrockneter Schalenzucker

Prise Salz

4 Eidotter · 4 Eiklar

50 g Feinkristallzucker

140 g glattes Weizen- oder feines Dinkelmehl

30 g Speisestärke

100 ml Obers

Öl für das Waffeleisen

Staubzucker zum Bestreuen

evtl. Schokoladesauce

ZUBEREITUNG

- Butter, Vanillezucker, Schale und Salz in einer Schüssel mit dem Schneebesen oder in der Rührmaschine schaumig rühren.
- Dotter nach und nach einrühren.
- Eiklar mit Zucker zu cremig-steifem Schnee schlagen.
- Mehl mit Stärke vermengen und mit dem Obers und dem Eischnee unter die Dottermasse rühren.
- Das Waffeleisen vorheizen, leicht mit Öl bestreichen.
- Jeweils eine auf die Größe des Waffeleisens abgestimmte Menge Teig in die Mitte des Waffeleisens geben, leicht verstreichen und goldbraune Waffeln backen.
- Mit Staubzucker bestreut servieren, dieser kann auch mit Zimt vermischt werden.
- Als Beigabe frische Früchte, Obers und Eis reichen.

BACKZEIT: ca. 3–4 Minuten

Foto links

Sauerrahmwaffeln

ZUTATEN

50 g weiche Butter

30 g Feinkristallzucker

1 Pkg. Vanillezucker

Prise Salz

2 Eier

130 g glattes Weizen- oder feines Dinkelmehl

1/2 ML Backpulver

100 g Sauerrahm

Öl oder Butterschmalz zum Ausbacken für die Form

Staubzucker zum Bestreuen

ZUBEREITUNG

- In einer Schüssel weiche Butter mit Zucker, Vanillezucker und einer Prise Salz mit dem Schneebesen oder Handrührgerät schaumig rühren, die Eier nach und nach einrühren. Mehl und Backpulver vermischen und mit dem Sauerrahm unter den Teig mengen.
- Ein Waffeleisen vorheizen, mit Öl oder Butterschmalz bestreichen, etwas Teig eingießen (die Menge richtet sich nach der Größe des Eisens) und hellbraun backen.

VARIATIONSMÖGLICHKEITEN

- Sie können die Waffeln auch mit beliebigen Beeren oder Früchten, beliebigem Röster, Vanillesauce oder mit Marmelade gefüllt und leicht geschlagenem Obers reichen.
- Durch zusätzliche Aromen wie Zimt, Lebkuchengewürz, Anis, Bittermandelöl geschmacklich aromatisieren.
- Oder 10 g Mehl durch Kakao ersetzen.
- Mit Buttermilch oder Joghurt anstelle von Sauerrahm vermengen.
- Mit Topfen, Mascarpone oder Mascarino bereiten, in diesem Fall etwas Milch oder Obers dazurühren.

TIPP: Verwenden Sie einen Schöpfer, der auf die Größe des Waffeleisens abgestimmt ist. So stimmt die Teigmenge bei jedem Backvorgang.

Knödel, Tascherl, Nudeln & Schmalzgebackenes

Topfenknödel

ZUTATEN

600 g Topfen (20 %)

20–40 g Feinkristallzucker

ca. 120 g entrindetes, altbackenes Weißbrot oder Toastbrot, in kleine Würfel geschnitten, ersatzweise Knödelbrot, je nach Feuchtigkeit des Topfens (beim gekauften Knödelbrot unbedingt die Brösel aussieben, die Masse würde zu fest werden)

2 Eier

1 Dotter

Prise Salz

40 g sehr weiche oder zerlassene Butter

10 ml Zitronensaft

etwas unbehandelte, fein geriebene Zitronen-, Limetten- oder Orangenschale

10 ml Rum

Butterbrösel süß zum Wälzen

Staubzucker zum Bestreuen

ZUBEREITUNG

- Mit dem Schneebesen Butter, Eier und Dotter verrühren, restliche Zutaten zugeben, gut vermengen (am besten mit dem Knethaken oder Bischof der Küchenmaschine), Masse ca. 2–3 Stunden im Kühlschrank rasten lassen.
- Vorzugsweise mit leicht angefeuchteten Händen kleine Knödel formen. Eventuell Probeknödel kochen.
- Die Knödel in kochendes Salzwasser einlegen, Hitze zurückschalten und ca. 12–15 Minuten, ja nach Größe, mehr ziehen als wallend kochen lassen.
- Vor dem Herausnehmen nochmals kurz aufkochen lassen, die Knödel werden dadurch besonders locker und flaumig.

WICHTIG:

- Die Masse unbedingt lange genug rasten lassen, nur so bekommen die Knödel die nötige Bindung.
- Wird die Masse ohne Rastzeit sogleich verarbeitet, dann unbedingt in eine Serviette einschlagen und als Serviettenknödel kochen.

- Die Knödel mit einem Lochschöpfer herausnehmen, auf einem Baumwolltuch oder Küchenpapier gut abtropfen lassen, in Butterbröseln wälzen und mit Staubzucker bestreut servieren.

KOCHZEIT: ca. 12–15 Minuten

VARIATIONSMÖGLICHKEITEN

- Geschmackliche Abänderung durch Beigabe von Orangenschale und Orangenlikör.
- In die Knödelmitte Schokoladetropfen, Nougatstücke oder Marzipanstücke eindrücken.
- Knödel in Kokosflocken wälzen und mit Fruchtsauce reichen. Eventuell mit zerlassener oder Nussbutter beträufelt servieren.
- In einer Pfanne Honig erwärmen und die Knödel darin kurz schwenken, in Butterbröseln oder Kokosflocken wälzen.
- Mit hausgemachtem Marillen-, Zwetschken-, Pfirsich-, Nektarinen-, Hollerröster, Apfelmus oder diversen Früchtespiegeln aus Himbeer-, Erdbeer-, Brombeer- oder Früchtepüree der Saison servieren.
- Unter die Topfenmasse etwas fein gemahlene Nüsse, Kürbiskerne oder Mohn mengen.

TIPP: Das Brot soll unbedingt altbacken sein, weiches Brot saugt zu wenig Feuchtigkeit der Zutaten auf und die Masse würde sich im Wasser auflösen.

Grießknödel süß

ZUTATEN
FÜR DAS GRUNDREZEPT

300 ml Milch

ca. 90–120 g Grieß, je nach gewünschter Konsistenz

20 g Butter oder Margarine

Prise Salz

1 Ei oder 2 Dotter

1/2 aufgeschnittene Vanilleschote oder 10 g Vanillezucker

evtl. Zucker nach Belieben

Butterbrösel zum Wälzen

Holler-, Zwetschken- oder Marillenröster, Beerenragout, Apfelmus oder beliebige Fruchtsaucen

Staubzucker zum Bestreuen

ZUBEREITUNG

- Milch mit Butter, Vanille und Salz aufkochen, Grieß mit einem Schneebesen zügig einrühren und so lange rühren, bis sich die Masse vom Topfboden löst. Von der Herdstelle nehmen und quellen lassen. Etwas überkühlt das Ei oder die Dotter einrühren, beliebig abschmecken und ca. 10 Knödel formen.
- In leicht gesalzenes Kochwasser einlegen, einmal kurz aufkochen lassen und bei fast abgedecktem Topf unter dem Siedepunkt gar ziehen lassen. Mit einem Lochschöpfer herausnehmen und gut (eventuell auf einer Serviette) abtropfen lassen, erst dann in den gerösteten süßen Bröseln wälzen (durch das überschüssige, abtropfende Wasser bilden sich bei den Butterbröseln unansehnliche Klumpen).

HINWEIS: Die Knödel vertragen aber auch einmal einen kurzen, stürmischen Wellengang. Das Ei kann auch schon in sehr warmem Zustand eingemengt werden. Ist die Masse kalt, können die Eier nur mehr sehr schwer untergemengt werden und die Masse wird beim Kochen nicht so flaumig.

VARIATIONSMÖGLICHKEITEN

- Das Kochwasser kann auch beliebig mit Gewürzen aromatisiert werden.
- Mit beliebiger Beilage anrichten und mit Staubzucker bestreut servieren.
- Oder mit Soja-, Hafer-, Reismilch (bei Milchunverträglichkeit) bereiten.
- Mit fein gemahlener Polenta zubereiten, eventuell den Röstvorgang verlängern oder Polentabeigabe um 20 g erhöhen.
- Auf die Gesamtmasse ca. 1/3 Topfenmenge einarbeiten. Knödel mit oder ohne Füllung – ohne Rastzeit – gleich kochen.

TIPPS

- Wurde die Masse einmal zu wenig geröstet bzw. abgebrannt und ist somit zu weich, dann mit Weißbrot- oder Semmelbröseln festigen.
- Zum besseren Formen der Knödel die Hände in Wasser tauchen oder mit Einweghandschuhen die Knödel drehen.

VARIATIONEN

- Zusätzlich mit Zimt, Nelken, Lebkuchengewürz, Bittermandelöl, unbehandelter Zitronen-, Limetten- oder Orangenschale oder Aromaölen oder -pasten würzen.
- Als Einlage kann man noch ca. 30 g in Rum eingeweichte Rosinen oder diverse klein gehackte Trockenfrüchte untermengen.
- Eventuell einen Teil der Milch durch Kokosmilch ersetzen.
- In den zu formenden Grießknödel ein Stück Nougat, Schokoladestücke oder -tropfen, Marzipan, Dörrzwetschken, Mon Chéri, Toffifee, Pocket Coffee, Schoko-Bons, Smarties, diverse Pralinen, zerkleinerte After-Eight-Stücke, Rum- oder Punschkugerl (Weihnachten), Maroni-, Mohn- oder Nussfülle etc. eindrücken. Masse gut darüber verteilen und zusammendrücken.
- Knödel mit Maronifülle mit heißer Schokoladesauce nappieren (überziehen) und mit geschlagenem Obers servieren.
- Der Teig kann auch mit Mohn oder Nüssen vermengt oder mit Kakao eingefärbt werden.

- Früchte wie Erdbeeren, Marillen und Zwetschken (eher kleine Früchte wählen), Himbeeren etc. mit dem Teig umhüllen und Obstknödel bereiten.
- Die Knödel in Kokosflocken, Nüssen, Mohn oder in fein oder grob gemahlenem Nusskrokant wälzen; mit oder ohne Fülle, abgestimmt auf die Geschmacksvariante.
- Knödel nur mit Kakao und Zucker bestreut servieren.
- Zum Wälzen können auch Biskuit- oder Keksbrösel verwendet werden.

Schokoladeknödel mit Erdbeersauce

ZUTATEN
(für 4 Personen / 12 Knödel)

FÜR DIE TOPFENMASSE
30 g weiche Butter
70 g Staubzucker
Prise Salz
1 Pkg. Vanillezucker
abgeriebene Schale von 1/2 Zitrone
350 g Topfen (10 %)
2 Dotter
100 g Toastbrot, entrindet und fein gecuttert, oder Semmelbrösel
60 g Mehl, griffig

FÜR DIE FÜLLE
50 g Milch
200 g Bitterkuvertüre, grob gehackt

FÜR DIE BUTTERBRÖSEL
100 g Butter
100 g Semmelbrösel
40 g Kürbiskerne

FÜR DIE ERDBEERSAUCE
300 g Erdbeeren
30 g Staubzucker
Saft von 1 Zitrone

ZUBEREITUNG

- Für die TOPFENMASSE Butter, Staubzucker, Salz, Vanillezucker und die Zitronenschale schaumig schlagen. Dotter langsam einlaufen lassen.
- Topfen zugeben und alles verrühren.
- Weißbrotbrösel und das Mehl untermischen und ca. 3 Stunden kalt stellen.
- Für die FÜLLE Milch aufkochen, Kuvertüre im Schneekessel schmelzen lassen und die Milch zugeben und vermischen. Kalt stellen noch bevor die Masse stockt. Kugeln drehen und am besten in den Tiefkühler legen oder die Masse in einen Dressiersack füllen, dann kleine Plätzchen dressieren und ebenfalls in den Tiefkühler geben; nachrollen.
- Ein Stück Teig mit leicht bemehlten Händen flach drücken, Schokoladekugel (Fülle) einlegen, einschlagen und zu Knödeln formen.
- Im leichten Salzwasser ca. 10 Minuten sanft köcheln lassen.
- Für die BRÖSEL Butter schmelzen, Semmelbrösel und gehackte Kürbiskerne zugeben. Die Knödel aus dem Wasser heben, abtropfen lassen und in den Bröseln wälzen.
- Für die ERDBEERSAUCE Erdbeeren, Staubzucker und Zitronensaft vermischen und mit dem Stabmixer pürieren.
- Die Knödel mit der Erdbeersauce servieren.

Maroniknödel

ZUTATEN (für 4 Personen)

FÜR DEN GRIESSTEIG

250 g Milch

Salz · Vanillezucker

abgeriebene Schale von 1 Zitrone

60 g Butter · 3 Eier

80 g Weizengrieß

90 g Toastbrot, entrindet und fein gerieben, oder Semmelbrösel

FÜR DIE MARONIFÜLLE

200 g Maronipüree, aufgetaut

2 cl Rum

FÜR DIE ORANGEN

200 ml Orangensaft

50 g Kristallzucker

2 Orangen, geschält

Maizena zum Abbinden

FÜR DIE BRÖSEL

50 g Butter

70 g Mandeln, gerieben

ZUBEREITUNG

- Für den GRIESSTEIG Milch, Salz, Vanillezucker, Zitronenschale und die Butter aufkochen. Grieß einrühren und ca. 2 Minuten unter ständigem Rühren abkochen. In eine Schüssel umfüllen und Eier zugeben.
- Toastbrotbrösel einrühren, Masse glatt rühren, beiseitestellen und abkühlen lassen.
- Für die MARONIFÜLLE Maronipüree und den Rum glatt rühren.
- Die Grießmasse glatt rühren, in 12 Teile aufteilen und jedes Teigstück flach drücken. Maronimasse in den Teig einschlagen und zu Knödeln drehen.
- Im Salzwasser ca. 10 Minuten leicht kochen lassen.
- In der Zwischenzeit für die BRÖSEL die Butter schmelzen und die Mandeln zugeben, kurz rösten und beiseitestellen. Die abgetropften Knödel in den Bröseln wälzen.
- Für die GESCHMORTEN ORANGEN die Früchte mit einem Messer von der Schale befreien und in Scheiben schneiden. Kristallzucker und Orangensaft aufkochen und mit Maizena abbinden, kurz aufkochen, Orangenscheiben einlegen und kurz einkochen lassen.
- Mit den Knödeln servieren.

KOCHZEIT: ca. 10 Minuten

Powidltascherl

ZUTATEN (für ca. 40 Stücke)

FÜR DEN ERDÄPFELTEIG

500 g gekochte, geschälte Erdäpfel

ca. 200 g griffiges Weizenmehl

60 g Weizengrieß

50 g weiche Butter · 2 Dotter

Prise Salz · Muskatnuss gerieben

ca. 200 g Powidlmarmelade, mit etwas Rum oder beliebigem Schnaps verrührt

etwas Wasser oder verquirltes Ei

fertige Butterbrösel

ZUBEREITUNG

- Die Erdäpfel noch warm durch die Erdäpfelpresse drücken, mit den restlichen Zutaten zu einem Teig vermengen. Etwas abkühlen lassen.
- Auf einer leicht bemehlten Arbeitsfläche ca. 3 mm dick ausrollen und Kreise von ca. 8 cm Durchmesser ausstechen.
- In die Mitte der Kreise etwas Marmelade dressieren. Den Rand eventuell mit etwas Wasser oder verquirltem Ei bestreichen, zu einem Halbkreis zusammenschlagen und die Ränder gut andrücken.
- In kochendes, leicht gesalzenes Wasser einlegen und ca. 10 Minuten leicht köcheln lassen.
- Mit einem Lochschöpfer aus dem Wasser heben, gut abtropfen lassen, mit Butterbröseln sowie Staubzucker bestreuen und mit Marillen-, Zwetschken-, Holler- oder beliebigem Fruchtröster servieren.

KOCHZEIT: ca. 10 Minuten

Marillen-Ravioli mit Mohn

ZUTATEN (für 4 Personen)

FÜR DEN TEIG

250 g Mehl

250 g Topfen (20 %)

250 g Butter

Prise Salz

1 Ei zum Bestreichen

2 EL ganzer Mohn zum Bestreuen

FÜR DIE MARILLEN

500 g Marillen, halbiert

50 g Kristallzucker

abgeriebene Schale von 1 Zitrone

ZUBEREITUNG

- Für den TEIG die Zutaten verkneten und im Kühlschrank 1 Stunde rasten lassen.
- Für die MARILLEN die Früchte in kleine Stücke schneiden und mit dem Kristallzucker und dem Zitronensaft in einer Pfanne auf kleiner Flamme kernig weich dünsten, auskühlen lassen.
- Den Teig auf einer leicht bemehlten Arbeitsfläche 3 mm dünn ausrollen und mit einem 12 cm großen Ausstecher ausstechen.
- Mit Ei bestreichen und die ausgekühlte Marillenmischung darauf verteilen, zusammenklappen und fest zusammendrücken. Mit Ei einstreichen und mit dem Mohn bestreuen.
- Im vorgeheizten Backrohr bei 180 °C (Ober- und Unterhitze) auf der mittleren Schiene ca. 20–25 Minuten backen.

BACKZEIT: ca. 20–25 Minuten

Topfen-Couscous-Nockerl mit Marillenkompott

ZUTATEN (für 15 Nockerl)

FÜR DIE TOPFENMASSE

50 g weiche Butter

80 g Staubzucker

Salz · 1 Pkg. Vanillinzucker

abgeriebene Schale von 1 Zitrone

500 g Topfen (10 %)

1 Ei · 1 Eidotter

50 g Grieß

50 g Toastbrotbrösel oder Semmelbrösel

1 Zimtstange · 2 Stück Sternanis

200 g Apfelsaft · 100 g Couscous

FÜR DIE BUTTERBRÖSEL

125 g Butter

100 g Semmelbrösel

3 EL Kristallzucker

250 g Marillenkompott, selbst gemacht oder gekauft

ZUBEREITUNG

- Apfelsaft, Sternanis, Zimtstange aufkochen, den Couscous zugeben und beiseitestellen. Dann zugedeckt 20 Minuten ziehen lassen. Sternanis und die Zimtstange entfernen. Auskühlen lassen
- Für die TOPFENMASSE Butter, Staubzucker, Salz, Vanillinzucker und die Zitronenschale schaumig schlagen. Topfen zugeben und alles verrühren.
- Ei, Dotter, Weißbrotbrösel, Grieß und die Couscousmischung untermengen und ca. 3 Stunden kalt stellen.
- Mithilfe von zwei Löffeln Nockerl drehen (Löffel immer ins Wasser tauchen). Im leichten Salzwasser ca. 10 Minuten leicht köcheln lassen.
- Für die BRÖSEL Butter schmelzen, Semmelbrösel und Kristallzucker zugeben und leicht rösten. Nockerl in den Bröseln wälzen und mit Marillenkompott servieren.

Erdäpfelnudeln mit Nüssen oder Mohn

ZUTATEN

500 g gekochte und geschälte mehlige Erdäpfel

ca. 130–180 g griffiges Weizen-, Dinkel- oder Vollkornmehl, je nach verwendeter Erdäpfelsorte

30 g Grieß oder feiner Polentagrieß

2 Eidotter oder 1 Ei

50 g weiche oder zerlassene Butter

Prise Salz

Vanillezucker, Zimt, Lebkuchengewürz, Orangen- od. Zitronenzucker, Ingwerpulver bei Süßspeisen

Butter und Nüsse oder Mohn zum Durchschwenken

ZUBEREITUNG

- Die ausgekühlten Erdäpfel durch die Erdäpfelpresse drücken. In einer Schüssel oder auf einer Arbeitsplatte gemeinsam mit den restlichen Zutaten rasch zu einem Teig verkneten und sofort weiterverarbeiten.
- Vom Teig kleine Stücke abnehmen und längliche Nudeln formen.
- Die Nudeln in kochendes, leicht gesalzenes Wasser einlegen und kurze Zeit ziehen lassen, bis sie aufkochen.
- Mittels Lochschöpfer aus dem Wasser heben, in heißer Butter mit Nüssen oder Mohn durchschwenken und mit karamellisierter Banane servieren.

VERWENDUNG

- Dieser Teig ist auch eine ideale Hülle für süße Obstknödel.
- Die Erdäpfelnudeln können auch ungekocht in einer Pfanne mit wenig Öl unter ständigem Schwenken der Pfanne rundum goldbraun gebraten werden.

TIPP: Erdäpfel nie faschieren, mixen oder zu lange bearbeiten, da sie hierbei leicht gummiartig werden und die Teigqualität darunter leidet.

Foto links

Arme Ritter

ZUTATEN

16 Scheiben altbackenes Briochegebäck, Semmelscheiben, Toastbrot oder Weißbrot

Backteig (Rezept siehe S. 208)

etwas Rum und Milch zum Beträufeln

Öl zum Herausbacken

Zimtzucker oder Staubzucker zum Bestreuen

FÜR DIE FÜLLMASSE

125 g Ribiselmarmelade

30 g Aranzini

30 g Zitronat

30 g geriebene Haselnüsse

30 g Rosinen

2 cl Rum

20–40 g Mie de pain (Brösel von entrindetem Weißbrot)

ZUBEREITUNG

- Backteig wie beschrieben vorbereiten.
- Für die FÜLLMASSE Aranzini, Zitronat sowie Rosinen sehr fein hacken oder wiegen. Mit Marmelade sowie Nüssen vermischen und mit einem Schuss Rum abschmecken. Mit den Bröseln binden.
- Die Hälfte der Semmelscheiben mit der Füllmasse bestreichen, mit je einer Scheibe abdecken und sanft andrücken.
- Etwas Milch mit einem kräftigen Schuss Rum vermischen und die Brotscheiben damit beträufeln oder darin kurz wenden.
- In einer Pfanne reichlich Öl erhitzen (auf ca. 155 °C). Die Armen Ritter durch den Backteig ziehen und im heißen Fett auf beiden Seiten goldgelb backen.
- Herausnehmen und auf Küchenkrepp abtropfen lassen.
- Mit Zimtzucker oder Staubzucker bestreuen und servieren.

VARIATIONSMÖGLICHKEITEN

- Wenn es besonders schnell gehen soll, die gefüllten Semmelscheiben einfach in Mehl wenden und durch versprudeltes Ei ziehen.
- Statt der Zitronatfüllung können die Gebäckscheiben auch mit jeder Marmelade, Powidl oder Mohn-, Nuss-, Marzipan- sowie Vanillecreme gefüllt werden.

BACKZEIT: ca. 5 Minuten

Krapfen

ZUTATEN (für ca. 35 Stück)

- ca. 450 ml Milch
- 2 Würfel Germ oder 2 Pkg. Trockengerm
- 1050 g glattes Mehl
- 150 g Butter
- 100 g Zucker
- 20 g Vanillezucker
- etwas abgeriebene Zitronenschale
- 2 Eier
- 6 Dotter
- 10 g Salz
- ca. 60–70 ml Rum
- Öl oder Schmalz zum Herausbacken
- Marillenmarmelade und Rum zum Füllen
- Staubzucker zum Bestreuen

ZUBEREITUNG

- Etwas Milch lauwarm erhitzen und mit Zucker und Germ zu einem Dampfl verrühren.
- Butter ebenfalls erhitzen und mit dem Mehl, Vanillezucker, etwas abgeriebener Zitronenschale, Eiern, Dottern, Dampfl, Salz sowie Rum in eine Rührschüssel geben.
- Restliche Milch zugießen und nun alles kräftig abschlagen, bis sich der Teig vom Schüsselrand löst und der nicht zu feste Teig schön glatt ist. (Bei Bedarf noch etwas Milch einarbeiten.) Zugedeckt 30 Minuten rasten lassen.
- Nun 40–60 g schwere Stücke abtrennen und zu Krapfen „schleifen", d. h. mit der Handfläche zu Krapfen durchwalken. Auf ein leicht bemehltes Tuch setzen, mit der Hand flach drücken und nochmals kurz gehen lassen.
- In einer tiefen Pfanne reichlich Fett erhitzen (auf ca. 155 °C).
- Die Krapfen mit der Oberseite nach unten einlegen, zugedeckt 2–3 Minuten backen, umdrehen und nochmals 2–3 Minuten ohne Deckel fertig backen.
- Mit einem Lochschöpfer herausnehmen, auf ein Gitter legen und abtropfen lassen.
- Marillenmarmelade mit etwas Rum abschmecken, in einen Spritzsack mit langer Krapfentülle füllen und die Marmelade seitlich hineinspritzen.
- Mit Staubzucker bestreuen und am besten lauwarm servieren.

BACKZEIT: 4–6 Minuten

DIE BESTEN TIPPS FÜR GELUNGENE KRAPFEN

- In der Küche Zugluft vermeiden!
- Wärmen Sie das Mehl vor, so geht der Teig besser auf.
- Krapfen beim Gehenlassen immer mit einem Tuch abdecken.
- Geformte Krapfen nicht mehr zu lange gehen lassen, da sie sonst nicht mehr schön aufgehen und „speckig" werden.
- Wenn Ihre Pfanne zu klein ist, die Krapfen auf mehrere Male herausbacken und dabei im Kühlschrank „warten" lassen, damit sie nicht mehr aufgehen können.
- Vor dem Backen Mehl von den Krapfen abschütteln.
- Krapfenteig kann auch in verschiedene andere Formen gebracht werden, etwa Halbmonde, Kipferl, Brezerl, Ringe etc.
- Die Krapfen können sowohl mit jeder anderen Marmelade als auch mit allen Füllcremen (Vanille-, Schokolade-, Nuss-, Mohn- oder Punschcreme etc.) gefüllt werden.
- Besonders gut schmecken Krapfen, wenn sie noch warm in einem Gemisch aus Staubzucker und Mohn oder Nüssen gewälzt werden.

Pofesen

Dieses Rezept stammt von Küchenchef Josef Durstberger

ZUTATEN

8 große oder 16 kleine Scheiben altbackenes Weiß- oder Toastbrot

3 Eier

ca. 200 g Marmelade nach Belieben oder Powidl

Schuss Cointreau, Rum oder Marillenschnaps (je nach verwendeter Marmelade)

1 KL Vanillezucker

Prise Zimt und/oder Nelken

glattes Mehl zum Wälzen

Butterschmalz oder Öl zum Herausbacken

Zimtzucker (Rezept siehe Seite 100) oder Staubzucker zum Bestreuen

ZUBEREITUNG

- Die Eier in eine Schüssel schlagen und leicht verrühren.
- Etwas Mehl auf einen flachen Teller geben.
- Die Marmelade je nach Sorte mit etwas Rum, Schnaps oder Cointreau sowie Vanillezucker und je einer Prise Zimt und/oder Nelken abschmecken.
- Die Hälfte der Brotscheiben mit Marmelade bestreichen und je eine nicht bestrichene Scheibe auflegen. (Große Toastbrotscheiben nach Belieben einmal diagonal durchschneiden.)
- In einer Pfanne Schmalz oder Öl erhitzen.
- Pofesen auf beiden Seiten in Mehl wälzen, im versprudelten Ei wenden und rasch ins heiße Öl einlegen. Goldgelb backen, wenden und auf der anderen Seite ebenfalls goldgelb herausbacken.
- Herausnehmen, auf Küchenkrepp abtropfen lassen und vor dem Servieren mit Zimt- oder Staubzucker bestreuen.

BACKZEIT: ca. 5 Minuten
GARNITUREMPFEHLUNG: Vanillesauce

VARIATIONSMÖGLICHKEITEN

- Mischen Sie unter die Marmelade oder den Powidl noch klein gehackte, in Rum eingelegte Dörrzwetschken.
- Füllen Sie die Pofesen auch mit Preiselbeermarmelade, unter die Sie nach Geschmack noch Mohn oder geriebene Nüsse mengen.
- Bestreichen Sie die Pofesen statt mit Marmelade mit Füllmassen aus Marzipan, Nüssen, Mohn, faschierten Dörrfrüchten oder Puddingcreme.
- Wälzen Sie die bereits durch das Ei gezogenen Pofesen vor dem Herausbacken noch in Bröseln.
- Ziehen Sie Pofesen durch Back- oder Palatschinkenteig.
- Servieren Sie die Pofesen mit Fruchtsauce, etwa aus Zwetschken oder Marillen.
- Auch eine mit etwas Stärke oder Puddingpulver eingedickte Rotweinsauce eignet sich hervorragend als passende Garnitur.

Warme Aufläufe & Soufflés

Kirschenauflauf bzw. Clafoutis

ZUTATEN (für ca. 8 Förmchen oder eine größere Auflaufform von ca. 28 cm)

4 Eier

ca. 90–120 g Feinkristallzucker

20 g Vanillezucker · Prise Salz

60 g fein gemahlene Nüsse, Mandeln oder eine Nussmischung

60 ml Milch · 1 TL Speisestärke

80 g glattes Weizen- oder feines Dinkelmehl

350 g gut abgetropfte Weichseln aus dem Glas

zerlassene Butter zum Ausbuttern der Formen

ZUBEREITUNG

- Die Förmchen bzw. Form ausbuttern. Eier, Zucker, Vanillezucker und das Salz mit dem Handmixer schaumig rühren. Zuerst Nüsse und dann die Milch einrühren, zuletzt das Mehl untermengen. Die Masse in die Förmchen bzw. Form geben. Die mit Stärke vermischten Weichseln auf der Masse verteilen und im vorgeheizten Backrohr bei ca. 165–175 °C mit Heißluft je nach Formgröße ca. 20–35 Minuten backen.
- Schmeckt warm am besten, kann natürlich aber auch kalt serviert werden.
- Als Beigabe Vanillesauce oder Crème fraîche reichen.

BACKZEIT: ca. 20–35 Minuten, je nach Größe der Form

VARIATION

- Das Rezept kann auch mit Ribiseln und beliebigen Früchten bzw. Fruchtmischungen sowie dem Saft von Orangen anstatt Milch zubereitet werden.

Foto rechts

Topfenauflauf mit saisonalen Früchten

ZUTATEN
(für ca. 8 Tassen oder Formen)

FÜR DEN AUFLAUF

150 g Topfen (20 %)

3 Eidotter · 3 Eiklar

80 g Feinkristall- oder Gelbzucker

60 g glattes Weizen- oder feines Dinkelmehl

80 ml Milch

etwas Zitronenschale und Vanillezucker

ca. 150 g vorbereitete Früchte nach Belieben

zerlassene Butter zum Ausstreichen

etwas Puderzucker zum Bestreuen

ZUBEREITUNG

- Die Tassen oder Formen mit Butter ausstreichen. Backofen vorheizen.
- Dotter mit der Hälfte des Zuckers schaumig rühren, dann Topfen, Zitronenschale und Vanillezucker dazugeben und mit der Milch in die Masse rühren. Das Eiklar mit dem restlichen Zucker zu cremig-steifem Schnee schlagen und mit dem Mehl behutsam untermengen.
- Die Topfenmasse in die Formen füllen und die Früchte einlegen. Im vorgeheizten Backrohr bei ca. 165–175 °C mit Heißluft ca. 20 Minuten backen.
- Den Topfenauflauf entweder in der Form servieren oder mit einem kleinen Messer vom Rand ablösen und auf einen Teller stürzen.
- Mit Staubzucker bestreut servieren und Vanilleeis als Beigabe reichen.

BACKZEIT: ca. 20 Minuten

Zwetschkenscheiterhaufen

ZUTATEN
(für 4–6 Personen / 1 Auflaufform)

FÜR DIE ROYAL
125 ml Milch
125 ml Obers
2 Eier · 1 Eidotter
70 g Kristallzucker
Vanillezucker · Salz
abgeriebene Schale von 1 Zitrone
35 g Vanillepuddingpulver

ca. 6 Scheiben Brioche (geschnitten)
flüssige Butter für die Form
ca. 13–16 Zwetschken, je nach Backform

ZUBEREITUNG

- Für die ROYAL alle Zutaten vermischen (TIPP: alles leicht erwärmen) und die halbierten Briochescheiben darin kurz eintauchen und beiseitelegen.
- Die Auflaufform mit flüssiger Butter ausstreichen, geschnittene Briochescheiben ganz unten einlegen und mit den geviertelten Zwetschkenstücken belegen; wieder Briochescheiben einschichten und mit Zwetschkenstücken belegen, abwechselnd fortsetzen, bis die Form gefüllt ist. Zum Schluss mit der restlichen Royal übergießen.
- Im vorgeheizten Backrohr bei 170 °C (Ober- und Unterhitze) auf der mittleren Schiene ca. 45–50 Minuten backen. Garprobe machen, aus dem Ofen nehmen, mit Staubzucker bestreuen und servieren.

BACKZEIT: ca. 45–50 Minuten

Foto links

Mohnauflauf mit Kirschenragout

Dieses Rezept stammt von Anneliese Wartha, Waldzell

ZUTATEN FÜR DEN AUFLAUF
25 g Butter
25 g glattes Weizen- oder feines Dinkelmehl
125 ml Milch · 20 g Vanillezucker
70 g fein gemahlener Mohn
3 Eidotter · 4 Eiklar
20 g Feinkristallzucker
20 ml Rum oder beliebiger Alkohol
etwas zerlassene Butter und Zucker für die Auflaufform

FÜR DAS KIRSCHENRAGOUT
125 ml Rot- oder Weißwein
130 g Honig · 100 ml Orangensaft
80 g brauner Zucker
etwas unbehandelte Orangenschale
20 g Vanillezucker
1 kleine Zimtstange
650 g entsteinte Schwarzkirschen oder Weichseln (Glas)

ZUBEREITUNG

- Für den AUFLAUF zum Eindicken der Milch Mehl und Butter vermengen. Die Milch mit Vanillezucker aufkochen, zuerst den Mohn, dann das Mehl-Butter-Gemisch in die heiße Milch geben. Noch einmal unter ständigem Rühren aufkochen. Den dickflüssigen Teig von der Kochstelle nehmen. Behutsam die Dotter einrühren.
- Eiklar mit dem Zucker cremig-steif schlagen und mit dem Alkohol unter die Mohnmasse rühren.
- Die Auflaufform mit zerlassener Butter ausstreichen und leicht auszuckern. Die Masse in einen Spritzbeutel füllen und die Form zu etwa zwei Dritteln befüllen.
- Die Form in ein wasserfestes Gefäß stellen und im vorgeheizten Backrohr bei ca. 180 °C Heißluft ca. 20 Minuten backen.
- Für das KIRSCHENRAGOUT alle Zutaten außer den Kirschen aufkochen und etwa auf ein Drittel einkochen lassen. Durch ein Sieb passieren, die Kirschen in den heißen Fond geben und das Ragout auskühlen lassen.

BACKZEIT: ca. 20 Minuten

Reis Trauttmansdorff

ZUTATEN (für 6–8 Gläser)

140 g Rundkornreis
ca. 750 ml Milch
20 g Vanillezucker
Prise Salz
1 Zimtstange, gemahlen oder Prise Zimt
250 ml Schlagobers
250 g Joghurt
60 g Feinkristallzucker

FÜR DAS WEICHSELKOMPOTT

200 g entkernte eingelegte Weichseln
ca. 200 ml Weichselsaft oder beliebiger Fruchtsaft
30 g Maraschino oder Amaretto, für Kinder mit Fruchtsirup bereiten
10 g Stärkemehl

ZUBEREITUNG

- Reis vorher mit kaltem Wasser abschwemmen, mit Milch, Kristallzucker, Vanillezucker, Salz und Zimt ca. 30–45 Minuten bei sehr schwacher Hitze sehr weich quellen lassen. Zimtstange herausnehmen. Bei Bedarf noch etwas Milch zufügen.
- Obers cremig-steif aufschlagen und mit dem Joghurt unter die erkaltete Milchreismasse heben.
- Weichselsaft mit Stärkemehl verrühren, unter ständigem Rühren aufkochen und gut eindicken. Weichseln und Alkohol zugeben und noch einmal aufkochen lassen, abkühlen.
- In die vorbereiteten Gläser den Reis abwechselnd mit den eingedickten Weichseln einschichten.
- Mit Hippen, Mandelblättchen, Pignolien, Pistazien, Kürbiskernen, Schokoladespänen u. dgl. garnieren.

Rhabarber-Cobbler

ZUTATEN (für 4–6 Personen / 1 runde oder eckige Form, ca. 1,5 l)

1 Vanilleschote, der Länge nach halbiert und das Mark ausgeschabt
100 g Butter, weich
40 g Kristallzucker
1 Ei
gute Prise Salz
abgeriebene Schale von 1 Zitrone
100 g Buttermilch
150 g Mehl, glatt
1/2 TL Backpulver

300 g Rhabarber
30 g Kristallzucker

Mandelblätter und Staubzucker zum Bestreuen
Vanilleeis

ZUBEREITUNG

- Butter, Kristallzucker, Salz, Zitronenschale und Vanillemark schaumig schlagen. Das Ei verschlagen und nach und nach zur Buttermasse geben, dann Buttermilch, Mehl und Backpulver zugeben und glatt rühren.
- Rhabarber schälen und mit dem Kristallzucker vermischen, dann in der ausgebutterten Form verteilen und mit der Masse 2 cm hoch auffüllen. Mit Mandelblättern bestreuen und auf der mittleren Schiene bei 160 °C ca. 30 Minuten backen. Garprobe machen.
- Am besten mit einem Löffel etwas vom Cobbler auf den Tellern verteilen, mit Staubzucker bestreuen und mit Vanilleeis servieren.

BACKZEIT: ca. 30 Minuten

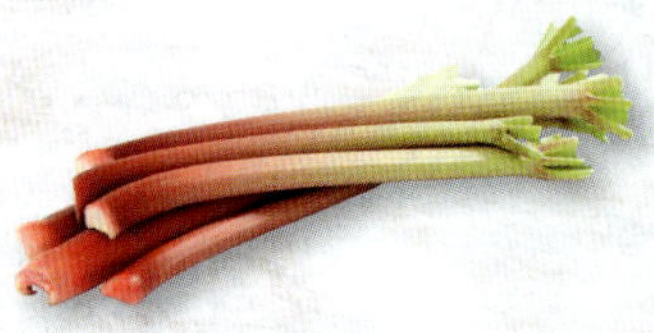

Salzburger Nockerl

ZUTATEN
(für 4 Personen / 1 größere, ovale, feuerfeste Form)

10 gekühlte Eiklar, ca. 300 ml
5–6 Eidotter
70 g Feinkristallzucker
Prise Salz
10 ml Zitronensaft
evtl. etwas abgeriebene Schale einer unbehandelten Zitrone
20 g Vanillezucker
50 g glattes Weizenmehl
20 g Maisstärke (Maizena)
evtl. 1–2 EL Preiselbeer- oder Orangenmarmelade

Staubzucker zum Bestreuen

etwas zerlassene Butter für die Form
50 ml Milch oder Obers

ZUBEREITUNG

- Backrohr vorheizen. In einer ovalen, feuerfesten Form Butter zerlassen oder sie damit ausstreichen, Milch oder Obers zugießen und nach Belieben Marmelade in der Form verrühren.
- Gekühlte Eiklar mit einer Prise Salz, Zitronensaft und der Hälfte Kristallzucker mit dem Handmixer oder mit dem Schneebesen in der Küchenmaschine zu schmierigem Schnee schlagen, dann langsam den restlichen Zucker einlaufen lassen. Weiterschlagen, bis der Schnee cremig und fest ist, aber keine abgesetzten Spitzen zeigt.
- Eidotter, Zitronenschale, Vanillezucker, Mehl und Maisstärke auf den Eischnee geben und alles mit dem Schneebesen in wenigen Drehungen (4–5 Bewegungen) unterheben. Die Masse sollte nicht völlig homogen vermischt werden.
- Nun mit einer Teigkarte 3–4 pyramidenförmige typische Nockerl abnehmen bzw. formen, diese nebeneinander in die Form setzen und im vorgeheizten Backrohr bei ca. 175–185 °C mit Heißluft oder bei 195–205 °C mit Ober- und Unterhitze ca. 14–18 Minuten, je nach gewünschter Festigkeit, goldgelb backen. Mit Staubzucker bestreuen und, damit die Nockerl nicht zusammenfallen, rasch servieren.

BACKZEIT: ca. 14–18 Minuten

TIPP: Damit Eischnee gut aufgeschlagen werden kann, muss das Gefäß völlig fettfrei sein.

Grießkoch mit Birnen und Schokolade

ZUTATEN (für 4 Personen)

FÜR DAS GRIESSKOCH

500 g Milch

abgeriebene Schale von 1 Zitrone

50 g Kristallzucker · 1 Zimtstange

70 g Weizengrieß

FÜR DIE BIRNEN

2 reife Birnen, am besten Williamsbirnen

1–2 EL brauner Zucker · Saft von 1 Zitrone

Schokoladeraspeln

ZUBEREITUNG

- Für die BIRNEN die Früchte in Spalten schneiden, braunen Zucker in einer großen Pfanne karamellisieren lassen und die Birnenscheiben einlegen. Kurz auf einer Seite braten, wenden und nochmals braun braten. Mit dem Zitronensaft ablöschen und beiseitestellen.
- Für das GRIESSKOCH Milch, Zitronenschale, Kristallzucker und die Zimtstange aufkochen. Die Zimtstange entfernen, dann den Grieß zugeben und bei kleiner Hitze ca. 5 Minuten rühren. In Schüsseln füllen und mit den Birnen und Schokoladeraspeln garnieren.

Beerenragout

ZUTATEN

50 ml Weißwein oder Most

50 ml Apfelsaft oder beliebiger Fruchtsaft

ca. 30 g Feinkristallzucker

1 TL Speisestärke

250 g beliebige Beeren oder eine Beerenmischung

Schale einer 1/2 Limette, klein geschnitten

ZUBEREITUNG

- Für das RAGOUT alle Zutaten außer den Beeren unter Rühren aufkochen und gut einkochen lassen. Von der Kochstelle nehmen und frische oder tiefgekühlte Beeren untermengen.

TIPPS

- Geschmacklich mit Zitronen- oder Orangenschale verfeinern.
- Mit Zimt, Lebkuchengewürz, Ingwer oder beliebigen Aromen aromatisieren.

Gewürzsoufflé mit Kirschen

ZUTATEN

(für 6 Personen / 6 Keramikförmchen mit ca. 120 ml)

250 ml Milch

1 Vanilleschote, der Länge nach halbiert und das Mark ausgeschabt

gute Prise Salz · 20 g Milchreis

etwas gemahlener Ingwer u. Kardamom

abgeriebene Schale von je 1 Orange und Zitrone

150 g Topfen (20 %)

3 Eidotter · 3 Eiklar

40 g Kristallzucker

FÜR DIE KIRSCHEN

150 g Wasser · 40 g Kristallzucker

1 Vanilleschote, der Länge nach halbiert und das Mark ausgeschabt

abgeriebene Schale von je 1 Orange und Zitrone

1 Stück Sternanis · 1 Zimtstange

1 Zitronengrasstängel, grob geschnitten

1 EL Maizena, mit 2 EL Wasser vermischt

350 g Kirschen

Butter u. Kristallzucker für die Förmchen

ZUBEREITUNG

- Für die KIRSCHEN die Früchte entkernen und beiseitelegen, Wasser aufkochen, alle anderen Gewürze sowie den Zucker zugeben, ca. 10 Minuten leicht einkochen lassen, Flüssigkeit abpassieren und die Kirschen zugeben. Dann mit der Maizenamischung abbinden, umrühren und auskühlen lassen.
- Für das SOUFFLÉ die Förmchen mit weicher Butter ausstreichen und mit Kristallzucker ausstreuen.
- Milch, Vanilleschote und -mark, Salz, Milchreis, Zimt, Ingwer, Kardamom, Orangen- und Zitronenschale aufkochen und ganz langsam einkochen lassen, bis der Reis weich ist. Vanilleschote entfernen. In eine Schüssel umfüllen.
- Die Eidotter und den Topfen zugeben und glatt rühren.
- Eine passende Wanne mit etwas Wasser in den Ofen stellen, 10 Minuten vorheizen.
- Eiklar gut anschlagen und den Kristallzucker zugeben, zu cremigem Schnee schlagen und unter die Reismasse heben.
- In die mit Butter und Kristallzucker ausgestreuten Formen füllen.
- Im vorgeheizten Backrohr bei 180 °C ca. 20 Minuten auf der mittleren Schiene backen. Man kann das Soufflé in der Form servieren oder stürzen und mit den Kirschen servieren.

BACKZEIT: ca. 20 Minuten

Grießsoufflé

ZUTATEN
(für ca. 6 Portionen)

250 ml Milch

50 g Butter

20 g Vanillezucker

Prise Salz

etwas Schale einer unbehandelten Zitrone oder Orange

50 g Weizengrieß

4 Dotter

4 Eiklar

70 g Zucker

zerlassene Butter und Zucker für die Förmchen

ZUBEREITUNG

- Für das SOUFFLÉ die Milch mit Butter, Vanillezucker, Salz und Schale aufkochen, dann den Grieß unter ständigem Rühren einlaufen lassen. Die Masse ca. 2–3 Minuten bei mittlerer Hitze kochen lassen.
- Alles in eine Schüssel umfüllen und mit Frischhaltefolie abgedeckt auf ca. 40–50 °C abkühlen lassen.
- Dotter dann nach und nach in die Masse einrühren.
- Backrohr auf ca. 190 °C vorheizen. Formen mit zerlassener Butter und Zucker ausstreuen, überschüssigen Zucker ausklopfen.
- Eiklar mit Zucker zu cremig-steifem Schnee aufschlagen. Ein Drittel des Schnees unter die Grießmasse rühren, dann den Rest behutsam unterheben. Die Masse bis zum Rand in die Förmchen füllen und die Oberfläche glatt streichen. Mit einer Messerspitze die Soufflémasse beim Rand freilegen, damit das Soufflé beim Backen nicht kleben bleibt.
- Die Förmchen in eine mit Küchenpapier ausgelegte Form stellen, diese in den Ofen schieben und etwa zwei Fingerbreit hoch mit kochendem Wasser auffüllen. Die Temperatur auf ca. 180 °C reduzieren und ca. 15–20 Minuten backen. In der Form servieren.
- Als Beilage reicht man Zwetschkenkompott und Eis.

BACKZEIT: ca. 15–20 Minuten

Foto rechts

Mohnsoufflé

ZUTATEN

3 Eier

80 g zimmerwarme Butter

30 g Honig

70 g Feinkristallzucker

80 g fein gemahlener Mohn

50 g Semmelbrösel

2 cl Rum

Prise Salz

kräftige Prise Vanillezucker

Butter und Kristallzucker für die Form

ZUBEREITUNG

- Die Eier trennen und die Brösel mit Rum beträufeln.
- Das Backrohr auf 170 °C Heißluft vorheizen.
- In einer Schüssel die Butter mit Honig und Dottern schaumig rühren. Eiklar mit Zucker steif schlagen.
- Nun die feuchten Brösel sowie Schnee und Mohn nach und nach unter die Dottermasse mischen. Mit einer Prise Salz und Vanillezucker abschmecken.
- Kleine Förmchen mit Butter ausstreichen und mit Zucker ausstreuen. Eine passende Backform mit Zeitungspapier auslegen und heißes Wasser in der halben Höhe der Förmchen eingießen. Die Mohnmasse in die Förmchen einfüllen, in das Wasserbad stellen und im vorgeheizten Backrohr 40–50 Minuten backen.
- Herausnehmen, stürzen und auftragen.

BACKZEIT: ca. 40–50 Minuten
GARNITUREMPFEHLUNG: geschlagenes Obers, Vanilleeis oder Schokoladesauce, Beerenragout, Orangensauce.

Foto Seite 2

Nougatsoufflé mit Holunder und Mango

ZUTATEN
(für 4 Personen / 4 feuerfeste Formen)

FÜR DAS NOUGATSOUFFLÉ
130 ml Milch
100 g Nougat, klein geschnitten
40 g Butter
40 g Mehl
4 Eier
60 g Kristallzucker

FÜR DIE MANGOSAUCE
1 Mango
2 EL Orangensaft
40 ml Holunderblütensirup

Butter und Zucker für die Formen

ZUBEREITUNG

- Für die MANGOSAUCE Mango schälen, in kleine Stücke schneiden und mit dem Orangensaft und dem Holunderblütensirup aufkochen. Danach mit dem Stabmixer pürieren und auskühlen lassen.
- Für das NOUGATSOUFFLÉ Milch aufkochen und das Nougat darin schmelzen. Butter in einer Pfanne schmelzen, Mehl zugeben, zusammen rösten, bis die Masse goldbraun wird. Danach mit der Milch-Nougat-Mischung vermengen.
- Die Eier trennen. Die Dotter zur Nougatmischung hinzufügen und gut verrühren. Die Eiklar gut anschlagen und nach und nach den Kristallzucker einrieseln lassen. Zu einem cremigen Schnee schlagen.
- Den Schnee unter die Nougatmischung heben, in die ausgefetteten und ausgezuckerten Formen füllen (zu etwa drei Vierteln befüllen).
- Im vorgeheizten Backrohr bei 180 °C (Ober- und Unterhitze) auf der mittleren Schiene ca. 20 Minuten backen.
- Mangosauce auf den Teller gießen, Soufflé vorsichtig aus der Form auf den Teller stürzen und mit Staubzucker bestreuen.

BACKZEIT: ca. 20 Minuten

Foto links

Schokolade-Soufflé mit Birnengranité

ZUTATEN (für 6 Personen / 6 Kaffeetassen oder feuerfeste Formen)

FÜR DAS SOUFFLÉ
150 g Kuvertüre (70 %)
4 Eier, getrennt
100 g Kristallzucker
200 ml Schlagobers, flüssig
1 TL Maizena
1 TL Kakaopulver
Butter und Kristallzucker für die Formen

FÜR DAS BIRNENGRANITÉ
375 g gekochte Birnen aus der Dose
300 g Birnenfond aus der Dose
120 ml Wasser · 50 ml Zitronensaft
50 g Zucker
2 cl Rum (38 %)
1 Vanilleschote, der Länge nach halbiert und das Mark ausgeschabt

ZUBEREITUNG

- Für das BIRNENGRANITÉ Birnen und Birnenfond mit dem Stabmixer zu Püree mixen. Zum Schluss 120 ml kaltes Wasser dazugeben sowie Vanilleschote und -mark, Zucker, Rum und Zitronensaft. Kurz durchziehen lassen, Vanilleschote herausnehmen. Das Birnengranité 3–4 cm hoch in ein Tupperware-Geschirr füllen und 10 Stunden gefrieren lassen. Anschließend mit einem Suppenlöffel grobe Eiskristalle abschaben und mit dem Soufflé servieren.
- Souffléformen mit weicher Butter ausstreichen und mit Kristallzucker ausstreuen. Backrohr auf 180 °C vorheizen.
- Kuvertüre in einem Wasserbad im Schneekessel schmelzen.
- 2/3 des Obers und die Hälfte des Kristallzuckers aufkochen, Maizena und das Kakaopulver mit dem restlichen Obers glatt rühren und in die kochende Obersmasse einrühren, dabei ständig rühren. Ca. 1 Minute kochen lassen. Dann zur Kuvertüre gießen und mit dem Gummi-Max von innen nach außen rühren. Glatt rühren und dann die Eidotter unterheben.
- Das Eiklar gut anschlagen, den restlichen Kristallzucker zugeben, cremig schlagen und unter die Masse heben. In die Förmchen füllen und im vorgeheizten Backrohr bei 180 °C (Ober- und Unterhitze) auf der mittleren Schiene ca. 20 Minuten backen. Am besten in der Form schnell mit dem geschabten (Gabel oder Löffel) Birnengranité servieren.

BACKZEIT: ca. 20 Minuten

Strudel & warme Fruchtgenüsse

Nussstrudel

ZUTATEN FÜR DEN TEIG
(für 1 Strudel)

280 g glattes Weizen- oder feines Dinkelmehl
250 g gekochte mehlige Erdäpfel (ohne Schale gewogen)
100 g leicht zerlassene, nicht heiße Butter
60–90 g Feinkristallzucker
1 Eidotter
Prise Zitronenschalenpulver
Prise Salz
1/2 Pkg. Backpulver

Mehl für die Arbeitsfläche
Butter für das Backblech

FÜR DIE NUSSFÜLLE
120 ml Milch
50 g Zucker
10 g Bourbon Vanillezucker
30 g Honig
20 g in Rum eingeweichte Rosinen (oder Dörrzwetschken, Preiselbeeren, Sauerkirschen, Feigen, Datteln)
170 g fein gemahlene Nüsse
2 cl Rum
Prise Zimt und Zitronenschalenpulver

1 verquirltes Ei zum Bestreichen

ZUBEREITUNG

- Für die FÜLLE Milch aufkochen, vom Feuer nehmen und mit den restlichen Zutaten vermengen. Überkühlen lassen. (Die Masse sollte eher fest sein, damit der Strudel nicht aufreißt. Bei Bedarf daher etwas Biskuitbrösel oder Brösel von entrindetem Weißbrot untermengen.)
- Für den TEIG die gekochten Erdäpfel passieren, mit den restlichen Zutaten rasch zu einem glatten Teig kneten und ca. 30 Minuten kühl rasten lassen. Dann den Teig rechteckig ausrollen, zwei Drittel des Teiges mit der vorbereiteten Fülle bestreichen und einrollen. Mit dem Teigende nach unten auf ein vorbereitetes Backblech setzen, mit Ei bestreichen und mit einer Gabel mehrmals einstechen. Im vorgeheizten Backrohr bei ca. 165–185 °C 35–40 Minuten hellbraun backen.

BACKZEIT: 35–40 Minuten

VARIATIONSMÖGLICHKEITEN

- Der Strudel kann auch mit einer Mohnmasse gefüllt werden.
- Der Strudelteig eignet sich auch sehr gut als Knödelhülle für Obstknödel, wobei die Knödel dann in Fett ausgebacken werden sollten.

TIPP: Für das ZITRONENSCHAUMPULVER 2–3 Zitronen heiß abwaschen, gründlich abtrocknen und die Schale so dünn wie möglich abschälen. Großzügig auf einem Backblech verteilen und am besten im Heißluftherd bei ca. 65 °C trocknen lassen (Backofentür einen Spalt offen lassen). Danach in einer Gewürz- oder Kaffeemühle fein reiben und in einem gut verschlossenen Glas aufbewahren.

Apfelstrudel

ZUTATEN FÜR DEN STRUDELTEIG
(Grundrezept von 150 g Mehl)

- 150 g glattes Weizenmehl, Typ 700
- 15 g Öl (z. B. Sonnenblumen), ca. 1 EL
- ca. 80 ml lauwarmes Wasser
- 1/2 TL Essig
- Prise Salz
- Mehl zum Verarbeiten
- Öl zum Bestreichen beim Rasten

FÜR DIE FÜLLE

- 800 g bis 1 kg geschälte, blättrig geschnittene Äpfel
- 50 g Feinkristall- oder Gelierzucker
- Zimt
- 20 g Vanillezucker
- 30 g in Rum eingeweichte Rosinen
- ca. 1 Handvoll fertige Butterbrösel, evtl. beliebig mit gemahlenen Nüssen gemischt
- evtl. 2 cl Rum
- 1–2 cl Zitronensaft

ZUBEREITUNG

- Für die FÜLLE alle Zutaten vermengen.
- Für den TEIG die Zutaten genau abwiegen. Diese am besten in eine Schüssel geben und mit einer Teigkarte oder Teigspachtel von innen nach außen langsam vermischen. Wenn Sie den Teig mit den Händen vermengen bzw. verkneten, können Sie auch Einweghandschuhe überziehen.
- Sobald der Teig glatt ist und nicht mehr an den Handflächen klebt, auf die Arbeitsfläche geben und mit dem Handballen kräftig kneten, bis der Teig geschmeidig ist und sich die Oberfläche seidig matt anfühlt. (Der Teig kann bei größeren Mengen in der Rührschüssel mit dem Knethaken zubereitet werden. Er sollte aber am Ende noch kurz mit den Händen durchgeknetet werden. Klebt der Teig dabei auf der Arbeitsfläche, so arbeiten Sie noch zusätzlich etwas Mehl ein.)
- Teig zu einer Kugel schleifen (formen). Teller mit Öl bestreichen, Teig auflegen und ebenfalls mit Öl bestreichen. Mit Frischhaltefolie abdecken und ca. 30 Minuten bei Raumtemperatur rasten lassen, damit sich der Teig anschließend gut ausziehen lässt. (Noch besser kann der Teig rasten, wenn Sie eine Schüssel mit heißem Wasser ausspülen, abtrocknen und die Teigkugel damit abdecken. Spülen Sie die Schüssel im weiteren Verlauf noch ein- bis zweimal heiß aus.)
- Dann ein Strudeltuch (großes Baumwolltuch) gut mit Mehl bestreuen, Teig in der Mitte auflegen und gut mit Mehl bestauben. Mit einem Rollholz (am besten überzogen mit einem Nylonstrumpf) gleichmäßig der Länge und der Breite nach dünn ausrollen.
- Mit den Händen (Handrücken nach oben) unter den Teig greifen, Teig aufnehmen (hochheben) und mit dem Handrücken behutsam auseinanderziehen. Auf das bemehlte Tuch zurücklegen und von der Mitte nach außen zur Tischkante hin fertig ausziehen. Der Teig sollte so dünn ausgezogen werden, dass er durchscheinend ist.
- Eventuell dicke Ränder des ausgezogenen Strudelteigs wegschneiden.
- Zum Füllen das obere Teigdrittel je nach Fülle mit Bröseln bestreuen, die ganze Teigfläche mit nicht zu heißer zerlassener Butter oder Öl beträufeln und die Fülle im oberen Viertel auftragen. Die Ränder seitlich ein wenig über die Fülle schlagen.
- Das Tuch mit beiden Händen anheben und die obere Teigkante über die Fülle schlagen. Tuch immer höher anheben und straff gespannt halten, bis sich der Strudel eingerollt hat und auf der „Naht" (Verschlussstelle) zu liegen kommt. Enden gut verschließen.
- Je nach Strudelart den fertig gerollten Strudel mit dem Teigende nach unten und mit Hilfe des straff gespannten Tuches behutsam auf ein vorbereitetes Blech, eine Backform oder in eine Pfanne rollen. Oder den Strudel mit dem Teigende nach unten auf einen vorbereiteten Papierstreifen abrollen – das vereinfacht das Ablegen des Strudels auf das Blech.
- Mit zerlassener Butter oder beliebiger Einstreiche bestreichen und im vorgeheizten Backrohr bei 180–185 °C Heißluft (je nach Herd) 40–50 Minuten, abhängig von der Füllmasse, goldbraun backen. Dabei müssen Strudel mit Obstfüllung bei höherer Temperatur gebacken werden als Strudel mit weicher, streichfähiger Füllmasse.

EINFACH ZUM MERKEN:

- Mengenverhältnis Mehl zu Wasser ist ganz einfach etwa 2:1, d. h., man nimmt 2 Teile Mehl und 1 Teil Wasser.
- Strudel mit Obstfüllungen höher befüllen als Strudel mit weicher, streichfähiger Fülle.
- Backen im vorgeheizten Backrohr mit Heißluft bei ca. 180–185 °C, je nach Herd und Füllung.
- Temperatur und Zeit müssen auf das jeweilige Backrohr abgestimmt werden.

BACKZEIT: 40–50 Minuten

BUTTERBRÖSEL FÜR DEN STRUDELTEIG ZUM BESTREUEN

50 g Semmel- oder Kuchenbrösel

50 g zerlassene Butter für die Butterbrösel

geriebene Hasel- oder Walnüsse

- Butter zerlassen und mit Bröseln und eventuell Nüssen goldgelb rösten. Die Brösel können auf den ausgezogenen Teig gestreut werden.
- 20 Minuten vor Backende mit gezuckerter Milch übergießen, bringt ein besonderes Aroma.

Einen Film von Ingrid Pernkopf über die Strudelzubereitung finden Sie im Internet unter www.gruenberg.at und auf YouTube.

Gekochter Topfenstrudel mit Nussbröseln „einmal anders"

ZUTATEN (für 4 Personen)

FÜR DIE TOPFENMASSE

100 g Toastbrot, entrindet

30 g sehr weiche Butter

30 g Kristallzucker

Prise Salz

1 Pkg. Vanillezucker

abgeriebene Schale von 1/2 Zitrone

250 g Topfen (20 %)

1 Ei · 1 Dotter

FÜR DIE NUSSBRÖSEL

50 g Butter

1 EL Kristallzucker

30 g beliebige Nüsse, gerieben

30 g Semmelbrösel

Frischhaltefolie, Alufolie

ZUBEREITUNG

- Für die TOPFENMASSE Toastbrot feinwürfelig schneiden.
- Butter, Kristallzucker, Salz, Vanillezucker und die Zitronenschale schaumig rühren, Topfen und die Toastbrotwürfel zugeben. Das Ei und den Dotter in die Masse gut einrühren. Masse 2 Stunden kalt stellen.
- Für die BRÖSEL Butter in einer Pfanne schmelzen, Kristallzucker, Nüsse und die Semmelbrösel zugeben und leicht goldgelb rösten.
- 2 Stück Frischhaltefolie auflegen, die Topfenmasse auf den beiden Folien verteilen und zu zwei Rollen einrollen. Nochmals in Alufolie einwickeln.
- Wasser in einem Topf aufkochen und die zwei Rollen ca. 30 Minuten ziehen lassen (die Masse darf nicht kochen). Dann aus der Folie auspacken und in den Nussbröseln wälzen.

GARZEIT: ca. 30 Minuten

TIPP: Es ist kein richtiger Strudel, da der Teig fehlt, jedoch eine interessante Variante – Strudel einmal anders verpackt. Dazu kann man diverse Früchte oder Kompotte servieren.

Birnen-Couscous mit Granatapfel

ZUTATEN (für 4 Personen)

FÜR DAS BIRNEN-COUSCOUS

3 EL brauner Zucker · Saft von 1 Zitrone

500 ml Apfelsaft · 1 kleine Zimtstange

1 Vanilleschote, der Länge nach halbiert und das Mark ausgeschabt

200 g Couscous

50 g Haselnüsse, grob gehackt

2 EL Butter · 3 EL brauner Zucker

4 Birnen · 1 EL brauner Zucker

Prise Zimt, gemahlen

200 ml Orangensaft · 1 EL Butter

1 Granatapfel, halbiert, Kerne ausgelöst

10 cl Grenadinesirup · Zimtstangen

ZUBEREITUNG

- 3 EL braunen Zucker in einer Pfanne karamellisieren. Zitronensaft zugeben, ebenso Apfelsaft, Zimt und die Vanille.
- Couscous in eine Schüssel streuen und mit der Apfelsaft-Zitronensaft-Mischung übergießen. Zugedeckt ca. 20 Minuten rasten lassen.
- 2 EL Butter in einer Pfanne schmelzen, 3 EL braunen Zucker zugeben und karamellisieren, den Couscous zugeben und kurz unter mehrmaligem Schwenken leicht braten. Haselnüsse beimengen.
- 1 EL Zucker in einer Pfanne karamellisieren lassen, die Butter darin schmelzen, Birnen in feine Scheiben schneiden und darin schwenken, dann mit dem Orangensaft ablöschen und mit Zimt abschmecken.
- Grenadinesirup und die Granatapfelkerne kurz aufkochen lassen. Couscous auf den Tellern verteilen und mit der Granatapfelkernmischung locker beträufeln. Zusätzlich mit den Birnenscheiben und Zimtstangen belegen.

Rhabarber im Ofen gegart mit Haselnussstreusel

ZUTATEN
(für 4 Personen / 1 ofenfeste Backform, 17 x 25 x 4,5 cm)

FÜR DEN RHABARBER

150 g TK-Himbeeren
600 g Rhabarber
1 EL Ingwer, gehackt
1 Vanilleschote, der Länge nach halbiert und das Mark ausgeschabt
20 g Kristallzucker

FÜR DEN HASELNUSSSTREUSEL

50 g weiche Butter
50 g brauner Zucker
gute Prise Salz
50 g gehackte Haselnüsse
80 g Mehl, glatt
Vanilleeis

ZUBEREITUNG

- Die TK-Himbeeren auftauen lassen, mit dem Stabmixer pürieren und durch ein Sieb streichen (ergibt die Himbeersauce).
- Für den STREUSEL alle Zutaten verkneten und 1 Stunde kalt stellen.
- Den Rhabarber mit einem Messer schälen und in 1 cm große Stücke schneiden, dann mit Kristallzucker, Ingwer, Vanillemark und Himbeersauce vermischen.
- In der Backform verteilen und den grob zerbröselten Streusel darüberstreuen.
- Im vorgeheizten Backrohr bei 180 °C (Ober- und Unterhitze) auf der mittleren Schiene ca. 45 Minuten backen.
- Mit Vanilleeis servieren.

BACKZEIT: ca. 45 Minuten

Foto links

Marillen geschmort mit Camparischaum

ZUTATEN (für 4 Personen)

FÜR DIE GESCHMORTEN MARILLEN

12 Marillen
2 Vanilleschoten, der Länge nach halbiert
70 g Kristallzucker
70 g Butter
je 1 Orange und Zitrone

FÜR DEN CAMPARISCHAUM

100 ml Weißwein ·
5 cl Campari
1 Ei · 2 Eidotter,
70 g Kristallzucker
Alufolie

ZUBEREITUNG

- Für die GESCHMORTEN MARILLEN die Marillen halbieren und die Kerne entfernen, Orange und Zitrone waschen und die Schale fein reiben.
- Alufolie rechteckig zuschneiden und die Marillen (24 halbe Marillen) auf die Alufolie legen.
- Kristallzucker in einer Pfanne schmelzen und die Butter zugeben, umrühren und über die Marillen verteilen, dann noch mit Orangen- und Zitronenzesten bestreuen, mit einer halben Vanilleschote garnieren und die Alufolie eindrehen.
- Im vorgeheizten Backrohr bei 180 °C (Ober- und Unterhitze) auf der mittleren Schiene ca. 20–30 Minuten backen.
- Für den CAMPARISCHAUM alle Zutaten in einem Schneekessel verrühren und über einem Wasserbad wie eine Sabayon aufschlagen.
- Die geschmorten Marillen auf den Tellern verteilen, mit dem Saft beträufeln und dem Camparischaum servieren.

BACKZEIT: ca. 20–30 Minuten

Schaumiges Vanillesabayon mit gegrillter Wassermelone

ZUTATEN (für 4 Personen)

FÜR DAS SCHAUMIGE VANILLESABAYON

3 Eidotter

20 g Staubzucker

1 Vanilleschote, der Länge nach halbiert und das Mark ausgeschabt

250 g Schlagobers, leicht geschlagen

FÜR DIE GEGRILLTE WASSERMELONE

300 g Wassermelone, geschält

2 EL Sonnenblumenöl

50 g Heidelbeeren

ZUBEREITUNG

- Für das VANILLESABAYON die Eidotter und den Staubzucker mit dem Handmixer 4 Minuten schaumig schlagen.
- Schlagobers mit der Vanilleschote und dem -mark aufkochen. Vanilleschote entfernen.
- Mit einem Handmixer die Eidottermasse weiter schaumig schlagen und die Schlagobersmasse unter ständigem Rühren einlaufen lassen.
- Dann in einen Topf gießen und unter ständigem Rühren mit dem Schneebesen 1 Minute rühren. Die Masse sollte aber nicht kochen, sie sollte kurz vor dem Kochen gerührt werden (also bei ca. 82 °C). Dann mit dem Stabmixer aufschäumen und auf Tellern anrichten.
- Für die GEGRILLTE MELONE die Melone in möglichst gleiche Würfel (ca. 4 cm) schneiden.
- Eine Grillpfanne erhitzen und Sonnenblumenöl hineingeben, die Melonen in die Pfanne setzen und 1–2 Minuten braten, dabei die Melonen nicht umdrehen oder in der Grillpfanne bewegen. Heidelbeeren zugeben und schwenken.
- Auf dem Vanilleschaum anrichten.

Kalte Genüsse

TORTEN & SCHNITTEN
GUGELHUPF & KUCHEN
TARTES & CUPCAKES
BROWNIES, MUFFINS & KLEINGEBÄCK

Links: Erdbeer-Joghurt-Torte · *Rezept Seite 52*

Torten & Schnitten

Erdbeer-Joghurt-Torte

ZUTATEN

je 1 heller und 1 dunkler Biskuitboden (Rezept siehe Seite 209)

200 g Erdbeeren

150 g Zucker

7 Blatt Gelatine

500 g Joghurt

300 ml Schlagobers

Marmelade zum Bestreichen

Erdbeeren zum Belegen und Tortengelee

ZUBEREITUNG

- Je einen dunklen und einen hellen Biskuitboden nach Anleitung backen. Überkühlen lassen. Dann Gelatine in kaltem Wasser einweichen.
- In einem Topf die halbierten Erdbeeren mit Zucker aufkochen und nach Belieben passieren. Gelatine ausdrücken und in den warmen Erdbeeren auflösen. Überkühlen lassen.
- Obers schlagen und gemeinsam mit dem Joghurt unter die Beerenmasse ziehen. Den Rand eines Tortenringes innen mit einem Backpapierstreifen auskleiden. Den hellen Tortenboden hineingeben. Mit Marmelade bestreichen, die Erdbeermasse einfüllen (eventuell einen Rest zum Bestreichen aufbewahren) und mit dem dunklen Biskuitboden abdecken. Nach Belieben mit Creme bestreichen. Etwa 2 Stunden kühl stellen.
- Zum Ausfertigen mit Erdbeeren belegen und mit Gelee überziehen.

VARIATIONSMÖGLICHKEIT: Statt Erdbeeren können Sie auch andere Beeren, aber auch Marillen oder Zwetschken verwenden. Natürlich kann auch nur heller Biskuitboden verwendet werden.

Foto vorherige Seite

Obst- oder Beerentorte

ZUTATEN (für eine Tortenform von 26 cm Ø)

2 helle oder dunkle Biskuitböden (Rezept siehe Seite 209)

FÜR DIE CREME

200 g Topfen

120 g Feinkristall- oder fein gesiebter Staubzucker

20 g Vanillezucker

10 g Zitronensaft

5 Blatt Gelatine, ca. 10 Minuten in kaltem Wasser eingeweicht

evtl. 3 Dotter · 550 g Obers

ca. 500 g beliebige Früchte zum Belegen

1 Pkg. Tortengelee zum Überziehen

ZUBEREITUNG

- Einen Biskuitboden in eine Tortenform mit Tortenring legen.
- Topfen, Zucker, Vanillezucker, Zitronensaft verrühren, 150 g der Masse erhitzen (eventuell vom Herd nehmen und Dotter mit dem Schneebesen in die heiße Masse einrühren), gut ausgedrückte Gelatine darin auflösen.
- Obers cremig-steif aufschlagen, das Gelatinegemisch sowie den restlichen Topfen vermengen und das Obers untermengen.
- Die Creme auf dem Biskuitboden verteilen.
- Mit dem zweiten Biskuitboden abdecken und ca. 1 Stunde kühl stellen.
- Den Boden mit Marmelade bestreichen und mit beliebigen Früchten belegen. Mit 1 Packung Tortengelee (nach Packungsanleitung zubereitet) etwas abgekühlt überziehen.

Foto rechts

Apfeltorte mit Preiselbeermarmelade

Dieses Rezept stammt von Küchenchef Jo Durstberger

ZUTATEN
(für 1 Tortenform von 26 cm Ø)

250 g glattes Weizen- oder feines Dinkelmehl

130 g zimmerwarme Butter

70 g Feinkristallzucker

10 g Vanillezucker

1 Ei

Prise Backpulver

FÜR DIE APFELFÜLLUNG

750 g Äpfel

2 cl Zitronensaft

in Rum eingeweichte Rosinen nach Belieben

100 g Preiselbeermarmelade für den Tortenboden

50 g Mandelblättchen zum Bestreuen

80 g Marillenmarmelade zum Bestreichen

Butter für die Form

FÜR DIE PUDDINGCREME

400 ml Milch

30 g Feinkristallzucker zum Aufkochen

10 g Vanillezucker

1 Pkg. Vanillepuddingpulver (40 g)

2 Eiklar

40 g Feinkristallzucker zum Aufschlagen

ZUBEREITUNG

- Aus Mehl, Butter, Kristallzucker, Vanillezucker, dem Ei sowie einer Prise Backpulver rasch einen Mürbteig kneten. In Frischhaltefolie hüllen und kühl rasten lassen. (Bei Verwendung von sehr kalter Butter kann sofort weitergearbeitet werden.)
- Für die PUDDINGCREME inzwischen Puddingpulver mit wenig Milch und Vanillezucker glatt rühren. Restliche Milch mit Kristallzucker aufkochen lassen, Puddingpulver einrühren und unter ständigem Rühren aufkochen lassen. Vom Feuer nehmen und unter wiederholtem Umrühren auskühlen lassen.
- Dann Eiklar mit Kristallzucker sehr schaumig schlagen. Unter den ausgekühlten Pudding rühren.
- Für die APFELFÜLLUNG die Äpfel schälen, vierteln, Kerngehäuse entfernen und Äpfel in Spalten schneiden. Mit Zitronensaft beträufeln und nach Belieben Rosinen untermengen.
- Das Backrohr auf 165–175 °C Heißluft vorheizen. Eine Tortenform mit Butter ausstreichen.
- Nun den Teig so groß ausrollen, dass die Tortenform damit ausgelegt und der Rand ca. 4 cm hochgezogen werden kann. Teig mit einer Gabel mehrmals einstechen.
- Ins heiße Rohr schieben und ca. 10 Minuten anbacken.
- Herausnehmen und den Tortenboden mit Preiselbeermarmelade bestreichen. Mit der vorbereiteten Apfelfüllung belegen und mit Puddingcreme abdecken. Glatt verstreichen und ca. 35 Minuten fertig backen.
- Hitze abschalten und die Torte im Rohr noch ca. 10 Minuten ziehen lassen. Dann herausnehmen. Mit warmer Marillenmarmelade bestreichen und mit Mandelblättchen bestreuen.

BACKZEIT: insgesamt ca. 45 Minuten

VARIATIONSMÖGLICHKEIT: Diese saftige Torte lässt sich auch mit Birnen, Zwetschken, Marillen oder Ribiseln zubereiten.

Apfel- oder Birnentorte mit Blätterteig

ZUTATEN
(für 1 Tortenform von 26 cm Ø)

ca. 250 g Blätterteig, gekauft oder selbst gemacht

250 g Topfen (20 %) · 250 g Sauerrahm

150 g Feinkristall- oder Gelbzucker

30 g Vanillezucker · 3 Eier

ca. 600 g geschälte, entkernte Äpfel oder Birnen, in Spalten geschnitten

Prise Zimt

Staubzucker zum Bestreuen

ZUBEREITUNG

- Die Tortenform inklusive Rand mit Blätterteig auslegen, alle Zutaten außer Äpfel und Birnen verrühren. Apfel- oder Birnenspalten auf dem Blätterteig verteilen und mit dem Topfen-Rahm-Gemisch auffüllen. Den Teigrand zur Mitte hin einlegen und im vorgeheizten Backrohr mit Ober- und Unterhitze ca. 45 Minuten backen.

BACKZEIT: ca. 45 Minuten

Zitronen- oder Limettentorte

Dieses Rezept stammt von Andrea Dechant, Scharnstein

ZUTATEN
(für 1 Tortenform von 24 cm Ø)

FÜR DEN MÜRBTEIG

150 g glattes Weizen- oder feines Dinkelmehl

100 g kühle Butter, in kleine Stücke geschnitten

50 g Feinkristall-, Gelb- oder fein gesiebter Staubzucker

Prise Salz, Aromen nach Belieben

FÜR DEN BELAG

100 g Marillen- oder Ribiselmarmelade

einige Biskotten

150 g Himbeeren oder beliebige Beeren

400 g Obers

3 Blatt Gelatine, ca. 10 Minuten in kaltem Wasser eingeweicht

4 Eiklar (wir empfehlen pasteurisiertes Eiklar)

130 g Feinkristallzucker

100 ml Zitronen- oder Limettensaft

FÜR DIE DEKO

6 Eiklar · 120 g Feinkristallzucker

ZUBEREITUNG

- Für den MÜRBTEIG alle Zutaten vermengen und zu einem glatten Teig verarbeiten. Nur bei Bedarf kurz kühl stellen.
- Den Teig auf einer leicht bemehlten Arbeitsfläche ca. 2–3 mm dick ausrollen, in eine mit Backpapier ausgelegte Form geben, mit einer Gabel kleine Löcher einstechen und im vorgeheizten Backrohr bei ca. 190–200 °C ca. 15 Minuten backen.
- Den Mürbteigboden mit Marmelade bestreichen, mit Biskotten ganzflächig belegen und in die Mitte die Himbeeren einlegen.
- Obers halbsteif schlagen, Eiklar mit Zucker über Dampf warm und cremig rühren.
- Zitronensaft erwärmen und die gut ausgedrückte Gelatine darin auflösen und unter das Eiklar ziehen. Bevor die Masse stockt, das Obers unterheben und in die Form füllen.
- Die Torte zusätzlich mit einem Dekor versehen. Dafür das Eiklar mit Zucker zu einem cremig festen Schnee schlagen, mit einer Sterntülle Tupfen aufdressieren und mit einem Bunsenbrenner hellbraun abflämmen.

BACKZEIT: ca. 15 Minuten

Weichsel-Kirsch-Torte

ZUTATEN

1 dunkler Biskuittortenboden (Rezept siehe Seite 209)

FÜR DIE FÜLLE

ca. 350 g Kompottweichseln (Abtropfgewicht)

250 ml Weichselsaft

100 g Schokolade oder Kuvertüre

750 ml Schlagobers

50 g Feinkristallzucker

Prise Zimt

40 g Vanillepuddingpulver

3 cl Kirschschnaps oder Kirschlikör nach Belieben

ZUM TRÄNKEN

30 g Zucker · 4 cl Wasser

ca. 2 cl Rum

frische oder kandierte Kirschen zum Verzieren

ca. 80 g Schokoladespäne zum Garnieren

ZUBEREITUNG

- Zum Tränken Zucker mit Wasser aufkochen, von der Kochstelle nehmen und abkühlen lassen, Rum zugießen.
- Für die FÜLLE Weichselsaft mit Zucker, Zimt und mit wenig Flüssigkeit angerührtem Puddingpulver aufkochen.

- Die gut abgetropften Weichseln zugeben und wieder auskühlen lassen. Likör oder Schnaps einrühren.
- Schokolade in Stücke brechen und über einem Wasserbad oder in der Mikrowelle schmelzen.
- Schlagobers cremig-steif aufschlagen, etwa 200 g (etwas weniger als ein Drittel) davon unter die geschmolzene, keinesfalls heiße Schokolade rühren.
- Den vorbereiteten Tortenboden zweimal durchschneiden.
- Den ersten Boden mit etwas Tränkflüssigkeit befeuchten. Schokoladeobers auftragen, die Hälfte der Kirschen darüber verteilen, den zweiten Biskuitboden auflegen und ebenfalls mit Tränkflüssigkeit befeuchten. Gut die Hälfte des hellen Obers (ohne Schokolade) aufstreichen und die restlichen Kirschen darauf verteilen. Mit dem dritten Biskuitblatt abdecken und abermals tränken.
- Einen Teil des Obers in einen Spritzsack mit gezackter Tülle füllen und mit dem restlichen Obers die Torte rundum einstreichen. Obenauf Rosetten aufdressieren und mit den kandierten Kirschen verzieren.
- Mit Schokoladespänen bestreuen.

ZUBEREITUNGSZEIT: ca. 30 Minuten bei fertigem Tortenboden

Zwetschken- oder Marillenschaumtorte

ZUTATEN (für 12 Portionen / 1 Tortenform von ca. 24 cm Ø)

FÜR DEN TEIG

80 g weiche Butter oder Margarine

80 g zerlassene, aber nicht zu warme Schokolade

60 g Feinkristallzucker

4 Dotter

20 g Semmelbrösel

80 g fein gemahlene Mandeln

4 Eiklar

20 g Feinkristallzucker

20 g Vanillezucker

FÜR DIE SCHAUMMASSE

100 g Zwetschken- oder Marillenmarmelade

Saft von einer 1/2 Zitrone

80 g fein gesiebter Staubzucker

3 Blatt Gelatine, ca. 10 Minuten in kaltem Wasser eingeweicht

30 ml Weißwein oder Fruchtsaft

250 ml Schlagobers

Butter und Mehl für die Form

100 g dunkle Schokoladeflocken zum Garnieren

ZUBEREITUNG

- Die Tortenform mit zerlassener Butter bestreichen und mit Mehl bestauben.
- Für den TEIG Butter, zerlassene Schokolade, 60 g Zucker und Dotter schaumig rühren. Mandeln und Brösel mit Vanillezucker untermengen.
- Eiklar mit 20 g Feinkristallzucker zu cremigem Schnee schlagen und unter die Masse heben.
- In die Form füllen und im vorgeheizten Backrohr bei ca. 170–180 °C mit Heißluft ca. 30–35 Minuten backen.
- Für die SCHAUMMASSE Marmelade, Zitronensaft und Zucker schaumig rühren. Gelatine aus dem Wasser nehmen, etwas ausdrücken, in Weißwein auflösen und in die Marmelade einmengen. Obers cremig-steif schlagen und untermengen. Die Masse auf dem Tortenboden verteilen und kühl stellen.
- Mit Schokoladeflocken garnieren.

BACKZEIT: ca. 30–35 Minuten

Pfirsich- oder Marillencremetorte

ZUTATEN (für 1 Tortenform von 24 cm Ø)

Dafür eignet sich beispielsweise ein saftiger Mandelboden oder ein heller oder dunkler Biskuitboden (Grundrezept siehe Seite 209)

FÜR DAS MUS

4 Blatt Gelatine, ca. 10 Minuten in kaltem Wasser eingeweicht

450 g Pfirsiche oder Marillen

50 ml Wasser, Weißwein oder Most

130 g fein gesiebter Staubzucker · 10 ml Zitronensaft

30 ml Pfirsich- oder Marillenbrand · 400 g Obers

ZUM DEKORIEREN

ca. 250 g Pfirsiche oder Marillen zum Belegen

1 Pkg. Tortengelee · 100 g steif geschlagenes Obers

ca. 50 g Butterstreusel (Rezept siehe Apfel-Streusel-Kuchen Seite 90), ersatzweise Mandelblättchen

ZUBEREITUNG

- Den Tortenboden mit einem Tortenring umstellen.
- Für das MUS Pfirsiche oder Marillen entkernen, zerkleinert mit Flüssigkeit aufkochen, mixen und passieren.
- Staubzucker, Zitronensaft und Alkohol einrühren, die ausgedrückte Gelatine in der warmen Masse auflösen und handwarm abkühlen lassen.
- Obers cremig-steif aufschlagen und vorsichtig unter die Fruchtmasse heben. Auf dem gebackenen Tortenboden verteilen und ca. 5 Stunden kühl stellen.
- Zum Dekorieren Früchte fächerförmig schneiden, auf die Torte legen und mit Tortengelee (nach Packungsanleitung zubereitet) etwas überkühlt überziehen.
- Obers halbsteif schlagen, den Rand damit einstreichen und mit Butterstreusel oder Mandelblättchen seitlich bestreuen.
- Anstelle von Tortengelee kann die Torte auch mit ca. 100 g Marillenmarmelade abgeglänzt werden.

Foto rechts

Orangenbuttercremetorte

Dieses Rezept stammt von der Redakteurin Barbara Stiendl, Linz

ZUTATEN (für 1 Tortenform von ca. 24–26 cm Ø)

1 Biskuittorte hell (siehe Rezept Seite 209), davon 50 g Mehl weglassen und durch 50 g fein gemahlene geröstete Macadamianüsse, Haselnüsse, Mandeln oder Mohn ersetzen

FÜR DIE CREME

200 g fertiger Vanillepudding, nach Packungsanleitung zubereitet und glatt gerührt

40 g Feinkristall- oder fein gesiebter Staubzucker

abgeriebene Schale von 2 unbehandelten Orangen oder Orangenzucker

10 ml Orangen-Monin oder 20 ml Orangenlikör

100 g klein geschnittene weiße Kuvertüre

250 g weiche Butter

300 g Marzipandecke von Dr. Oetker (ausgerollt und fertig zum Auftragen) oder 300 g Marzipanmasse mit hohem Mandelanteil

ZUBEREITUNG

- Für die CREME in den noch warmen Pudding den zusätzlichen Zucker, die Orangenschalen, Orangen-Monin oder -likör und die weiße Schokolade einrühren. Mit Frischhaltefolie abdecken und auskühlen lassen.
- Vor der Weiterverarbeitung nochmals glatt rühren oder mit dem Stabmixer mixen.
- Die Butter aufschlagen und nach und nach die Schokoladepuddingmasse einrühren.
- Das Biskuit auf drei Böden aufteilen, jeden Boden mit der Schokoladebuttercreme bestreichen und zusammensetzen. Restliche Creme auf dem Deckblatt verstreichen, kurz kühl stellen und mit dem Marzipanblatt eindecken.
- Eventuell die Tortenböden mit Läuterzucker, tränken.

Kürbiskerntorte

ZUTATEN

8 Eier

100 g Feinkristallzucker für die Dottermasse

1 Pkg. Vanillezucker

60 ml Kürbiskernöl

200 g fein gemahlene Kürbiskerne

100 g griffiges Weizenmehl

80 g Feinkristallzucker für den Schnee

100 g Himbeermarmelade zum Bestreichen

Butter und Mehl für die Form

FÜR DIE CREME

500 ml Schlagobers

260 g Limettenkuvertüre (ersatzweise Kuvertüre mit ähnlichem Geschmack, z. B. Orange)

2–3 Blatt Gelatine

ZUBEREITUNG

- Die Eier trennen, das Backrohr auf 165–175 °C vorheizen. Eine Tortenform mit Butter ausstreichen und mit Mehl ausstreuen.
- Dotter mit Zucker und Vanillezucker schaumig schlagen. Kürbiskernöl einrühren. Eiklar mit Zucker zu steifem Schnee schlagen. Abwechselnd mit Kürbiskernen und Mehl unter die Dottermasse mengen. In eine vorbereitete Tortenform füllen und im vorgeheizten Backrohr ca. 30–40 Minuten backen.
- Herausnehmen und überkühlen lassen.
- Inzwischen für die CREME Gelatine in kaltem Wasser einweichen. Obers steif schlagen und die Kuvertüre über einem Wasserbad schmelzen. Ausgedrückte Gelatine in der Schokolademasse auflösen.
- Nun etwa eine Teigkarte voll Obers in die etwas überkühlte Kuvertüremasse einrühren, erst dann restliches Obers unterheben.
- Torte zweimal durchschneiden. Einen Boden mit Marmelade bestreichen und ein Drittel der Füllcreme auftragen, zweites Blatt auflegen, abermals mit Creme bestreichen und das Deckblatt auflegen. Mit der restlichen Creme rundum gut einstreichen. Dann etwas Masse in einen Spritzsack geben und kleine Rosetten aufspritzen.

BACKZEIT: 30–40 Minuten

VARIATIONSMÖGLICHKEITEN

- Verwenden Sie für die Füllcreme auch einmal weiße Kuvertüre, die Sie mit etwas Kürbiskernöl einfärben.
- Bereiten Sie die Torte statt mit Kürbiskernen mit Nüssen als Nussbiskuittorte zu.

Linzer Torte

ZUTATEN
(für 1 Tortenform von 26 cm Ø)

200 g glattes Weizen- oder feines Dinkelmehl

250 g Feinkristallzucker

300 g weiche Butter

100 g Semmelbrösel

250 g fein geriebene Haselnüsse

5 Eier

1/2–1 TL Zimt, gemahlen

20 ml Rum · 1 Pkg. Backpulver

20 g Vanillezucker

ca. 250 g Ribiselmarmelade

Oblate zum Belegen

ZUBEREITUNG

- Butter, Zucker, Zimt, Backpulver, Rum und Vanillezucker schaumig schlagen. Eier nach und nach dazugeben, Nüsse, Mehl und Brösel vermengen und unterheben. Hälfte der Masse in eine mit zerlassener Butter bestrichene und mit Mehl bestaubte vorbereitete Tortenform geben. Oblate auflegen, Ribiselmarmelade aufstreichen und die restliche Masse in einen Spritzsack mit gezackter Tülle füllen und ein Gittermuster spritzen. Bei ca. 165–175 °C ca. 45–55 Minuten mit Heißluft backen.
- Vollständig auskühlen lassen. Torte mit Hilfe eines Messers aus der Tortenform lösen. Torte in Frischhaltefolie einschlagen und erst am nächsten Tag aufschneiden, so schmeckt sie am besten.

BACKZEIT: ca. 45–55 Minuten

VARIATIONSMÖGLICHKEITEN

- Eventuell vor dem Backen mit Mandelblättchen bestreuen.
- Anstelle der Haselnüsse kann die Torte auch mit einer Nussmischung bereitet werden.
- Etwas Ingwer, Nelken und Lebkuchengewürz verleihen der Torte eine zusätzliche geschmackliche Note.
- Eventuell etwas Kakao oder fein geriebene Schokolade untermengen.

Foto unten

Schokolade-Mandel-Torte

ZUTATEN
(für 1 Tortenform von 26 cm Ø)

FÜR DEN TEIG

150 g geriebene Mandeln, Nüsse oder eine Nussmischung

50 g Semmelbrösel · 40 g Kakaopulver

40 g Weizenstärke · 12 Eiklar

280 g Feinkristallzucker

10 g Vanillezucker

zerlassene Butter und Mehl für die Form

FÜR DIE FÜLLE

500 ml Obers · 80 g Butter

40 g fein gesiebter Staubzucker

10 g Vanillezucker · 80 g Kuvertüre

5 Eidotter

FÜR DIE GLASUR

40 g Marillenmarmelade

100 g weiße Kuvertüre

40 g Milchkuvertüre

ZUBEREITUNG

- Die Tortenform mit Butter ausstreichen und mit Mehl bestreuen.
- Für den TEIG Mandeln oder Nüsse mit Bröseln, Kakao und Stärke mischen.
- Eiklar leicht anschlagen und nach und nach den Zucker und den Vanillezucker einrieseln lassen. Die restlichen Zutaten untermengen und in die Tortenform einfüllen. Im Rohr bei ca. 170–180 °C ca. 30 Minuten backen. Ausgekühlt auf ein Gitter setzen.
- Für die FÜLLE Obers mit Butter, Zucker und Vanillezucker aufkochen. Die in kleine Stücke geschnittene Schokolade darin schmelzen und Dotter einrühren. Die Masse abkühlen lassen und kalt mit dem Rührgerät aufschlagen.
- Den Boden waagrecht in drei gleich dicke Scheiben schneiden. Schrittweise die Böden mit Creme bestreichen und zusammensetzen.
- Für die GLASUR die Marmelade erhitzen. Die Torte damit bestreichen, die in Stücke gebrochene weiße Kuvertüre im Wasserbad schmelzen. Sobald die Marmelade trocken ist, die Torte mit der Kuvertüre überziehen. Die Milchkuvertüre ebenfalls schmelzen, in einen Spritzsack füllen und, solange die Glasur noch weich ist, wie bei einer Esterházytorte in dünnen Kreisen aufspritzen. Mit einem Holzspieß nach außen ziehen. Trocknen lassen und genießen.

BACKZEIT: ca. 30 Minuten mit Heißluft

Schokolademustorte mit Himbeeren

Dieses Rezept stammt von der Redakteurin Barbara Stiendl, Linz

ZUTATEN
(für 1 Tortenform von 26 cm Ø)

1 Biskuittorte hell
(Rezept siehe Seite 209)

FÜR DAS MUS

900 g Obers · 600 g weiße Kuvertüre

10 Blatt Gelatine, ca. 10 Minuten in kaltem Wasser eingeweicht

350 g frische Himbeeren oder tiefgekühlt (Handelsware) oder andere beliebige Beeren

30 g Feinkristallzucker

ca. 300 ml fertiger Zuckersirup oder Läuterzucker hausgemacht

ZUBEREITUNG

- Biskuit zubereiten und ausgekühlt in drei Böden schneiden.
- 5 Blatt Gelatine in kaltem Wasser einweichen, Himbeeren mit 30 g Zucker aufkochen und pürieren, ausgedrückte Gelatine darin auflösen. Dieses Mus in eine geschlossene, mit Folie ausgelegte Tortenform einfüllen und ca. 2 Stunden einfrieren.
- Restliche Gelatine einweichen, in einem Topf 300 g Obers erhitzen, von der Kochstelle nehmen und ausgedrückte Gelatine darin auflösen. 300 g klein geschnittene Kuvertüre in die Obersmasse geben und auflösen, abkühlen lassen, dabei mehrmals umrühren. 600 g Obers cremig-steif aufschlagen und unter die Schokolade-Obers-Masse rühren.
- Erstes Biskuitblatt mit einem Tortenring umstellen, mit Sirup beträufeln und mit etwas Mus bestreichen. Zweiten Boden auflegen, wieder mit Sirup beträufeln und mit Mus bestreichen, nun die gefrorene Himbeerschicht im Ganzen auflegen, leicht andrücken und mit Mus bestreichen.

- Den dritten Boden auflegen, mit Sirup beträufeln, mit dem verbleibenden Mus auffüllen und ca. 8 Stunden tiefkühlen.
- Anschließend die Torte herausnehmen, verbleibende Schokolade schmelzen und die Tortenoberfläche damit ca. 3 mm dick überziehen.
- Kurz vor dem Festwerden die Torte in Stücke einteilen.
- Aus einem kleinen Teil der Schokolade können auch noch Röllchen zum Garnieren hergestellt werden.

Schokolade-Trüffel-Torte

Dieses Rezept stammt von Andrea Dechant, Scharnstein

ZUTATEN
(für 1 Tortenform von 26 cm Ø)

FÜR DEN SCHOKOLADEBODEN

100 g weiche Butter

150 g Feinkristall- oder Gelbzucker

20 g Vanillezucker

6 Eidotter

6 Eiklar

80 g Zartbitterkuvertüre

120 g glattes Weizen- oder feines Dinkelmehl

Prise Salz

zerlassene Butter oder Öl und Mehl für die Form

FÜR DIE CREME

250 g Zartbitterkuvertüre, klein geschnitten oder fertige kleine Linsen

300 ml Schlagobers

FÜR DEN SIRUP

50 ml Wasser

50 g Feinkristall- oder Gelbzucker

40 ml Rum oder Weinbrand

FÜR DIE GLASUR

150 g Zartbitterkuvertüre

50 g Nougat

ZUBEREITUNG

- Für den SCHOKOLADEBODEN Butter mit 70 g Zucker, Vanillezucker und Salz cremig aufschlagen, nach und nach Dotter einrühren. Kuvertüre über einem Wasserbad oder in der Mikrowelle schmelzen bzw. zerlassen und unterrühren.
- Eiklar mit dem restlichen Zucker zu cremigem Schnee aufschlagen und abwechselnd mit dem Mehl unter die Dottermasse mengen.
- In eine mit zerlassener Butter ausgestrichene und mit Mehl ausgestaubte Tortenform füllen und im vorgeheizten Backrohr bei ca. 165–170 °C ca. 40–45 Minuten backen. Ausgekühlt aus der Form lösen und waagrecht in drei gleiche Teile schneiden.
- Die Creme am Vortag herstellen. Dafür das Obers aufkochen, die Schokolade zugeben, darin auflösen und abkühlen lassen.
- Für den SIRUP Wasser und Zucker aufkochen und Rum oder Weinbrand zugeben.
- Die aufgeschnittenen Böden mit Sirup beträufeln, die Creme mit dem Schneebesen aufschlagen, die Böden damit bestreichen, danach kurz kühl stellen. Etwas Creme für die Verzierung zurückbehalten.
- Für die GLASUR die Zutaten über einem Wasserbad oder in der Mikrowelle schmelzen. Anschließend die Torte damit überziehen.

BACKZEIT: ca. 40–45 Minuten

Sacher- oder Schokoladetorte

ZUTATEN
(für 1 Tortenform von 26 cm Ø)

7 Dotter
100 g Staubzucker
200 g weiche Butter oder Margarine
200 g Schokolade bzw. Kuvertüre, zerlassen
20 g Vanillezucker
1 1/2 Pkg. Backpulver
20 ml Rum
7 Eiklar
80 g Kristallzucker
180 g glattes Weizen- oder feines Dinkelmehl

ca. 400 g Marillenmarmelade, evtl. erhitzt
Läuterzucker, mit Schuss Rum vermischt

FÜR DIE GLASUR
50 g Zucker · 80 g Schokolade
30 g Butter oder Rama
ca. 30 g Wasser

ZUBEREITUNG

- Butter mit Staubzucker, Vanillezucker und Rum schaumig rühren, nach und nach Dotter einrühren.
- Eiklar mit dem Kristallzucker zu cremig-steifem Schnee aufschlagen.
- Zuerst die Schokolade mit einer Teigkarte voll Schnee verrühren und unter die Dottermasse mengen, dann das Mehl mit Backpulver einrühren.
- Die Tortenmasse in eine mit zerlassener Butter und mit Mehl bestaubte Tortenform füllen und bei ca. 165–175 °C ca. 50 Minuten mit Heißluft backen.
- Auskühlen lassen, zweimal durchschneiden, die Böden mit Läuterzucker-Rum-Mischung beträufeln, mit Marillenmarmelade bestreichen und zusammensetzen. Deckel ebenfalls mit heißer Marmelade bestreichen und abkühlen lassen.
- Für die GLASUR alle Zutaten gemeinsam in einem Topf schmelzen und die Torte damit überziehen.

BACKZEIT: ca. 50 Minuten

Foto rechts

Kakaoschnitten ohne Mehl

Dieses Rezept stammt von Johanna Moser, Gmunden

ZUTATEN
100 g Grieß
300 g fein geriebene Äpfel
6 Eier
200 g Feinkristallzucker
140 g weiche Butter
60 g Schokolade, geschmolzen
Butter und Brösel für die Form

ZUBEREITUNG

- Grieß mit Äpfeln vermengen.
- Eier mit Zucker in einer Schüssel mit dem Schneebesen ca. 5–10 Minuten hell und dickschaumig aufschlagen, Butter einrühren und zuletzt Schokolade und Grieß-Apfel-Mischung untermengen.
- In eine mit zerlassener Butter ausgestrichene und mit Bröseln ausgestreute Form füllen und bei ca. 170 °C ca. 45 Minuten backen.

BACKZEIT: ca. 45 Minuten

VARIANTE: Anstelle von Grieß mit Polenta zubereiten.

Mohn-Nuss-Torte ohne Mehl

Dieses Rezept stammt von Andrea Dechant, Scharnstein

ZUTATEN
(für 1 Tortenform von 24 cm Ø)

60 g weiße Kuvertüre
160 g weiche Butter
etwas Zimt, gemahlen
etwas unbehandelte Schale einer Zitrone oder Orange, ersatzweise Zitronen- oder Orangenzucker
Prise Salz
9 Eidotter · 9 Eiklar
200 g Feinkristallzucker
100 g Walnüsse, grob gehackt
100 g Haselnüsse, fein gemahlen
200 g Blau-, Grau- oder weißer Mohn, fein gerieben
evtl. einige in Rum eingelegte Rosinen oder Dörrzwetschken

Butter und Mehl für die Form
ca. 100 g Marillenmarmelade zum Bestreichen
ca. 100 g Mandelblättchen zum Bestreuen

ZUBEREITUNG

- Kuvertüre schmelzen und mit Butter, Zimt, Zitronenschale, Salz und Dotter schaumig rühren.
- Eiklar mit Zucker zu cremig-steifem Schnee aufschlagen und unter die Dottermasse heben. Nüsse und Mohn und eventuell Rosinen gemeinsam behutsam einrühren.
- Die Masse in eine mit Butter ausgestrichene und mit Mehl bestaubte Tortenform füllen und im vorgeheizten Backrohr bei ca. 165–175 °C Heißluft ca. 50 Minuten backen.
- Ausgekühlt mit Marmelade bestreichen und mit Mandelblättchen bestreuen.
- Mit geschlagenem Obers und Vanilleeis servieren.

BACKZEIT: ca. 50 Minuten

Foto links

Warme Mohntorte mit Pfirsichen oder Marillen

ZUTATEN (für ca. 10 Portionen / 1 Tortenform von 24 cm Ø)

150 g weiche Butter
130 g Feinkristall- oder Gelbzucker
Prise Salz
20 g Vanillezucker
etwas unbehandelte Zitronen- und Orangenschale, ersatzweise Zitruszucker
4 Eidotter · 4 Eiklar
60 g warme Vollmilch
100 g glattes Weizen- oder feines Dinkelmehl
70 g fein gemahlener Mohn
ca. 250 g Pfirsich- oder Marillenhälften

ZUBEREITUNG

- Butter mit 70 g Zucker, Salz, Vanillezucker und den geriebenen Zitrusschalen schaumig rühren.
- Dotter nach und nach untermischen. Vollmilch einrühren.
- Eiklar mit dem restlichen Zucker zu cremig-steifem Schnee schlagen und mit dem Mohn und Mehl unter die Dottermasse mengen.
- Die Tortenform mit Backpapier auslegen und die Pfirsich- oder Marillenhälften einlegen. Die Mohnmasse darüber verteilen und im vorgeheizten Backrohr bei ca. 170–180 °C ca. 50 Minuten backen.
- Mit beliebiger Fruchtsauce servieren und eventuell Eis dazu reichen.

BACKZEIT: ca. 50 Minuten

Schokoladetörtchen mit Ribiseln

ZUTATEN (für 4 Personen)

FÜR DIE SCHOKOLADETÖRTCHEN

120 g Bitterkuvertüre (60–70 %)

150 g kalte Butter · 5 Eier

150 g Kristallzucker

gute Prise Salz

4 g oder 1/2 TL Backpulver

150 g Mandeln, gerieben

70 g geriebene Biskotten

FÜR DIE HIMBEERBUTTER

150 g TK-Himbeeren

70 g Kristallzucker

300 g weiße Kuvertüre

100 g klein geschnittene Butter

400 g Ribiseln

ZUBEREITUNG

- Für die SCHOKOLADETÖRTCHEN Bitterkuvertüre grob hacken und im Schneekessel über einem Wasserbad langsam bei geringer Hitze schmelzen lassen, dann die sehr kalten Butterstücke und die Hälfte des Kristallzuckers zugeben und mit dem Handmixer schaumig schlagen. Die Eier trennen und die Eidotter nach und nach zugeben.
- Eiklar sehr gut anschlagen, langsam Kristallzucker sowie Salz zugeben und mit den Mandeln, dem Backpulver und den geriebenen Biskotten unter die Buttermasse heben.
- Alles auf ein Backblech mit Backtrennpapier gießen, 2 cm dick glatt streichen und im vorgeheizten Backrohr bei 180 °C (Ober- und Unterhitze) auf der mittleren Schiene ca. 15–20 Minuten backen. Auskühlen lassen.
- Für die HIMBEERBUTTER Himbeeren und Kristallzucker vermischen, leicht erwärmen, mit dem Stabmixer fein pürieren und durch ein Sieb streichen. Kuvertüre grob hacken, im Schneekessel über einem Wasserbad schmelzen lassen, dann die Himbeermischung zugeben, gut verrühren, die klein geschnittene Butter beigeben und mit dem Stabmixer fein pürieren. Dabei aber keine Luft einarbeiten, das heißt, mit dem Stabmixer nicht an die Oberfläche kommen. Anschließend die Masse auf dem Schokoladeboden verteilen, 2 Stunden oder mehr kalt stellen, in Stücke schneiden, mit Ribiseln belegen, auf Teller geben und servieren.

BACKZEIT: ca. 15–20 Minuten

Distelölschnitte mit Himbeeren

ZUTATEN (für 1 Schnitte)

FÜR DIE DISTELÖLMASSE

150 g Staubzucker · 3 Eier

abgeriebene Schale von 1 Zitrone

gute Prise Salz

1 Vanilleschote, der Länge nach halbiert und das Mark ausgeschabt

100 g Mehl, glatt · 100 ml Distelöl

FÜR DIE HIMBEERCREME

250 g TK-Himbeeren, aufgetaut

50 g Staubzucker · Saft von 1 Zitrone

3 Blatt Gelatine, in reichlich kaltem Wasser eingeweicht

250 g Schlagobers, leicht geschlagen

Himbeeren zum Belegen

ZUBEREITUNG

- Für die DISTELÖLMASSE die Eier trennen, die Eidotter mit zwei Dritteln des Staubzuckers, Salz, Vanillemark und der Zitronenschale schaumig schlagen, dann das Distelöl zugeben.
- Eiklar gut anschlagen und den restlichen Staubzucker zugeben, dann zu einer cremigen Schneemasse schlagen und ebenso unter die Distelölmasse heben, alles verrühren, dann das Mehl unterheben. Auf ein Backblech mit Backtrennpapier aufstreichen und im vorgeheizten Backrohr bei 180 °C (Ober- und Unterhitze) auf der mittleren Schiene ca. 15–20 Minuten backen. Auskühlen lassen. Distelölboden mit Backtrennpapier umdrehen, Backtrennpapier abziehen.
- Für die HIMBEERCREME Himbeeren mit dem Staubzucker pürieren, dann durch ein Sieb streichen.
- Gelatine gut ausdrücken und mit dem Zitronensaft warm auflösen, dann zur Himbeermasse geben, umrühren und das leicht geschlagene Schlagobers unterheben.
- Auf den Distelölboden gießen, glatt streichen und 2 Stunden kalt stellen.
- Mit frischen Himbeeren belegen und servieren.

BACKZEIT: ca. 15–20 Minuten

Karotten-Nuss-Törtchen mit Marillen oder beliebigen Früchten

ZUTATEN FÜR DEN TEIG
(für ca. 5 Sturzgläser od. Backformen)

- 3 Eidotter
- 120 g Feinkristall- oder Gelbzucker
- 10 g Vanillezucker
- Prise gemahlener Zimt · 10 g Honig
- 150 g fein geriebene Karotten
- 120 g fein geriebene Haselnüsse, Mandeln oder eine Nussmischung
- evtl. etwas unbehandelte Zitronen- oder Orangenschale
- 110 g glattes Weizen- oder feines Dinkelmehl
- Prise Backpulver · Prise Salz
- 3 Eiklar
- 25 g zerlassene Butter
- etwas Butter und Brösel für die Formen

FÜR DIE FRUCHTAUFLAGE

- ca. 160 g Marillen oder beliebige Früchte
- 10 g Butter · 30 g Zucker · 10 g Rum

ZUBEREITUNG

- Für den TEIG die Dotter in einer Schüssel mit 80 g Zucker, Aromen und Honig schaumig rühren. Karotten, Nüsse, Zitronenschale und das mit Mehl vermischte Backpulver untermengen.
- Eiklar mit dem restlichen Zucker und Salz zu cremig-steifem Schnee schlagen und mit der zerlassenen Butter behutsam untermengen.
- Die Formen oder Gläser mit zerlassener Butter ausstreichen, mit Bröseln ausstreuen, Masse einfüllen und im vorgeheizten Backrohr bei ca. 180 °C ca. 20–25 Minuten mit Heißluft backen.
- Für die FRUCHTAUFLAGE die Marillen oder beliebiges Obst in einer Pfanne zusammen mit Butter und Zucker erhitzen und mit Rum oder beliebigem Alkohol beträufeln. Auf den gebackenen Törtchen apart platzieren.

BACKZEIT: ca. 20–25 Minuten

Nutellaschnitten

ZUTATEN
(für 1 Backblech, ca. 31 x 43 cm)

- 6 Dotter · 100 g Feinkristallzucker
- 10 g Vanillezucker
- 125 ml Wasser, Wein oder Most
- 125 ml Öl · 6 Eiklar
- ca. 120 g Feinkristallzucker
- 150 g glattes Weizen- oder feines Dinkelmehl
- 1 EL Kakao (ca. 15 g) · 1/2 TL Backpulver
- 100 g fein geriebene Schokolade
- 50 g Nutella

ZUBEREITUNG

- Dotter mit Zucker, Vanillezucker und Wasser schaumig rühren, Öl langsam unterrühren.
- Eiklar mit Zucker zu cremig-steifem Schnee schlagen.
- Mehl, Kakao, Backpulver vermengen und Schokolade und Nutella dazumischen. Zuerst die Hälfte des Schnees mit den trockenen Zutaten unter die Dottermasse rühren und zuletzt den restlichen Schnee untermengen.
- In eine mit zerlassener Butter und Mehl bestaubte Backform füllen und im vorgeheizten Backrohr bei ca. 170–180 °C mit Heißluft ca. 15–20 Minuten backen.
- Eventuell mit einer Parisercreme oder mit einer Nougatcreme befüllen.

BACKZEIT: ca. 15–20 Minuten

Cremeschnitte mit Vanillecreme

ZUTATEN

500 g hausgemachter Blätterteig oder Fertigware

Mehl zum Bestauben

60–80 g Ribiselmarmelade oder beliebige Marmelade

ca. 100 g Fondant oder Zitronenglasur

FÜR DIE VANILLECREME

500 ml Milch

90 g Feinkristallzucker

50 g Vanillepuddingpulver

4 Blatt Gelatine, ca. 10 Minuten in kaltem Wasser eingeweicht

50 g fein gesiebter Staubzucker

2 Eidotter

30 ml Rum, beliebiger Likör oder Schnaps

500 ml Obers

ZUBEREITUNG

- Für den BLÄTTERTEIG zwei Backbleche mit Backpapier oder Backmatten auslegen.
- Teig auf einer leicht bemehlten Arbeitsfläche ca. 2 mm dick ausrollen. Auf die vorbereiteten Backbleche legen und ca. 20 Minuten rasten lassen. Mit einer Gabel mehrmals einstechen. Im vorgeheizten Backrohr nacheinander bei ca. 180–190 °C mit Ober- und Unterhitze ca. 20–25 Minuten backen.
- Für die VANILLECREME die Milch mit Kristallzucker und Vanillepuddingpulver verrühren und unter ständigem Rühren aufkochen, bis die Masse gut eingedickt ist. Von der Kochstelle nehmen und die Dotter mit dem Rum mit eingeschaltetem Mixstab oder Schneebesen in die Masse rühren.
- Ausgedrückte Gelatine unter die leicht abgekühlte Vanillecreme rühren. Creme in der Küchenmaschine oder mit dem Handmixer kalt rühren und kurz vor dem Abstocken das geschlagene, mit Staubzucker gesüßte Obers unterrühren.
- Eventuell einen Kuchenrahmen auf das Blätterteigblatt setzen, die Creme darauf verstreichen. Sobald die Masse gestockt ist, das zweite Blatt aufsetzen. Mit Ribisel- oder beliebiger Marmelade bestreichen.

- Fondant mit etwas Wasser erwärmen, glatt rühren und mit einer Palette auftragen. Kühl stellen.
- Mit einem kurz in heißes Wasser getauchten und wieder abgetrockneten Wellenschliffmesser portionieren.

BACKZEIT: ca. 20–25 Minuten (oder mit Heißluft beide Bleche gleichzeitig backen)
TIPP: Damit das Blatt beim Backen schön plan bleibt, die ersten 10 Minuten mit Backpapier abdecken und ein weiteres Backblech daraufstellen, die zweite Teighälfte nachträglich ebenso backen.

VARIATION FÜR EINE VANILLECREME MIT EIKLAR

- Dafür 2 Eiklar mit 2 EL Feinkristallzucker cremig-steif aufschlagen.
- Stellen Sie die Grundvanillecreme mit insgesamt 60 g Vanillepuddingpulver her und mengen Sie das geschlagene Eiklar noch unter die heiße Masse. Etwas überkühlt das geschlagene Obers untermengen.

Ribiselschnitte

Dieses Rezept stammt von Andrea Hintenberger

ZUTATEN
(für 1 Backblech, 40 x 30 cm)

FÜR DEN BISKUITTEIG
5 Eier
100 g Zucker
Prise Salz
120 g Mehl
20 g Stärke
2 EL Öl

100 g Ribiselmarmelade zum Bestreichen
250–400 g Ribiseln (auch tiefgefroren)

FÜR DIE CREME
500 ml Schlagobers
40 g Vanillezucker
1 EL Vanilleparadiescreme (ca. 20 g, Fertigprodukt)

FÜR DIE SCHAUMMASSE
5 Eiklar
300 g Zucker
80 ml Wasser

ZUBEREITUNG

- Für den BISKUITTEIG Eier, Zucker und Salz schaumig rühren, Mehl und Stärke versieben und unterheben. Zum Schluss Öl unterziehen. Biskuit im vorgeheizten Rohr bei 165–180 °C ca. 15 Minuten backen. Auskühlen lassen, mit Ribiselmarmelade bestreichen, mit Ribiseln belegen.
- Für die CREME Schlagobers mit Vanillezucker aufschlagen, Vanilleparadiescreme unterrühren. Die Oberscreme auf die Ribiseln streichen.
- Für die SCHAUMMASSE Eiklar und 100 g Zucker sehr schaumig rühren; restlichen Zucker und Wasser bis zum Flug kochen (siehe unten). Die heiße Zuckerlösung langsam in die Schaummasse einfließen lassen und weiterschlagen, bis der Schaum völlig fest ist.
- Die Schaummasse auf die Obersmasse aufdressieren, dabei darauf achten, dass die Obersmasse völlig bedeckt ist. Anschließend mit einem Bunsenbrenner flämmen oder im Backrohr unter dem Grill kurz gratinieren.

BACKZEIT: ca. 15 Minuten
TIPP: Diese Schnitte muss unbedingt gekühlt aufbewahrt werden.

ZUM FLUG KOCHEN: Dafür Zucker mit Wasser bis auf 95 °C kochen; währenddessen nicht umrühren oder zur Probe eine Metallschlinge in die Zuckerlösung tauchen. Kann man wie beim Seifenblasen den Zucker zum Kettenflug blasen, sofort in den steif geschlagenen Schnee einlaufen lassen. Unter ständigem Rühren kalt rühren. Die Masse in einen Spritzsack mit glatter Tülle füllen und weiterverarbeiten. Eignet sich auch als Fülle für Schaumrollen.

Nuss-Basilikum-Schnitte

ZUTATEN (für 1 Blech)

FÜR DIE NUSSMASSE

3 Eier

Saft und Schale von 1 Zitrone

120 g Mehl, glatt

40 g Mandeln, gerieben

1/2 Pkg. Backpulver

160 g Kristallzucker

170 g flüssige Butter

FÜR DIE BASILIKUMCREME

300 ml Schlagobers

abgeriebene Schale von 1 Zitrone

130 g weiße Kuvertüre

20 g Basilikum, grob gehackt, mit Stiel

ZUBEREITUNG

- Für die NUSSMASSE Eier, Zitronenschale und Kristallzucker ca. 5 Minuten mit dem Handmixer schaumig schlagen, dann das Mehl und das Backpulver versieben, mit den Mandeln vermischen und unter die Eiermasse heben. Ein Backblech mit Backtrennpapier auslegen.
- Die flüssige Butter und den Zitronensaft unterheben. Die Masse auf das Backtrennpapier verteilen, 5 mm dick glatt aufstreichen, möglichst rechteckig. Im vorgeheizten Backrohr bei 180 °C (Ober- und Unterhitze) ca. 15–20 Minuten backen. Den ausgekühlten Kuchen in vier Streifen schneiden, dabei die Ränder abschneiden.
- Für die BASILIKUMCREME Obers und Zitronenschale mit dem Basilikum aufkochen, 10 Minuten ziehen lassen, dann nochmals aufkochen, durch ein Sieb über die grob gehackte Kuvertüre gießen und 10 Minuten ziehen lassen, dann mit dem Stabmixer fein pürieren. Über Nacht kalt stellen, dann wie Schlagobers leicht cremig schlagen.
- Die Nussstreifen mit der Creme zusammensetzen, 1 Stunde kalt stellen, dann mit frischem Basilikum bestreuen.

BACKZEIT: ca. 15–20 Minuten

Foto rechts

Rote-Rüben-Schnitte mit Himbeeren

ZUTATEN (für 1/2 Blech)

FÜR DIE ROTE-RÜBEN-MASSE

80 g Kristallzucker

50 g Haselnüsse, gemahlen

130 g Mehl, glatt

7 g Backpulver · gute Prise Salz

5 Stück flüssiges Eiklar

100 g braune Butter

150 g Rote Rüben, gekocht

FÜR DIE CREME

200 g Mascarpone

30 g Staubzucker

abgeriebene Schale von 1 Zitrone

100 g Schlagobers, flüssig

ca. 150 g Himbeeren

ZUBEREITUNG

- Für die ROTE-RÜBEN-MASSE die Roten Rüben fein reiben. Die Butter in einem kleinen Topf so lange kochen lassen, bis sie leicht braun ist, aber Vorsicht, sie verbrennt rasch.
- In einer Schüssel dann alle Zutaten mit einem Schneebesen verrühren.
- Auf ein halbes mit Backtrennpapier ausgelegtes Backblech glatt streichen, im vorgeheizten Backrohr bei 180 °C (Ober- und Unterhitze) auf der mittleren Schiene ca. 20 Minuten backen. Auskühlen lassen und in 3 Streifen schneiden.
- Für die CREME alle Zutaten im Schneekessel leicht cremig rühren. Dann die Rote-Rüben-Streifen abwechselnd mit der Creme zu einer Schnitte zusammensetzen, mit den frischen Himbeeren belegen, kurz kalt stellen und dann in Stücke schneiden.

BACKZEIT: ca. 20 Minuten

Knusper-Schokoschnitte „Gabi & Julia"

ZUTATEN (für 8 Personen)

FÜR DEN BODEN

150 g Nougat · 70 g Milchkuvertüre

120 g zerbröselte Cornflakes

Zwetschkenmarmelade oder eine beliebige andere Marmelade

FÜR DIE HASELNUSSMASSE

7 Eiklar · 180 g Haselnüsse

1 EL Mehl, glatt · 50 g Kristallzucker

10 g Butter, geschmolzen

FÜR DIE SCHOKOLADECREME

1 Ei · 2 cl Rum · 150 g Bitterkuvertüre

250 g Schlagobers, leicht geschlagen

Schokoladeröllchen

Kakaopulver zum Bestreuen

ZUBEREITUNG

- Für den BODEN Nougat und Milchkuvertüre zusammen schmelzen. Die zerbröselten Cornflakes dazugeben und verrühren. Eine Rahmenform (18 x 18 cm) auf ein Backblech mit Backtrennpapier legen, die Nougatmasse einfüllen und glatt streichen. 1 Stunde kalt stellen.
- Für die HASELNUSSMASSE das Eiklar steif schlagen und vorsichtig mit den Haselnüssen, dem Zucker, dem Mehl und der geschmolzenen Butter vermengen. Noch ein Backblech mit Backtrennpapier auslegen und die Masse 1 cm hoch möglichst rechteckig (18 x 18 cm) aufstreichen und im vorgeheizten Backrohr bei 180 °C (Ober- und Unterhitze) auf der mittleren Schiene ca. 15 Minuten backen. Auskühlen lassen.
- Den knusprigen Boden mit Zwetschkenmarmelade dünn einstreichen und die zugeschnittene Haselnussmasse darauflegen und leicht andrücken.
- Für die SCHOKOLADECREME das Ei im Schneekessel über einem Wasserbad warm schlagen. Die Bitterkuvertüre grob hacken und auflösen, zur Eiermasse geben, dann verrühren und den Rum untermischen. Dann 3 EL leicht geschlagenes Schlagobers unterheben und verrühren, das restliche Schlagobers unterheben, vermischen und die Masse auf dem Haselnussboden verteilen. Glatt streichen und 5 Stunden kalt stellen.
- Den Rahmen entfernen, in Stücke schneiden, mit Schokoladeröllchen belegen und mit Kakaopulver bestreuen.

BACKZEIT: ca. 15 Minuten

Rhabarberschnitte mit Vanilleschaum

ZUTATEN

1 Biskuitboden aus der halben Menge des Grundrezeptes (Rezept siehe Seite 209)

1 Mürbteigboden (Rezept siehe Seite 127)

1 kg geschälter Rhabarber (ersatzweise Äpfel oder Birnen)

ca. 100 ml Wasser, Wein, Most od. Fruchtsaft

ca. 220 g Feinkristallzucker

5–6 Blatt eingeweichte Gelatine (ersatzweise 1–2 EL Saftbinder)

Marillen oder Ribiselmarmelade

FÜR DEN VANILLESCHAUM

500 ml Milch (oder zur Hälfte mit Obers gemischt)

20 g Feinkristallzucker

50 g Vanillepuddingpulver

Prise Salz

2 Blatt Gelatine, ca. 10 Minuten in kaltem Wasser eingeweicht

4 Eiklar (wir verwenden 120 g pasteurisiertes Eiklar)

70 g Feinkristallzucker für den Schnee

ZUBEREITUNG

- Die zwei Kuchenböden in einer rechteckigen Backform vorbereiten.
- Rhabarber in kleine Stücke schneiden und mit Wasser oder beliebiger Flüssigkeit und Zucker kurz kochen. Ausgedrückte Gelatine in der noch heißen Masse auflösen. Eventuell abseihen und abkühlen lassen. (Wird Saftbinder verwendet, Masse nun damit eindicken).
- Für den VANILLESCHAUM die Milch mit Zucker, Salz und Puddingpulver verrühren und unter ständigem Rühren aufkochen. Ausgedrückte Gelatine in der heißen Masse auflösen.
- Eiklar mit Zucker cremig-steif aufschlagen und unter die heiße Puddingmasse rühren.
- Nun den überkühlten Mürbteigboden dünn mit Marmelade bestreichen, die fest gekochte Rhabarbermasse auftragen und den Biskuitboden auflegen. Mit Vanilleschaum bestreichen und ca. 2–3 Stunden kühl stellen.
- Mit Marmelade bestreichen und eventuell abflämmen (mit einem Bunsenbrenner oder durch große Oberhitze im Backofen).

Esterházyschnitte

ZUTATEN FÜR DIE MANDEL- BZW. NUSSMASSE
(für 6–8 Portionen)

5 Eiklar

150 g Feinkristallzucker

160 g fein geriebene Haselnüsse (evtl. geröstet) oder ungeschälte oder geschälte geriebene Mandeln oder eine Nussmischung, evtl. auch mit Kürbiskernen gemischt

evtl. Prise Zimt

Butter und Mehl für das Backblech oder eine Silikonmatte

5 Tortenblätter oder 1 Blech von ca. 35 x 40 cm

FÜR DIE CREME

200 ml Milch

50–70 g Feinkristallzucker

evtl. Mark einer 1/2 Vanilleschote

30 g Vanillepuddingpulver

2 Eidotter

50 g Nougat

150 g weiche Butter

evtl. etwas zerlassene Schokolade oder Nougat

FÜR DIE GLASUR

50 g Marillenmarmelade

200 g Fondant

evtl. 40 g Zartbitterkuvertüre, geschmolzen

1 Pkg. Mandelblättchen

ZUBEREITUNG

- Für die MASSE Eiklar mit Zucker zu cremig-steifem Schnee schlagen. Nüsse unter die Eiklarmasse mengen und eventuell mit Zimt aromatisieren.
- Masse auf mit zerlassener Butter bestrichene und mit Mehl bestaubte Tortenböden oder ein Backblech ca. 1/2 cm gleichmäßig dick aufstreichen und im vorgeheizten Rohr bei ca. 170–185 °C mit Heißluft ca. 14–20 Minuten hell backen.
- Währenddessen eventuell das Backrohr einen Spalt offen lassen (damit Dampf entweichen kann), dazu einen Kochlöffel zwischen Tür und Ofen klemmen.
- Inzwischen die CREME zubereiten.
- Milch mit Zucker, Vanilleschote und Vanillepuddingpulver mit dem Schneebesen in einem Topf verrühren und unter ständigem Rühren aufkochen. In die kochende Masse die Dotter einrühren und das Nougat darin schmelzen lassen.
- In eine Schüssel umfüllen und mit dem Handmixer kalt rühren.
- Nun in die fast überkühlte Creme die weiche Butter nach und nach einrühren. Nach Geschmack etwas Nougat oder Schokolade schmelzen und ebenfalls unterrühren.
- Den ausgekühlten Kuchenboden in 5–6 Streifen schneiden. Jeden Streifen bzw. die Tortenböden mit der vorbereiteten Creme bestreichen und zusammensetzen. Mit dem letzten Blatt abdecken.
- Für die GLASUR Fondant in einem Topf erwärmen, bei Bedarf mit wenig Wasser oder Sirup glatt rühren. Das Deckblatt zuerst mit Marmelade bestreichen und dann mit Fondant überziehen. Geschmolzene Kuvertüre in einen Spritzbeutel füllen und auf das Deckblatt dünne Linien auftragen. Die Schokoladelinien mit einem kleinen Stäbchen wellenartig nach unten bzw. nach oben ziehen, wodurch das typische Esterházymuster entsteht.
- Die Schnitte seitlich mit Mandelblättchen bestreuen.
- Zum Portionieren am besten ein in heißes Wasser getauchtes Sägemesser verwenden.
- Sind die Tortenblätter zu trocken, so können sie mit verdünntem Rum oder Sirup oder aromatisiertem Läuterzucker beträufelt werden.

BACKZEIT: ca. 14–20 Minuten, als einzelne Tortenblätter oder auf dem Backblech

CREMEVARIANTE

- 2 Blatt Gelatine in kaltem Wasser einweichen und einen Pudding zubereiten. Gelatine in dem heißen Pudding auflösen, kalt rühren, vor dem Abstocken 250 g geschlagenes Obers untermengen und die Blätter damit füllen.

Symbolfoto links ohne das typische Esterházymuster

Gugelhupf & Kuchen

Ein Gugelhupfrezept – viele Ideen

ZUTATEN

250 g weiche Butter

200 g Feinkristallzucker, ersatzweise Staub-, feiner Roh- oder Gelbzucker

250 g glattes Weizenmehl oder feines Dinkelmehl

5–6 Eier

Prise Backpulver

etwas geriebene, unbehandelte Zitronenschale

Prise Salz

2 EL Rum, Zitronensaft oder Fruchtsirup

10 g Vanillezucker

Butter und Mehl für die Form

ZUBEREITUNG

- Die weiche Butter mit Zucker sehr schaumig aufschlagen, nach und nach Eier einzeln einrühren und immer wieder gut vermengen. (Sollte die Masse gerinnen, sofort etwas Mehl zugeben und weiterrühren.) Rum, Zitronenschale, Prise Salz sowie Vanillezucker einarbeiten und zuletzt das Mehl mit Backpulver einrühren. Die Masse in eine mit Butter ausgestrichene und bemehlte oder mit Bröseln ausgestreute Gugelhupfform füllen.
- Im vorgeheizten Backrohr bei 160–170 °C ca. 45–50 Minuten mit Heißluft backen. Herausnehmen, überkühlen lassen und stürzen. Mit Staubzucker bestreuen.
- Die Masse kann auch in kleinen Formen gebacken werden. Dabei verringert sich die Backzeit.
- Ist der Kuchen fertig? Einen Metallspieß in die Mitte des Kuchens stecken, bleiben wenige Teigreste hängen, dann nochmals in den Ofen schieben.

BACKZEIT: ca. 45–50 Minuten

MARMORGUGELHUPF MIT SCHOKOLADE

Ein Drittel der Grundmasse in eine mit Butter ausgestrichene und bemehlte Form füllen. In etwa ein Drittel der Masse 90 g geschmolzene Schokolade oder Kuvertüre einrühren und obenauf verteilen. Mit restlicher Masse abdecken und mit einer Gabel durch Drehbewegungen das typische Muster in den Marmorkuchen ziehen. Im vorgeheizten Backrohr bei 160 °C ca. 45 Minuten backen. Herausnehmen, überkühlen lassen und stürzen. Mit Staubzucker bestreuen.

AMEISENGUGELHUPF

100 g Schokoladestreusel vor dem Einfüllen unter die Masse mengen.

JÄGERMEISTERGUGELHUPF

Die Eiermenge auf 4 Eier reduzieren, 100 ml Jägermeister oder beliebigen Kräuterlikör einmengen.

APFELGUGELHUPF

2 Äpfel schälen, fein reiben und mit 100 g fein gemahlenen Nüssen vermischt unter die Gugelhupfmasse mengen.

ORANGENGUGELHUPF

Rum durch Orangensaft oder Orangenlikör ersetzen und fein geriebene, unbehandelte Orangenschale untermengen; fein geschnittenes Orangeat oder Orangenpaste zusätzlich einrühren.

SCHOKOLADESTÜCKCHENGUGELHUPF

100–150 g fein oder grob gehackte Schokoladestückchen einmengen.

NUSSGUGELHUPF

100–120 g grob gehackte oder fein gemahlene Nüsse nach Wahl und Vorrat (Wal-, Hasel-, Pekan-, Para-, Macadamia-, Erdnüsse, Pistazien oder Mandeln) einmengen. Dabei aber die Mehlmenge um die Zugabenmenge reduzieren.

ROSINENGUGELHUPF

100 g in Rum eingeweichte, gut abgetropfte Rosinen einmengen.

KAKAOGUGELHUPF

3 EL Grundmasse mit Rum und 20 g Kakao verrühren und unter die restliche Masse mengen.

SCHOKOLADE-NUSS-GUGELHUPF

100 g grob gehackte Walnüsse und 50–80 g grob gehackte Schokoladestücke einmengen.

PREISELBEER-NUSS-GUGELHUPF

100 g grob gehackte Walnüsse und 100 g klein geschnittene getrocknete Preiselbeeren einmengen.

FRÜCHTEGUGELHUPF

100 g klein geschnittene, getrocknete oder kandierte beliebige Fruchtmischung oder nur eine Geschmacksrichtung verwenden wie: Zwetschken, Marillen, Mangos, Kiwis, Pfirsiche, Kumquats, Aranzini, Kirschen, Ananas, Erdbeeren, Himbeeren, saure Äpfel, Papayas, Pomelos, Grapefruits, Melonen, Birnen, Kürbisse, Ingwer, Datteln etc. Früchte eventuell in Sirup oder Läuterzucker einige Stunden einweichen, gut abgetropft untermengen. Wenn man die Früchte fein gemahlen untermengen will, diese mit etwas Mehl von der Masse in einer Küchenmaschine zerkleinern; durch die Beigabe von Mehl kleben sie dabei nicht zusammen.

NOUGATGUGELHUPF

90 g geschmolzenes Nougat untermengen.

MOHNGUGELHUPF

100 g fein gemahlenen Mohn einmengen. Eventuell zusätzlich mit Limettenabrieb und -saft aromatisieren.

GUGELHUPF MIT PREISELBEERFÜLLE

Die Hälfte der Masse einfüllen, Teig mit Oblaten abdecken und etwas Preiselbeermarmelade darauf verteilen, restliche Masse darübergeben und backen.

KASTANIENGUGELHUPF

Etwas Kastanienpüree mit Obers abmischen, unter ein Drittel der Masse mengen und wie Marmorgugelhupf bereiten.

KOKOSGUGELHUPF

100 g fein geriebene Kokosflocken mit 50 ml Milch und anstelle von Rum mit Kokoslikör anfeuchten und eventuell kandierte, fein geschnittene Ananaswürfel untermengen. Zusätzlich noch eine zerdrückte Banane einmengen.

MANDARINENGUGELHUPF

2 kleine Dosen Mandarinen gut abtropfen lassen, in 1–2 EL Mehl wenden und unter die Masse heben.

KÜRBISKERNGUGELHUPF

100 g fein gemahlene Kürbiskerne einmengen. 50 g Butter durch 50 g Kürbiskernöl ersetzen.

GEWÜRZGUGELHUPF

Masse mit Zimt, Lebkuchengewürz, Kardamom, Nelken, Anis oder Ingwer fein gemahlen aromatisieren.

GUGELHUPF MIT KUVERTÜRE- ODER SCHOKOLADELINSEN

100 g grob gehackte Linsen, gibt es in verschiedenen Geschmacksrichtungen wie Kaffee, Karamell, Erdbeere, Limette, Orange, weiße, dunkle oder Milchschokolade, untermengen.

MANDELSPLITTERGUGELHUPF

100 g Mandelsplitter oder Mandelblättchen vor dem Einfüllen untermengen.

ZIMTGUGELHUPF

1–2 TL Zimt unter die Masse mengen.

KAFFEEGUGELHUPF

1–2 EL lösliches Kaffeepulver in angewärmtem Rum auflösen.

KIRSCHENGUGELHUPF

1 kleines Glas Sauerkirschen, gut abgetropfte Kirschen, eventuell mit etwas Mehl vermengt, einmengen.

VERSCHIEDENE GESCHMÄCKER – KEIN PROBLEM

Masse dritteln, verschieden abschmecken und abschnittsweise in die Form einfüllen oder in einer Backform von Fackelmann backen, in die man Teiler einsetzen kann.

Schokoladegugelhupf

Dieses Rezept stammt von einer lieben Freundin aus Linz

ZUTATEN

180 g weiche Butter

70 g Feinkristall- oder fein gesiebter Staubzucker

100 g Kuvertüre, ersatzweise Kochschokolade

20 g Vanillezucker

Prise Salz

8 Eidotter · 8 Eiklar

100 g Feinkristallzucker

120 g fein geriebene geröstete Haselnüsse, ersatzweise Mandeln oder eine Nussmischung

120 g grob zerbröselte Biskotten

etwas zerlassene Butter sowie fein geriebene Haselnüsse oder Brösel für die Form

Marillenmarmelade zum Aprikotieren und evtl. dunkle Schokoladeglasur zum Bestreichen

ZUBEREITUNG

- Butter mit 70 g Zucker, Vanillezucker und Prise Salz schaumig rühren, nach und nach Dotter zugeben. Schokolade über einem Wasserbad oder in der Mikrowelle schmelzen und einrühren.
- Eiklar mit 100 g Zucker zu cremig-steifem Schnee schlagen, davon ein Drittel unter die Buttermasse rühren, abschließend den restlichen Schnee mit den Nüssen und Biskottenbröseln untermengen.
- Masse in eine mit Butter ausgestrichene und mit Nüssen oder Bröseln ausgestreute Gugelhupfform füllen und im vorgeheizten Backrohr bei ca. 165–175 °C mit Ober- und Unterhitze ca. 50–60 Minuten backen.
- Etwa 10 Minuten rasten lassen, dann den Gugelhupf stürzen und sofort mit heißer Marmelade aprikotieren und eventuell mit Schokoladeglasur bestreichen.
- Ausgekühlt genießen.

BACKZEIT: ca. 50–60 Minuten

Patzerlgugelhupf

ZUTATEN FÜR DEN TEIG

500 g glattes Weizen- oder feines Dinkelmehl

1 Pkg. Trockengerm

70 g flüssige Butter

60 g Feinkristall- oder Gelbzucker

2 Dotter

1 Ei

ca. 230 ml warme Milch (max. ca. 40 °C)

Prise Salz

FÜR DIE TOPFENFÜLLE

100 g Topfen

20 g Feinkristallzucker · 1 Dotter

2 EL in Rum eingeweichte Rosinen

10 ml Zitronensaft

evtl. etwas unbehandelte Zitronenschale, ersatzweise Zitronenzucker

FÜR DIE MOHNFÜLLE

60 g Milch

20 g Gelb- oder Feinkristallzucker

100 g gemahlener Mohn

20 g Honig · Prise Zimt

20 ml Zitronensaft

evtl. etwas unbehandelte Zitronenschale, ersatzweise Zitronenzucker

FÜR DIE NUSSFÜLLE

ca. 150 ml heiße Milch

20 g Feinkristallzucker

100 g fein gemahlene Walnüsse oder beliebige Nüsse, auch Mischung

30 g Semmelbrösel

Prise Zimt

10 ml Rum

FÜR DIE POWIDLFÜLLE

200 g Powidl

20 ml Rum

ZUBEREITUNG

- Für den TEIG im Rührkessel die Germ mit warmer Milch und Zucker anrühren, alle anderen Zutaten zugeben, die Butter zuletzt einrühren und zu einem glatten Teig abarbeiten. Mit einem Tuch abdecken und bei warmer Raumtemperatur oder bei ca. 40 °C im leicht geöffneten Backrohr ca. 30 Minuten gehen lassen. In der Zwischenzeit die verschiedenen Füllungen zubereiten.
- Für die TOPFENFÜLLE alle Zutaten verrühren.
- Für die MOHN- bzw. NUSSFÜLLE Milch mit Zucker aufkochen, restliche Zutaten beigeben und auskühlen lassen.
- Für die POWIDLFÜLLE den Powidl mit Rum verrühren.
- Den Teig aus dem Gefäß nehmen und (eventuell auf einer leicht bemehlten) Arbeitsfläche zu einer langen Rolle formen und in 24 Stücke teilen. Diese wie Buchteln abwechselnd füllen und nacheinander in eine mit zerlassener Butter ausgestrichene und mit Bröseln ausgestreute Gugelhupfform legen, sodass die Patzerl abwechselnd neben- und übereinander liegen.
- Abgedeckt noch einmal aufgehen lassen und im vorgeheizten Backrohr bei ca. 165 °C ca. 45 Minuten backen.

BACKZEIT: ca. 45 Minuten

Zitronengugelhupf

ZUTATEN
(für eine größere Gugelhupfform)

300 g zimmertemperierte Butter
150 g Feinkristallzucker
4 Dotter
3 Eier
Abrieb von 1–2 unbehandelten Zitronen oder Zitronenschalenpulver
10 ml Zitronensaft
4 Eiklar
150 g Feinkristallzucker
240 g Weizenmehl glatt, Type 700

ZUBEREITUNG

- Butter mit Zucker sehr schaumig rühren, Dotter nach und nach dazurühren, dann die ganzen Eier nacheinander langsam unter die Masse rühren, Zitronenschale und Saft beimengen.
- Eiklar mit Zucker zu steifem Schnee schlagen und vorsichtig unter den Abtrieb mengen, zuletzt Mehl unterheben.
- In eine gebutterte, mit Mehl oder Bröseln ausgestreute Gugelhupfform füllen (oder in eine Silikonform). Bei ca. 165–175 °C ca. 55 Minuten backen.

VARIATIONSMÖGLICHKEITEN

- Zitronen durch Orangen oder Limetten ersetzen.
- Zusätzlich abgetropftes Zitronat, vorher in Zitronensaft mit Läuterzucker mariniert, untermengen.
- In Orangensaft mit Läuterzucker marinierte Aranzini einlegen.

BACKZEIT: ca. 55 Minuten

Bechergugelhupf mit Sauerrahm

Dieses Rezept stammt von Sandra Hummer

ZUTATEN
(für 1 Gugelhupfform)

1 Becher Sauerrahm

1 Becher Feinkristallzucker

1 Becher fein geriebene Nüsse

1 Becher glattes Weizen- oder feines Dinkelmehl

1/2 Becher Sonnenblumenöl

1 Ei

1 Pkg. Vanillezucker

1/2 Pkg. Backpulver

ZUBEREITUNG

- Alle Zutaten in einer Schüssel gut vermengen und in eine vorbereitete Gugelhupfform füllen.
- Im vorgeheizten Backrohr bei ca. 165–175 °C ca. 45–50 Minuten backen.
- Der Kuchen hat eine speckige Beschaffenheit, schmeckt aber hervorragend.

BACKZEIT: ca. 45–50 Minuten

Glühweingugelhupf

ZUTATEN
(für 1 Gugelhupfform, 2 l)

150 g Zartbitterschokolade

200 g weiche Butter

200 g Kristallzucker

Prise Salz · 1 Pkg. Vanillezucker

4 Eier · 250 g Mehl, glatt

10 g Kakaopulver

1 Pkg. Backpulver

1 gestrichener TL Zimt

fein geriebene Schale von 1 Orange

175 ml Rotwein

je 3 Stück Gewürznelken und Sternanis

FÜR DIE GLASUR

2 EL trockener Rotwein

150 g Staubzucker

Butter und Mehl für die Form

Schokoladeröllchen zum Verzieren

ZUBEREITUNG

- Schokolade fein hacken. Weiche Butter, Kristallzucker, Salz und Vanillezucker im Schneekessel schaumig schlagen.
- Die Eier verschlagen und nacheinander unterrühren. Mehl, Kakaopulver, Backpulver und Zimt versieben und mit der Orangenschale vermischen. Unter die Fett-Ei-Masse rühren.
- Rotwein, Sternanis und die Gewürznelken aufkochen und 10 Minuten ziehen lassen. Abkühlen lassen, dann nach und nach zur Masse geben und unterrühren. Schokolade unterheben. Masse in eine gefettete, mit Mehl ausgestreute Gugelhupfform geben. Im vorgeheizten Backrohr bei 170 °C (Ober- und Unterhitze) auf der mittleren Schiene ca. 50 Minuten backen.
- Gugelhupf aus dem Ofen nehmen, auf ein Kuchengitter setzen und in der Form ca. 15 Minuten abkühlen lassen. Vorsichtig aus der Form stürzen und vollständig auskühlen lassen.
- Für die GLASUR Staubzucker und Rotwein zu einem cremigen Guss verrühren. Auf den Kuchen geben und herunterlaufen lassen. Mit Schokoladeröllchen verzieren.

BACKZEIT: ca. 50 Minuten

Biedermeiergugelhupf

ZUTATEN

1 Gugelhupf (Rezept siehe Mandelsplittergugelhupf Seite 79)

FÜR DAS AMARETTOOBERS

70 g Amaretto

70 g Nougat

70 g Milchkuvertüre

200 g Obers

ca. 160 g gut abgetropfte Amarenakirschen

ca. 150 g Mandelblättchen

ca. 150 g Obers zum Verzieren

ZUBEREITUNG

- Das Amarettoobers am Vortag zubereiten. Dafür das Obers aufkochen, von der Kochstelle nehmen und Nougat, Amaretto sowie Kuvertüre darin auflösen; ca. 24 Stunden kühl stellen.
- Den ausgekühlten Gugelhupf waagrecht in drei Teile schneiden.
- Amarettoobers mit der Küchenmaschine schaumig aufschlagen und auf den ersten Boden streichen.
- Die Hälfte der Kirschen darauf verteilen, mit einem Gugelhupfteil abdecken, nochmals Creme aufstreichen und wiederum mit Kirschen belegen.
- Mit dem dritten Teil abdecken und ca. 1 Stunde kühl stellen.
- Obers cremig-steif schlagen und den Gugelhupf damit bestreichen, mit Mandelblättchen bestreuen.

ZUBEREITUNGSZEIT: ca. 25 Minuten

Foto rechts

Waldorfgugelhupf

ZUTATEN (für 1 Gugelhupf)

5 Eier

300 g weiche Butter

250 g brauner Zucker

Prise Salz

1 Pkg. Vanillezucker

abgeriebene Schale von je 1 Zitrone und Orange

gute Prise Zimt

120 g Mandeln, fein gerieben

120 g Walnüsse, fein gerieben

200 g Mehl, glatt

1 Pkg. Backpulver

300 g Knollensellerie, geschält

1 säuerlicher Apfel, grob gerieben

Butter und glattes Mehl für die Form

geröstete Walnüsse und Ahornsirup zum Garnieren

ZUBEREITUNG

- Eier in Eidotter und Eiklar trennen. Gugelhupfform mit Butter ausstreichen und mit glattem Mehl bestreuen. Sellerie grob reiben.
- Butter, 2/3 des braunen Zuckers, Salz, Vanillezucker, Zimt, Zitronen- und Orangenschale gut schaumig schlagen, Eidotter langsam zugeben und weiterrühren.
- Mehl und das Backpulver versieben und mit den Mandeln und den Walnüssen vermischen.
- Eiklar gut anschlagen, nach und nach mit dem restlichen braunen Zucker zu cremigem Schnee schlagen und unter die Buttermasse heben.
- Mehlmischung und den geriebenen Sellerie sowie Apfel unter die Masse heben, alles in die Gugelhupfform füllen und im vorgeheizten Backrohr bei 150 °C auf der unteren Schiene ca. 40–50 Minuten backen.
- Aus dem Backrohr nehmen, kurz überkühlen lassen, dann stürzen und auskühlen lassen.
- Den Gugelhupf mit Ahornsirup übergießen und mit gerösteten Walnüssen garnieren.

BACKZEIT: ca. 40–50 Minuten

Bananenroulade

Dieses Rezept stammt von Andrea Dechant, Scharnstein

ZUTATEN FÜR DAS BISKUIT

8 Eidotter

100 g Feinkristallzucker · 4 Eiklar

100 g glattes Weizen- oder feines Dinkelmehl

30 g Kakaopulver

FÜR DIE BANANENFÜLLE

400 g geschälte Bananen, ca. 3–4 Bananen

100 g Feinkristall- od. Gelbzucker

50 ml Orangensaft

40 ml Zitronensaft · 40 ml Bacardi

FÜR DIE CREME

250 ml Obers · 1 Eidotter

80 g Kuvertüre, klein geschnitten

30 g Milchkuvertüre, klein geschnitten

30 g Butter

40 ml Creme de Cacao (Kakaolikör)

Prise Salz

ZUBEREITUNG

- Für das BISKUIT Eidotter mit der halben Menge Kristallzucker schaumig rühren, Eiklar mit dem restlichen Zucker cremig-steif aufschlagen. Mehl mit Kakao vermengen und mit dem Eischnee behutsam unter die Dottermasse rühren. Auf ein Backpapier oder ein mit Backpapier ausgelegtes Blech streichen und im vorgeheizten Backrohr bei ca. 175–180 °C ca. 10 Minuten backen. Das Biskuit auf ein mit Zucker bestaubtes Backpapier stürzen und mit einem Küchentuch abdecken.
- Für die FÜLLE die Bananen in ca. 1 cm dicke Scheiben schneiden. Zucker hellbraun karamellisieren und mit den Säften ablöschen. So lange einkochen, bis der Zucker aufgelöst ist. Die Bananenscheiben darin kurz schwenken und mit Alkohol flambieren. Bananen mit einem Siebschöpfer herausnehmen, gut abtropfen lassen und mit etwas Bananensaft das Biskuit bestreichen.
- Für die CREME 80 ml Obers aufkochen, von der Kochstelle nehmen und bei eingeschaltetem Mixer den Dotter einmixen. Die Schokolade darin auflösen und etwas abkühlen lassen. Die weiche Butter und den Kakaolikör zugeben und gut verrühren.
- Etwas überkühlt restliches Obers aufschlagen, behutsam untermengen und auf dem Biskuit verteilen. Mit den Bananenstücken belegen und das Biskuit zu einer Roulade aufrollen. Mit Hilfe des Backpapiers straffen und ca. 3 Stunden kühl stellen.
- Papier abziehen und mit Schokolade- oder Kakaopulver oder mit geschlagenem Obers verzieren.

BACKZEIT: ca. 10 Minuten

Biskuitfleck

ZUTATEN (für 1 Backblech, ca. 35 x 40 cm)

5 Eier (ca. 250 g)

150 g Feinkristallzucker

10 g Vanillezucker

Prise Salz

100 g glattes Weizen- oder feines Dinkelmehl

50 g Weizenstärke

evtl. etwas Zitronen- oder Orangenschale oder Zimt nach Belieben

ZUBEREITUNG

- Eier mit Zucker, Salz und Vanillezucker über einem Wasserbad zuerst warm und hellschaumig aufschlagen. Von der Hitze nehmen und kalt schlagen.
- Mehl und Stärke vermengen und behutsam unter die Eiermasse ziehen. Die Masse auf ein mit einer Backmatte oder Backtrennpapier ausgelegtes Backblech streichen und bei ca. 180–190 °C ca. 10–12 Minuten mit Heißluft backen.
- Aus dem Rohr nehmen und das Biskuit auf ein gezuckertes Backpapier stürzen, das Papier sofort abziehen – wenn es noch heiß ist, lässt es sich gut abziehen – oder das Papier eventuell mit einem feuchten Tuch belegen, auskühlen lassen und abziehen. Wird die Roulade nur mit Marmelade (ca. 250 g) gefüllt, so wird sie nach dem Einstreichen noch warm eingerollt.
- Zum Einfärben / zur geschmacklichen Abänderung etwas Kakao, gemahlenen Mohn oder Nüsse einmengen.

BACKZEIT: ca. 10–12 Minuten

Biskuitroulade mit Zitronencreme

Dieses Rezept stammt von der Redakteurin Barbara Stiendl, Linz

ZUTATEN FÜR DIE ROULADE

9 Dotter · 9 Eiklar

140 g Feinkristall- oder Gelbzucker

Prise Salz · etwas Vanillezucker

evtl. etwas unbehandelte Zitronen- oder Orangenschale, ersatzweise Zitronen- bzw. Orangenzucker

110 g glattes Weizen- oder feines Dinkelmehl

50 g Weizenstärke

FÜR DIE ZITRONENCREME

100 ml Weißwein

50 g Feinkristallzucker

2 Blatt Gelatine, ca. 10 Minuten in kaltem Wasser eingeweicht

1 Eidotter · 40 g Zitronensaft

Abrieb von einer kleinen, unbehandelten Zitrone

200 g cremig-steif geschlagenes Obers

130 g Himbeermarmelade

30 g Himbeergeist

ZUBEREITUNG

- Dotter mit 50 g Zucker, Salz und Vanillezucker und eventuell geriebener Zitrusschale hell aufschlagen.
- Eiklar mit dem restlichen Zucker zu cremig-steifem Schnee schlagen.
- Mehl mit Stärke vermengen und mit der Dottermischung unter die Schneemasse mengen. Die Masse auf ein mit Backpapier oder Backmatte ausgelegtes, vorbereitetes Backblech streichen und im vorgeheizten Backrohr bei ca. 200 °C mit Heißluft ca. 8–12 Minuten backen.
- Aus dem Rohr nehmen und auf ein mit Staubzucker bestreutes Backpapier stürzen. Papier vorsichtig abziehen.
- Für die ZITRONENCREME den Wein mit dem Zucker aufkochen, von der Kochstelle nehmen und den Dotter bei eingeschaltetem Mixer in die heiße Kochmasse einmixen. Zitronensaft und -schale einrühren. Ausgedrückte Gelatine darin auflösen.
- Die Masse abkühlen lassen, ab und zu umrühren und kurz vor dem Abstocken das Obers unterziehen.
- Die Marmelade, vermischt mit Himbeergeist, auf die Roulade aufstreichen, Creme darauf verteilen und für ca. 30 Minuten in den Kühlschrank stellen.
- Herausnehmen und mit Hilfe von Backpapier einrollen.

BACKZEIT: ca. 8–12 Minuten

- Für eine WEINCREMEROULADE die Weinmenge auf 150 ml erhöhen und als Einlage anstelle der Marmelade 200 g entkernte Weintrauben geben.

Mohn-Nuss-Roulade

ZUTATEN

(für 1 Backblech, ca. 31 x 43 cm)

6 Eidotter

130 g Feinkristallzucker

70 g Mohn, fein gemahlen

80 g Haselnüsse, fein gemahlen

6 Eiklar

etwas Marmelade oder beliebige Füllcreme zum Bestreichen

ZUBEREITUNG

- Dotter mit 70 g Zucker hell und dickschaumig aufschlagen.
- Mohn und Nüsse vermischen. Eiklar mit dem restlichen Zucker zu cremig-steifem Schnee schlagen und behutsam mit der Mohn-Nuss-Mischung unter die Dottermasse mengen.
- Die Masse auf ein mit Backmatte oder Backpapier vorbereitetes Backblech gleichmäßig aufstreichen und im vorgeheizten Backrohr bei etwa 190 °C ca. 17 Minuten backen.
- Aus dem Ofen nehmen und auf ein angezuckertes Backpapier stürzen. Papier abziehen und füllen oder auskühlen lassen.
- Noch heiß mit Marmelade bestreichen und zusammenrollen oder ausgekühlt mit Füllcreme fertigstellen.

BACKZEIT: ca. 17 Minuten

Weiße Schokolademusroulade

Dieses Rezept stammt von Maria Miglbauer, St. Konrad

ZUTATEN

1 Biskuit- oder Nussbiskuitroulade (Rezept siehe Seite 87)

FÜR DIE FÜLLCREME

500 g Obers

100 g pasteurisiertes Ei, ersatzweise 2 Eier

30 g Feinkristallzucker

4 Blatt Gelatine, ca. 10 Minuten in kaltem Wasser eingeweicht

300 g weiße Kuvertüre, klein geschnitten oder kleine Linsen

100 g Krokant

ZUBEREITUNG

- Obers cremig aufschlagen.
- Eier mit Zucker über einem Wasserbad hell und dickschaumig aufschlagen, Gelatine gut ausdrücken und in der warmen Eiermasse auflösen, etwas abkühlen lassen.
- Kuvertüre über einem Wasserbad zerlassen und zügig unter die Eiermasse rühren. Mit einer Teigkarte einen kleinen Teil Obers in die Schokolademasse rühren, restliches Obers mit Krokant einrühren und etwas abstocken lassen. Auf das Biskuit streichen und leicht einrollen.

Beeren-Knusperkuchen

ZUTATEN
(für 6–8 Personen / 1 eckige, ca. 15 x 15 cm, oder runde, ca. 24 cm Ø, Tortenform)

150 g Butter
100 g Mehl
1 TL Backpulver
220 g Kristallzucker
130 g Mandelblätter, fein gemahlen
Prise Salz
5 flüssige Eiklar

Butter und Mehl, glatt, für die Form
300 g gemischte Beeren

ZUBEREITUNG

- Butter in einer Pfanne schmelzen, dann ca. 2 Minuten köcheln lassen.
- Backpulver und Mehl versieben. Mandeln, Kristallzucker und Salz zugeben, dann die Butter beigeben und verrühren. Das flüssige Eiklar zugeben und nochmals alles gut verrühren.
- Eine Tortenform mit weicher Butter ausstreichen und mit Mehl ausstreuen, die Masse in die Form gießen, glatt streichen und mit den Beeren locker belegen.
- Im vorgeheizten Backrohr bei 180 °C (Ober- und Unterhitze) auf der mittleren Schiene ca. 30–40 Minuten backen.

BACKZEIT: ca. 30–40 Minuten

Apfel-Mürbteigkuchen

ZUTATEN (für 1/2 Backblech)

FÜR DEN MÜRBTEIG
150 g Mehl, glatt
100 g kalte Butter, klein geschnitten
50 g Staubzucker · 1 Eidotter
Prise Salz · 1 Pkg. Vanillezucker
abgeriebene Schale von 1 Zitrone

FÜR DIE FÜLLE
1 kg Äpfel (Boskoop), geschält, entkernt und in kleine Würfel geschnitten, ergibt ca. 800 g
Saft von 1 Zitrone
90 g Butter · 80 g Kristallzucker
1 Vanilleschote, der Länge nach halbiert und das Mark ausgeschabt

FÜR DEN MANDELKNUSPER
1 flüssiges Eiklar
30 g Kristallzucker
100 g Mandelblätter

ZUBEREITUNG

- Für den MÜRBTEIG alle Zutaten rasch zu einem geschmeidigen Teig kneten und ca. 1 Stunde in den Kühlschrank stellen. Teig kurz zusammenkneten, auf einer leicht bemehlten Arbeitsfläche ca. 3 mm dick ausrollen, auf ein halbes, gebuttertes Backblech legen. Mit einer Gabel einstechen, im vorgeheizten Backrohr bei 180 °C (Ober- und Unterhitze) auf der mittleren Schiene ca. 12–16 Minuten goldgelb backen. Herausnehmen und auskühlen lassen.
- Für die FÜLLE die gewürfelten Äpfel mit den restlichen Zutaten vermischen, eine Pfanne erhitzen und die Apfelfülle darin ca. 5 Minuten garen.
- Für den MANDELKNUSPER alle Zutaten in einer Schüssel vermischen.
- Die Apfelfülle auf dem Mürbteig verteilen, etwas glatt streichen, die Mandelmasse locker darüber verteilen und im vorgeheizten Backrohr bei 180 °C (Ober- und Unterhitze) auf der mittleren Schiene ca. 20 Minuten backen.

BACKZEIT: ca. 32–36 Minuten

Kuchen mit Äpfeln und Rosinen

ZUTATEN
(für 1 Kastenform, 28 x 11 cm)

200 g Äpfel, säuerlich
120 g Kristallzucker zum Karamellisieren
4 Eiklar
20 g Maizena
80 g Mehl, glatt
50 g Staubzucker
250 g Mandeln, gerieben
100 g flüssige Butter
100 g Rosinen, in 4 cl Rum 2 Stunden eingelegt

Butter und glattes Mehl für die Form

FÜR DIE DEKO
2 Äpfel
1–2 EL brauner Zucker
Minze

ZUBEREITUNG

- Die Äpfel waschen, schälen und in ca. 5 mm kleine Würfel bzw. Stücke schneiden. 30 g Kristallzucker in einer Pfanne karamellisieren und die Apfelstücke zugeben, schwenken und auskühlen lassen.
- Eiklar gut anschlagen und nach und nach den restlichen Kristallzucker zugeben, zu einer cremigen Schneemasse schlagen. Maizena und Mehl versieben und mit den Mandeln und dem Staubzucker unter die Eiklarmasse heben.
- Flüssige Butter, Rum, Rosinen und die Äpfel unter die Schneemasse heben.
- In eine gebutterte und mit Mehl ausgestreute Kastenform füllen und bei 170 °C im vorgeheizten Backrohr auf der mittleren Schiene ca. 50–60 Minuten backen.
- Für die DEKO die Äpfel in dünne Scheiben schneiden, braunen Zucker in einer Pfanne schmelzen, karamellisieren lassen und die Apfelscheiben einlegen. Beidseitig leicht braun braten, auf dem Kuchen verteilen und mit Minze garnieren.

BACKZEIT: ca. 50–60 Minuten

TIPP: Das ist ein perfektes Rezept, wenn Eiklar übrigbleibt, oder man verwendet eingefrorenes Eiklar, das man vor dem Verarbeiten auftaut.

Foto rechts

Apfel-Streusel-Kuchen

Dieses Rezept stammt von Brigitte Nöckel

ZUTATEN
(für 1 Kuchenform, 28 cm Ø)

300 g Mürbteig (Rezept siehe S. 205)

FÜR DEN STREUSEL
150 g Mehl · 100 g Zucker
100 g kalte Butter
Zimt · Vanillezucker

FÜR DIE APFELFÜLLE
0,3 l Apfelsaft · 100 g Zucker · Zimt
45 g Vanillepuddingpulver
Saft einer Zitrone
1 kg Äpfel, geschält, grob geraffelt

ZUBEREITUNG

- Eine Kuchenform mit dem Mürbteig auslegen.
- Für den STREUSEL alle Zutaten vermengen und kurz kühl stellen.
- Vanillepuddingpulver mit etwas Apfelsaft anrühren, Apfelsaft mit Zucker und Zimt aufkochen, Puddingpulver einrühren und gut verkochen. Äpfel, Zitronensaft und den warmen Pudding gut vermischen und in die Form füllen, dann zum Schluss Streusel darüber verteilen. Bei 160 °C 35–40 Minuten backen.

BACKZEIT: 35–40 Minuten

Apfelkuchen mit Nougat

ZUTATEN
(für 6 Personen / 1 ofenfeste Form, z. B. Riess-Form mit 15 cm Ø, 5 cm hoch)

2 Äpfel (ca. 200 g), geschält und grob gerieben
2 Eier · gute Prise Zimtpulver
abgeriebene Schale von 1 Zitrone
150 g Rohzucker · 200 g Mehl, glatt
60 ml Traubenkernöl
70 ml Joghurt (3,6 %)
1 TL Backpulver · 30 ml Limoncello

Butter und Mehl für die Form
100 g Nougat, in 1 cm große Stücke geschnitten
Staubzucker zum Bestreuen
Vanilleeis und Zitronenthymian zum Garnieren

ZUBEREITUNG

- Die Eier im Schneekessel mit dem Rohzucker vermischen und mit dem Handmixer schaumig schlagen, nach und nach das Traubenkernöl zugeben.
- Dann die restlichen Zutaten zugeben und alles gut miteinander vermischen.
- Backform mit weicher Butter ausstreichen und mit Mehl ausstreuen, dann die Masse drei Viertel hoch einfüllen. Nougatwürfel in die Masse setzen.
- Im vorgeheizten Backrohr auf der mittleren Schiene bei 180 °C ca. 40 Minuten backen, Garprobe machen.
- Mit Staubzucker bestreuen.
- Mit Vanilleeis und Zitronenthymian garnieren.

BACKZEIT: ca. 40 Minuten

Foto links

Apfelwähe

ZUTATEN (für 1 Tarteform, 30 cm Ø)

FÜR DEN STREUSEL
60 g Butter · 60 g Kristallzucker
80 g glattes Mehl

FÜR DEN GERMTEIG
250 g Mehl, glatt · 25 g Germ
100 ml Milch
1 Ei · 50 g Kristallzucker
50 g weiche Butter
5 g Salz · 1 Pkg. Vanillezucker
abgeriebene Schale von 1 Zitrone

1 kg Äpfel, geschält und in feine Spalten geschnitten
100 g Kristallzucker
etwas Zimt, gemahlen
Saft von 1 Zitrone
Butter für die Form

ZUBEREITUNG

- Für den STREUSEL Butter mit Zucker vermischen, dann mit dem Mehl glatt verkneten. Teig in Frischhaltefolie wickeln und ca. 45 Minuten kühlen. Dann durch die grobe Reibe (Universalreibe) reiben.
- Für den GERMTEIG Germ in der Milch lauwarm auflösen, Kristallzucker zugeben, dann alle anderen Zutaten untermengen, zum Schluss die Butter. Die Masse zu einem glatten Teig verkneten und ca. 1 Stunde zugedeckt an einem warmen Ort aufgehen lassen. Teig auf einer leicht bemehlten Arbeitsfläche möglichst rund ausrollen, in die gebutterte Form legen, gut andrücken und 20 Minuten aufgehen lassen.
- In der Zwischenzeit die Äpfel schälen, entkernen, in feine Spalten schneiden und mit Kristallzucker, Zimt und Zitronensaft vermischen. Apfelspalten auf dem Teig verteilen, mit dem Streusel garnieren und im vorgeheizten Backrohr bei 180 °C ca. 35–45 Minuten backen. Leicht überkühlen lassen, mit Staubzucker bestreuen, aus der Form heben, schneiden und servieren.

BACKZEIT: ca. 35–45 Minuten

Banana & Friends

ZUTATEN (für 4 Personen)

FÜR DEN MANDELKUCHEN

3 Eier

30 g Staubzucker

50 g Mehl

20 g Mandeln, gerieben

50 g Kristallzucker

30 g flüssige Butter

FÜR DIE CREME

45 g Zitronensaft

70 g Butter

60 g Kristallzucker

2 Eier

250 g Obers, leicht geschlagen

AUSSERDEM

2 Bananen, in 1 cm dicke Scheiben geschnitten

ca. 200 ml Orangensaft

Schokoladeröllchen

Minze

ZUBEREITUNG

- Für den MANDELKUCHEN Eier trennen, Eidotter mit dem Staubzucker cremig schlagen. Mandeln mit 20 g Kristallzucker vermengen. Die Mandel-Zucker-Masse langsam in die Dottermasse heben.
- Das Eiklar gut anschlagen und den restlichen Kristallzucker nach und nach zugeben, zu Schnee schlagen und mit dem Mehl unter die Dottermasse heben. Zum Schluss die flüssige Butter einrühren.
- Ein Backblech mit Backtrennpapier auslegen, die Masse 1 cm dick aufstreichen. Im vorgeheizten Backrohr bei 180 °C (Ober- und Unterhitze) auf der mittleren Schiene ca. 15–20 Minuten backen. Auskühlen lassen, dann in beliebige Stücke (siehe Foto) schneiden.
- Orangensaft aufkochen und die Bananenscheiben einlegen, eventuell kurz erwärmen (die Bananen sollten noch bissfest sein), dann auskühlen lassen.
- Für die CREME Zitronensaft, Butter und Zucker aufkochen.
- Eier im Schneekessel verschlagen und die heiße Buttermasse unter Rühren zugeben, verschlagen und wieder in den Topf gießen. Dann die Masse mit einer Gummispachtel zur Rose abziehen, die Masse darf dabei nicht kochen (82 °C). Durch ein Sieb gießen, die Masse kalt rühren und geschlagenes Obers unterheben. Kurz kalt stellen.
- Die Creme auf den Tellern verteilen, mit den Bananenstücken, Schokoladeröllchen und der Minze garnieren.

BACKZEIT: ca. 15–20 Minuten

Foto rechts

Birnenkuchen mit Eis, im Rexglas serviert

ZUTATEN (für 6 Personen / 6 Rexgläser à ca. 200 ml)

1 EL Butter

3 Birnen, geschält und in kleine Würfel geschnitten

etwas gemahlener Zimt

abgeriebene Schale von 1 Zitrone

100 g Kristallzucker

100 g Mehl, glatt

100 g Crème fraîche

50 g Erdnussöl · 2 Eier

10 g Backpulver · 20 ml Rum

Vanilleeis

ZUBEREITUNG

- Butter in einer Pfanne erhitzen und die Birnen, Zimt und die Zitronenschale darin ca. 4 Minuten anschwitzen, dann auskühlen lassen.
- Eier, Crème fraîche, Erdnussöl und den Rum verrühren, dann die restlichen Zutaten zugeben, miteinander verrühren und die Birnen untermischen.
- In die gebutterten Rexgläser gießen, im vorgeheizten Backrohr bei 180 °C ca. 30 Minuten auf der mittleren Schiene backen.
- Mit Vanilleeis servieren.

BACKZEIT: ca. 30 Minuten

Karamellkuchen

ZUTATEN
(für 1 Kastenform, 22 x 11 cm)

230 g Bitterkuvertüre (ca. 50–60 %)
150 g Butter
100 g Kristallzucker
70 g Mehl, glatt
7 g Backpulver
6 Eier
50 g Kristallzucker für den Schnee
Butter und Mehl für die Form

ZUBEREITUNG

- Kastenform mit weicher Butter ausstreichen und mit Mehl ausstauben.
- Kuvertüre fein hacken, im Schneekessel über einem Wasserbad schmelzen lassen.
- Kristallzucker in einem Topf oder einer Pfanne schmelzen und karamellisieren. Karamell vom Herd nehmen und stückweise die Butter einrühren, einmal aufkochen und wieder vom Herd nehmen. Gut glatt rühren.
- Die Eier trennen.
- Kuvertüre und die Karamellmasse glatt rühren, Eidotter nach und nach zugeben, gut miteinander verrühren.
- Eiklar gut anschlagen und nach und nach den Kristallzucker zugeben, zu einer cremigen Schneemasse schlagen und unter die Karamellmasse heben. Dann das Mehl und das Backpulver versieben und ebenso unterheben.
- In die Kastenform füllen und bei 170 °C ca. 40–50 Minuten backen. Unbedingt eine Garprobe machen. Kurz in der Form auskühlen lassen, dann stürzen und auskühlen lassen.
- Mit Staubzucker bestreut servieren oder mit Schokoladeglasur überziehen.

BACKZEIT: ca. 40–50 Minuten

Cremiger Schokolade-Mohn-Kuchen mit Orangen

ZUTATEN
(für 1 Tarteform, ca. 24 cm Ø)

200 g Bitterkuvertüre, fein gehackt
200 g Butter
150 g Kristallzucker
5 Eier
2 EL Mehl, glatt
40 g Mohn, gemahlen

Butter für die Form
Kakao zum Bestreuen
2 Stück Orangen zum Garnieren, Filets herausgeschnitten

ZUBEREITUNG

- Bitterkuvertüre grob hacken, Butter zugeben und im Schneekessel über einem Wasserbad ganz langsam schmelzen, dabei das Wasser nicht zu stark kochen lassen.
- Eier und Kristallzucker verschlagen und mit Mehl und Mohn nach und nach in die Kuvertüremasse rühren.
- Die Masse in die gebutterte Tarteform gießen, im vorgeheizten Backrohr bei 180 °C (Ober- und Unterhitze) auf der mittleren Schiene ca. 20 Minuten backen. (Die Tarte ist innen noch relativ flüssig, zieht aber nach.)
- Auskühlen lassen, mit Kakao bestreuen und mit Orangenfilets garnieren.

BACKZEIT: ca. 20 Minuten

Eingeschlagener Apfelkuchen mit Rosinen

ZUTATEN (für 6 Personen)

FÜR DEN MÜRBTEIG

150 g weiche Butter · 100 g Staubzucker

250 g Mehl, glatt

Prise Salz · 1 Ei · 30 g Mandeln, gerieben

1 Vanilleschote, halbiert und das Mark ausgeschabt

FÜR DIE APFELMASSE

1 kg Äpfel (Boskoop oder Gravensteiner)

100 g Kristallzucker

Saft und Schale von 1 Zitrone

etwas Zimt, gemahlen

50 g Rosinen · 5 cl Rum

flüssiges Eiklar zum Bestreichen

Kristallzucker zum Bestreuen

ZUBEREITUNG

- Für den MÜRBTEIG Vanillemark und den Staubzucker vermischen. Mehl auf eine Arbeitsfläche sieben, Salz zugeben und die Butterstücke darüber verteilen. Mehl und die Butter ineinander verreiben. Vertiefung in den Teig machen, Ei, dann den Zucker und die Mandeln zugeben und miteinander rasch verkneten, 4 Stunden kalt stellen.
- Für die APFELMASSE die Äpfel schälen, entkernen, in feine Scheiben schneiden. Zitronensaft und -schale, Zimt, Rum und die Rosinen vermischen und 15 Minuten rasten lassen, bis sich etwas Saft absetzt.
- Kristallzucker in einer Pfanne schmelzen (karamellisieren), dann die marinierten Äpfel zugeben und einige Minuten anschwitzen, bis sich der Kristallzucker aufgelöst hat. Auskühlen lassen.
- Teig nochmals kurz kneten, auf einer leicht bemehlten Arbeitsfläche 3 mm dick rund ausrollen und mit flüssigem Eiklar bestreichen.
- Abgetropfte Apfelmasse in die Mitte des Teigs verteilen, die Ränder leicht einschlagen, nochmals mit Eiklar bestreichen und mit Kristallzucker locker bestreuen.
- Im vorgeheizten Backrohr auf der unteren Schiene bei 180 °C ca. 30–40 Minuten goldgelb backen.

BACKZEIT: ca. 30–40 Minuten

Früchtekuchen

ZUTATEN FÜR DIE SANDMASSE
(für 1 Backblech, ca. 30 x 30 cm)

120 g weiches Rohmarzipan

6 Eier · 300 g weiche Butter

300 g Feinkristall-, Gelb- oder fein gesiebter Staubzucker

Prise Salz · 30 g Vanillezucker

300 g glattes Weizen- oder feines Dinkelmehl

zerlassene Butter und Mehl zum Bestauben

ca. 550–600 g beliebige Früchte wie Rhabarber, Marillen, Pfirsiche, Zwetschken, Kirschen u. dgl. (netto ohne Schale und Kerne)

ca. 100 g Mandelblättchen zum Bestreuen

heiße Marillenmarmelade zum Bestreichen

ZUBEREITUNG

- Marzipan (eventuell durch eine Erdäpfelpresse drücken) mit einem Ei glatt rühren. Butter, Zucker, Salz und Vanillezucker zugeben und schaumig rühren. Nach und nach die restlichen 5 Eier zufügen.
- Mehl vorsichtig unterheben, die Masse gleichmäßig auf dem Backblech verstreichen und mit beliebigen Früchten belegen. Mit Mandelblättchen bestreuen und bei ca. 170 °C ca. 30–35 Minuten backen.
- Den ausgekühlten Kuchen mit heißer Marmelade bestreichen und leicht anzuckern.

BACKZEIT: ca. 30–35 Minuten

Hanfölkuchen im Rexglas

ZUTATEN
(für 6 Rexgläser, je ca. 100 ml)

100 ml Hanföl
2 Eier
100 g Milchschokolade, grob gehackt
200 g Mehl, glatt
20 g Hanfsamen
70 g Kakaopulver
1/2 Pkg. Backpulver
200 g Kristallzucker
150 g Mascarpone
100 ml Milch
Prise Salz
abgeriebene Schale von 1 Zitrone
Butter und Mehl für die Gläser

ZUBEREITUNG

- Mehl, Kakaopulver und das Backpulver versieben und mit den Hanfsamen vermischen, Schokolade im Schneekessel über einem Wasserbad langsam schmelzen.
- Eier und Kristallzucker schaumig schlagen und das Hanföl nach und nach zugeben, dann Mascarpone und Schokolade zugeben und gut glatt rühren.
- Mehlmischung und Milch, Salz und Zitronenschale zugeben und wieder glatt rühren.
- In die mit Butter ausgestrichenen und mit Mehl ausgestreuten Rexgläser füllen und im vorgeheizten Backrohr auf der mittleren Schiene bei 170 °C ca. 20 Minuten backen.

BACKZEIT: ca. 20 Minuten

TIPP: Dazu passen wunderbar verschiedene Beeren und auch Beerensaucen.

Himbeerkuchen mit Eierlikör

ZUTATEN
(für ca. 10 Portionen / 1 Backblech, ca. 30 x 32 cm)

230 g glattes Weizen- oder feines Dinkelmehl
1/2 Pkg. Backpulver
180 g weiche Butter
160 g Feinkristall- oder fein gesiebter Staubzucker
20 g Vanillezucker
20 ml Zitronensaft
4 Eier
ca. 125 ml Eierlikör
400 g Himbeeren oder eine Beerenmischung

ZUBEREITUNG

- Butter und Zucker schaumig rühren, Eier nach und nach mit den Aromen einrühren, Eierlikör mit dem Backpulver und dem Mehl untermengen.
- Ein Backblech mit Backpapier oder Backmatte auslegen.
- Backrohr auf ca. 170–180 °C mit Heißluft vorheizen.
- Masse auf das Backblech streichen, mit Beeren belegen und ca. 35–45 Minuten backen.
- Eventuell mit einer Schneehaube ca. 5 Minuten vor dem Backende bestreichen.
- Mit Zucker bestreut servieren.

FÜR EINE SCHNEEHAUBE
2 Eiklar
60 g Feinkristallzucker
5 EL Eierlikör

- Eiklar mit Zucker zu cremig-steifem Schnee schlagen, Eierlikör untermengen, den Kuchen damit bestreichen und noch ca. 5 Minuten überbacken.

BACKZEIT: ca. 35–45 Minuten

Heidelbeerkuchen

ZUTATEN
(für 1 Kastenform, 35 x 11 cm)

- 200 g Mehl, glatt
- gute Prise Salz
- 1 Pkg. Backpulver
- fein geriebene Schale von 1 Zitrone
- 4 Eier
- 100 g flüssige Butter
- 100 ml Milch
- 150 g Kristallzucker
- 150 g frische Heidelbeeren

ZUBEREITUNG

- Backform mit Backtrennpapier auslegen. Mehl und das Backpulver versieben.
- Eier trennen, Eidotter, Zitronenschale und die Milch verrühren. Eiklar sehr steif schlagen und zwei Drittel des Kristallzuckers zugeben, den Rest des Kristallzuckers in die Milch geben und verrühren.
- Schneemasse unter die Eidottermasse heben, dann die Mehlmischung unterheben. Zum Schluss die flüssige Butter einrühren.
- In die Kastenform füllen und mit den Heidelbeeren bestreuen.
- Im vorgeheizten Backrohr auf der unteren Schiene bei 170 °C ca. 40 Minuten backen. Kurz überkühlen lassen, dann aus der Form stürzen. Mit Staubzucker bestreuen und servieren.

BACKZEIT: ca. 40 Minuten

Kirschenkuchen mit Vanille

ZUTATEN (für 1/2 Blech)

FÜR DIE VANILLECREME

- 2 Eidotter
- 1/2 Pkg. Vanillepuddingpulver
- 280 ml Milch
- 20 g Kristallzucker
- abgeriebene Schale von 1 Zitrone

FÜR DEN KIRSCHENKUCHEN

- 130 g Butter
- 90 g Mehl, glatt
- 20 g Kakaopulver
- Prise Salz
- abgeriebene Schale von 1 Zitrone
- 7 Eiklar, flüssig (oder auch eingefroren und aufgetaut)
- 1 TL Backpulver
- 180 g Kristallzucker
- 100 g Haselnüsse, geröstet, gerieben

- 500 g Kirschen, entkernt

ZUBEREITUNG

- Für die VANILLECREME Eidotter, Vanillepuddingpulver und ein Drittel der Milch verschlagen, restliche Zutaten aufkochen und die Vanillebasis einrühren. Unter ständigem Rühren abbinden und 1 Minute kochen lassen. In eine Schüssel umfüllen und überkühlen lassen.
- Für den KIRSCHENKUCHEN Butter im Topf schmelzen.
- Haselnüsse, Mehl, Kakaopulver, Salz, Zitronenschale, Backpulver und Kristallzucker verrühren, dann das Eiklar zugeben. Anschließend die flüssige Butter mit dem Schneebesen einrühren und die Masse glatt rühren. Auf ein Backblech oder in eine Form gießen und verstreichen.
- Die Vanillecreme glatt rühren, in einen Dressiersack füllen und in Abständen von ca. 3 cm etwas Vanillecreme in den Teig spritzen.
- Die Kirschen darauf verteilen und im vorgeheizten Backrohr auf der mittleren Schiene bei 180 °C ca. 30 Minuten backen.

BACKZEIT: ca. 30 Minuten

Kürbis-Hefekuchen

ZUTATEN
(für 1 Tortenform von 24 cm Ø)

FÜR DEN HEFETEIG
160 g Milch
24 g Hefe · Prise Salz
abgeriebene Schale von 1/2 Zitrone
1 Pkg. Vanillezucker
240 g Mehl, glatt
50 g weiche Butter

Butter für die Form

FÜR DIE KÜRBISMASSE
80 g grob gehackte Kürbiskerne
60 g Butter · 70 g Kristallzucker
50–60 g Crème fraîche
abgeriebene Schale von 1/4 Orange

ZUBEREITUNG

- Für den HEFETEIG Milch und Hefe verrühren, Salz, Vanillezucker, Zitronenschale, Mehl und die Butter zugeben und alles mit einem Kochlöffel oder Handrührer ca. 5 Minuten glatt arbeiten, bis der Teig schön glänzend ist.
- Mit einem Tuch zudecken und 1 Stunde aufgehen lassen, dann den Teig zusammenkneten.
- Tortenform mit weicher Butter ausstreichen, den Hefeteig einlegen und glatt drücken.
- Für die KÜRBISMASSE Kristallzucker, Crème fraîche, Orangenschale und Butter im Topf einige Minuten kochen lassen, Kürbiskerne zugeben und etwas einkochen. Leicht überkühlen lassen, dann auf den eingestochenen aufgegangenen Teig streichen.
- Im vorgeheizten Backrohr bei 170 °C (Ober- und Unterhitze) auf der mittleren Schiene ca. 30 Minuten backen. Auskühlen lassen, aus der Form stürzen und in Stücke schneiden.

BACKZEIT: ca. 30 Minuten

Zwetschkenfleck mit Zimtzucker

ZUTATEN (für 1/2 Blech)

FÜR DEN GERMTEIG
200 g Mehl, glatt · 50 g Kristallzucker
80 g flüssige Butter
2 g Salz
abgeriebene Schale von 1 Zitrone
20 g Germ · 90 g lauwarme Milch

FÜR DIE MARZIPANMASSE
70 g sehr weiche Butter
70 g Marzipan, klein geschnitten
1 Eidotter
30 g ganze Mandeln, weiß

600 g Zwetschken, halbiert und entkernt

FÜR DEN ZIMTZUCKER
20 g Kristallzucker, 1 TL Zimtpulver

ZUBEREITUNG

- Für den GERMTEIG die Milch und die Germ verrühren, Germ darin auflösen, die anderen Zutaten zugeben, alles gut verkneten und zugedeckt ca. 1 Stunde aufgehen lassen.
- Für die MARZIPANMASSE die Mandeln im Backrohr auf der mittleren Schiene bei 170 °C goldbraun rösten, dann auskühlen lassen.
- Butter und Marzipan mit dem Handmixer cremig schlagen, die restlichen Zutaten zugeben und alles gut miteinander verkneten.
- Den Germteig auf einer leicht bemehlten Arbeitsfläche 1 cm dick ausrollen, auf ein gebuttertes halbes Backblech setzen, dann die Marzipanmasse daraufgeben und glatt verstreichen.
- Die halbierten Zwetschken daraufsetzen und mit einer Zimt-Zucker-Mischung locker bestreuen.
- Im vorgeheizten Backrohr bei 180 °C (Ober- und Unterhitze) auf der mittleren Schiene ca. 30–40 Minuten backen. Mit Staubzucker bestreuen.

BACKZEIT: ca. 30–40 Minuten

Halbflüssiger Schokoladekuchen mit Orangen

ZUTATEN
(für 4 Keramikförmchen à 100 ml)

2 Eier · 2 Eidotter

70 g Kristallzucker

100 g Bitterkuvertüre, fein gehackt

100 g Butter, klein geschnitten

80 g Mehl, glatt

Butter und Mehl für die Formen

2 Orangen

Minze

ZUBEREITUNG

- Eier, Eidotter und Kristallzucker in einer Schüssel schaumig schlagen.
- Bitterkuvertüre in einer Schüssel langsam schmelzen, dann die Butter zugeben und alles bei geringer Hitze auflösen, unter die Eiermasse rühren und alles gut vermischen, dann das Mehl unterheben.
- Die Masse in die mit Butter ausgestrichenen und mit Mehl bestaubten Keramikformen füllen. Die Masse kann man perfekt vorbereiten und einfach mit der Form im Kühlschrank lagern.
- Die Orangen schälen und Filets schneiden.
- Backrohr auf 180 °C vorheizen und die Keramikformen für ca. 13–16 Minuten in den Backofen stellen (mittlere Schiene). Der Kuchen sollte in der Mitte noch flüssig sein.
- Nach dem Backen vorsichtig stürzen, mit Orangenfilets und garniert mit Minze servieren.

BACKZEIT: ca. 13–16 Minuten

TIPP: Je mehr Kakaobutteranteil die Kuvertüre hat, desto bitterer ist ihr Geschmack, was für dieses Gericht sehr von Vorteil ist.

Maronen-Tunnel

Dieses Rezept stammt von Maria Miglbauer, St. Konrad

ZUTATEN

2 Biskuitstreifen von je ca. 35 cm Länge und 10 cm Breite (Rezept siehe Seite 209)

Ribisel-, Himbeer- oder Preiselbeermarmelade zum Zusammensetzen

etwas Läuterzucker

FÜR DIE FÜLLE

250 g Kompottweichseln

120 g Weichselsaft

20 g Feinkristallzucker

20 g Vanillezucker

20 g Maisstärke

10 g Rum oder Kirschschnaps

Prise Zimt

FÜR DAS MARONENPÜREE

200 g Maronenpüree aus der Dose oder tiefgekühlt

30 g Läuterzucker

20 g Rum oder Kirschschnaps

10 g Vanillezucker

FÜR DAS VANILLEOBERS

250 g Obers

20 g Vanillezucker

50 g Feinkristall- oder fein gesiebter Staubzucker

ca. 100–150 g Maronenpüree zum Garnieren

ZUBEREITUNG

- Für die FÜLLE 80 g Weichselsaft mit Zucker und Vanillezucker aufkochen, Weichseln dazugeben, restlichen Weichselsaft mit Stärke verrühren, in den heißen Saft mit Rum und Zimt einrühren und so lange kochen, bis dieser gleichmäßig eingedickt ist. Überkühlt auf dem Biskuitstreifen verteilen, auskühlen lassen und mit zweitem Streifen abdecken.
- Alle Zutaten für das PÜREE verrühren und mittig einen Strang auf die Weichselfülle aufdressieren.
- Für das VANILLEOBERS das Obers mit Zucker und Vanillezucker cremig aufschlagen und tunnelförmig so auftragen, dass der ganze Maronenstrang gut bedeckt ist. Mindestens 1 Stunde kühl stellen.
- Für die GARNITUR das Maronenpüree durch eine Erdäpfelpresse drücken, den Tunnel damit bestreuen und leicht anzuckern.

Mascarpone-Kuchen

ZUTATEN (für 1/2 Blech)

FÜR DEN MÜRBTEIG

150 g Mehl · 1 /2 TL Backpulver
55 g Kristallzucker
Salz · Vanillezucker
100 g kalte Butter
abgeriebene Schale von 1 Zitrone
2 Eidotter

FÜR DIE CREME

500 g Mascarpone
2 Eier
60 g Kristallzucker
20 g Mehl
fein geriebene Schale von 2 Zitronen

ZUBEREITUNG

- Für den TEIG alle Zutaten nach und nach auf die Arbeitsfläche geben und miteinander gut verkneten, rasten lassen.
- Teig kurz zusammenkneten und auf einer leicht bemehlten Arbeitsfläche ca. 3 mm dick ausrollen. Teig auf ein halbes Backblech legen, etwas andrücken (oder zusammendrücken) oder noch besser in eine kleine Wannenform legen (so kann die Creme während des Backens nicht ausrinnen), mit einer Gabel einstechen und dann im vorgeheizten Backrohr auf der unteren Schiene ca. 15 Minuten goldgelb vorbacken.
- Für die CREME alle Zutaten verrühren, auf dem Teig verteilen, glatt streichen und im Backrohr auf der unteren Schiene bei 160 °C ca. 20 Minuten goldgelb fertig backen, dann auskühlen lassen und in Stücke schneiden.

BACKZEIT: ca. 35 Minuten

Mohnkuchen

ZUTATEN (für 1/2 Haushaltsblech)

FÜR DEN MOHNKUCHEN

150 g Butter
70 g Staubzucker
gute Prise Salz · 1 Pkg. Vanillezucker
abgeriebene Schale von je 1/2 Orange und Zitrone
6 Eidotter
150 g Mohn, gerieben
60 g Mandeln, gerieben
6 Eiklar
80 g Kristallzucker
weiche Butter für das Backblech

FÜR DIE KNUSPRIGEN KÜRBISKERNE

50 g Kürbiskerne
1/2 Eiklar
40 g Kristallzucker

100 g heiße Marillenmarmelade

ZUBEREITUNG

- Für den MOHNKUCHEN sehr weiche Butter, Staubzucker, Salz, Vanillezucker, Zitronen- und die Orangenschale schaumig schlagen, die Eidotter zugeben.
- Eiklar gut anschlagen, nach und nach den Kristallzucker zugeben, zu einer cremigen Schneemasse schlagen und unter die Masse heben.
- Mohn und Mandeln unterheben.
- Ein Backblech mit weicher Butter ausstreichen. Masse darauf verteilen. Im vorgeheizten Backrohr bei 170 °C (Ober- und Unterhitze) auf der mittleren Schiene ca. 15–20 Minuten backen.
- Für die KNUSPRIGEN KÜRBISKERNE die Kürbiskerne mit dem Kristallzucker und dem Eiklar verrühren und auf ein Backblech geben.
- Im vorgeheizten Backrohr bei 180 °C (Ober- und Unterhitze) auf der mittleren Schiene ca. 12 Minuten backen. Auskühlen lassen, dann grob hacken.
- Den Kuchen auskühlen lassen und dann mit der heißen Marillenmarmelade bestreichen. Mit den knusprigen Kürbiskernen bestreuen.

BACKZEIT: ca. 15–20 Minuten

Marzipan-Kakaokuchen mit Milchschaum

ZUTATEN (für 1/2 Blech)

150 g Marzipan
100 g Kristallzucker
3 Eidotter
3 Eiklar
1 ganzes Ei
40 g Mehl, glatt
20 g Kakaopulver
50 g Bitterkuvertüre
40 g Butter

100 g Zwergorangen
1 EL Kristallzucker
150 ml Milch
1 Vanilleschote, halbiert und das Mark ausgeschabt

ZUBEREITUNG

- Ein Backblech mit Backtrennpapier auslegen.
- Marzipan mit 50 g Kristallzucker über Wasserbad leicht erwärmen.
- Eidotter und das ganze Ei mit Stabmixer einmixen, im Rührkessel langsam aufschlagen.
- Eiklar gut anschlagen, restlichen Kristallzucker nach und nach zugeben und zu einer cremigen Schneemasse schlagen. Gesiebtes Mehl mit Kakao vermischen.
- Butter und Kuvertüre im Schneekessel über einem Wasserbad schmelzen. Kleine Menge geschlagenes Eiklar mit Schokomischung verrühren, zu Marzipanmischung geben. Restliches Eiklar dazugeben. Mehl-Kakao-Mischung einarbeiten.
- Auf das Backblech gießen, im vorgeheizten Backrohr bei 180 °C (Ober- und Unterhitze) auf der mittleren Schiene ca. 15–20 Minuten backen.
- Die Zwergorangen in Scheiben schneiden, den Kristallzucker in einer Pfanne karamellisieren, dann die Zwergorangenscheiben zugeben, schwenken und beiseitestellen.
- Die Milch mit dem Vanillemark auf ca. 70 °C erhitzen, mit dem Milchschäumer aufschäumen, dann in Schüsseln geben und den gerissenen Schokoladekuchen und die Zwergorangen darauf verteilen.

BACKZEIT: ca. 15–20 Minuten

Foto links

Nuss-Kokos-Kaffeetassen-Kuchen

ZUTATEN
(für 5 Kaffeetassen, je ca. 100 ml)

3 Eier
70 g Kristallzucker
gute Prise Salz
50 g Kokosette
150 g Mandeln oder Haselnüsse, gerieben
50 ml Rapsöl
abgeriebene Schale von 1 Zitrone
Butter für die Kaffeetassen
ca. 5 EL Ahornsirup

ZUBEREITUNG

- Kristallzucker mit Eiern und Salz im Schneekessel ca. 5 Minuten mit dem Handmixer verrühren.
- Mandeln, Kokosette und geriebene Zitronenschale vorsichtig unterheben.
- Rapsöl nach und nach unterrühren.
- Die Masse in die gebutterten Kaffeetassen drei Viertel hoch einfüllen. Im vorgeheizten Backrohr bei 180 °C (Ober- und Unterhitze) auf der mittleren Schiene ca. 15–20 Minuten backen. Aus dem Backrohr nehmen und auskühlen lassen, dann mit je 1 EL Ahornsirup begießen, eventuell mit beliebigen Früchten garnieren.

BACKZEIT: ca. 15–20 Minuten

Flaumiger Germnuss- oder Mohnstreuselkuchen

Dieses Rezept stammt von Andrea Dechant, Scharnstein

ZUTATEN (für ein Backblech von ca. 35 x 40 cm)

FÜR DEN TEIG

20 g Frischgerm

ca. 200 ml warme Milch

30 g Feinkristallzucker

350 g glattes Weizen- oder feines Dinkelmehl

50 g zerlassene Butter

1 Ei

geriebene Schale einer 1/2 unbehandelten Zitrone oder Orange oder Zitruszucker

Prise Salz

FÜR DAS BACKBLECH

zerlassene Butter zum Bestreichen und Mehl zum Bestreuen (oder mit Backpapier oder Backmatte belegen)

FÜR DIE FÜLLE

400 g Milch

130 g Feinkristallzucker

20 g Vanillezucker

Prise Zimt und Salz

Schale einer 1/2 unbehandelten Zitrone oder Orange

40 g Puddingpulver

2 Dotter

100 g kalte Milch

100 g Topfen

100 g Biskuit- oder Keksbrösel

300 g fein gemahlene Haselnüsse oder Mohn

Butterstreusel (Rezept siehe Apfel-Streusel-Kuchen Seite 90)

Mandeln zum Bestreuen

ZUBEREITUNG

- Für die FÜLLE Milch, Feinkristall- und Vanillezucker, Zimt, Salz und Schale aufkochen. Puddingpulver mit Dotter und Milch verrühren und unter ständigem Rühren einkochen, bis die Masse eingedickt ist. Von der Kochstelle nehmen und Topfen, Brösel und Nüsse oder Mohn untermengen.
- Für den TEIG die Germ mit Milch verrühren und mit den restlichen Zutaten vermengen.
- Zugedeckt an einem warmen Ort auf die doppelte Menge aufgehen lassen, nochmals durchkneten, ca. 5 mm dick ausrollen und auf ein vorbereitetes Backblech legen. Mit der Nuss- oder Mohnfülle bestreichen. Butterstreusel mit einer groben Reibe darauf verteilen.
- Im vorgeheizten Backrohr bei ca. 175–180 °C mit Ober- und Unterhitze und einem zusätzlich eingehängten Backblech darunter backen, damit der Teig nicht zu dunkel gerät.

BACKZEIT: ca. 35–40 Minuten

Kirschkuchen mit Olivenölsauce

ZUTATEN (für 4 Personen / 1 Backform, 20 x 20 cm, oder Backblech mit Backtrennpapier)

FÜR DIE OLIVENÖLSAUCE

20 g sehr fruchtiges hochwertiges Olivenöl

50 g Bitterkuvertüre

FÜR DEN KIRSCHKUCHEN

70 g geklärte Butter · 100 g Kristallzucker

70 g Mandeln, fein gerieben · 1 Ei

Prise Salz · 1 Pkg. Vanillezucker

1 Vanilleschote, der Länge nach halbiert und das Mark ausgeschabt

80 g Obers · 100 g Mehl, glatt · 2 g Backpulver

200 g entkernte frische Kirschen

FÜR DIE KIRSCHSAUCE

100 g Kirschen, entkernt

1/8 l Portwein oder Rotwein

30 g Kristallzucker

etwas Maizena, mit 1 EL Wasser verrührt

Schlagobers, leicht geschlagen

Zitronenverbene

ZUBEREITUNG

- Für die OLIVENÖLSAUCE Bitterkuvertüre grob hacken und im Schneekessel über einem Wasserbad langsam schmelzen, dann das Olivenöl zugeben, gut verrühren und beiseitestellen.
- Für den KIRSCHKUCHEN Butter, Zucker und die Mandeln sehr gut miteinander verrühren, dann das Ei, Vanillezucker und Vanillemark zugeben. Salz, Obers, Mehl und Backpulver zugeben, alles miteinander verrühren, in die Form gießen und glatt streichen. Mit den entkernten Kirschen bestreuen und bei 170 °C ca. 30–35 Minuten backen. Leicht überkühlen lassen, dann aus der Form stürzen, auskühlen lassen und in beliebige Stücke schneiden. Verwendet man ein Backblech mit Backtrennpapier, die Masse 2 cm hoch aufstreichen.
- Für die KIRSCHSAUCE alle Zutaten (außer das Maizena) aufkochen und einige Minuten leicht einkochen lassen, dann mit der Maizenamischung abbinden, aufkochen und beiseitestellen.
- Die Olivenölsauce auf den Tellern verteilen, den geschnittenen Kirschkuchen, die Kirschsauce und das leicht geschlagene Schlagobers dazugeben und mit Zitronenverbene garnieren.

BACKZEIT: ca. 30–35 Minuten

Marillensandkuchen

ZUTATEN
(für 1 Backblech, ca. 40 x 35 cm)

ca. 1 kg Marillen
200 g weiche Butter
180 g Feinkristallzucker
20 g Vanillezucker
Saft einer Zitrone
etwas Schale einer unbehandelten Zitrone
Prise Salz
4 Eidotter
4 Eiklar
180 g glattes Weizen- oder feines Dinkelmehl
1 TL Weinsteinbackpulver
Staubzucker zum Bestreuen

ZUBEREITUNG

- Gewaschene Marillen entkernen und halbieren. Butter mit der Hälfte des Kristallzuckers, Vanillezucker, Zitronensaft, Zitronenschale und Salz schaumig rühren. Nach und nach Eidotter dazugeben. Eiklar mit dem restlichen Zucker cremig-schaumig schlagen. Mehl mit Backpulver vermischen und abwechselnd Eischnee und Mehl unter die Buttermasse heben.
- Die Masse auf ein mit Backpapier oder mit Silikonmatte vorbereitetes Backblech streichen und mit den Marillenhälften mit der Schnittseite nach oben belegen.
- Im vorgeheizten Backrohr bei ca. 160–170 °C mit Heißluft ca. 40–45 Minuten backen. Auskühlen lassen und mit Staubzucker bestreuen.

BACKZEIT: ca. 40–45 Minuten

TIPP: Dieses Rezept kann auch mit Zwetschken, Pfirsichen, entsteinten Kirschen u. dgl. zubereitet werden.

Schokolade-Birnen-Kuchen

ZUTATEN
(für 1 Kastenform, 11 x 21 x 7 cm)

4 sehr reife kleine Birnen
Saft von 1 Zitrone

100 g sehr weiche Butter
50 g Staubzucker
1 EL Vanillezucker
4 Eidotter
100 g Bitterschokolade (70 %)
4 Eiklar
80 g Kristallzucker
100 g Mehl
50 g geriebene Walnüsse
1 Msp. Zimt

ZUBEREITUNG

- Die Birnen schälen und das Kerngehäuse von unten mit einem kleinen Löffel oder einem Parisienne-Ausstecher entfernen. Mit Zitronensaft einstreichen. Wenn die Birnen noch etwas härter sind, kann man sie in Weinsud pochieren.
- Sehr weiche Butter, Staubzucker und Vanillezucker schaumig schlagen, Eidotter einrühren.
- Schokolade schmelzen, auf 30 °C abkühlen lassen und ebenfalls dazugeben.
- Eiklar gut anschlagen, nach und nach mit dem Kristallzucker zu cremigem Schnee schlagen und unter die Buttermasse heben. Zum Schluss Mehl, Walnüsse und Zimt vermischen und unter die Masse heben.
- Die Kastenform mit Backpapier auslegen und die Masse 1 cm dick auftragen. Die Birnen von unten mit der Masse füllen und senkrecht in die Kastenform stellen. Mit der restlichen Masse bedecken.
- Im vorgeheizten Backrohr bei 170 °C (Ober- und Unterhitze) auf der mittleren Schiene ca. 40–50 Minuten backen. Kurz in der Form überkühlen lassen, dann aus der Form stürzen und auskühlen lassen.

BACKZEIT: ca. 40–50 Minuten

Orangenkuchen mit Macadamianüssen

ZUTATEN
(für 1 Kastenform, ca. 35 x 12 cm)

150 g Marzipan · 6 Eier
gute Prise Salz · 1 Pkg. Vanillezucker
abgeriebene Schale von 1 Zitrone
fein geriebene Schale von 1 Orange
120 g Kristallzucker · 100 g Mehl, glatt
80 g Aranzini
90 ml frisch gepresster Orangensaft
80 g flüssige Butter

AUSSERDEM
50 g Macadamianüsse, grob gehackt
Butter und glattes Mehl für die Backform
2 EL Bitterorangenmarmelade
1 Orange, ohne Schale, in Scheiben geschnitten

ZUBEREITUNG

- Marzipan klein schneiden und mit 60 g Kristallzucker, Salz, Vanillezucker, Orangen- und Zitronenschale im Schneekessel schaumig schlagen. Die Eier trennen und die Eidotter nach und nach zugeben.
- Aranzini ganz fein hacken, mit dem Orangensaft vermischen oder am besten noch cuttern, zur Marzipanmasse zugeben.
- Eiklar gut anschlagen und nach und nach den restlichen Kristallzucker zugeben. Mehl unterheben, anschließend die flüssige Butter zugeben.
- Backform mit weicher Butter ausstreichen und mit glattem Mehl ausstreuen. Masse in die Backform füllen, im vorgeheizten Backrohr bei 170 °C (Ober- und Unterhitze) auf der unteren Schiene ca. 10 Minuten backen. Dann die gehackten Macadamianüsse über die Masse streuen und weitere 40–50 Minuten backen. Kurz in der Form überkühlen lassen, dann stürzen und auskühlen lassen.
- Kuchen mit heißer Bitterorangenmarmelade bestreichen, mit sehr fein geschnittenen Orangenscheiben belegen und aufschneiden.

BACKZEIT: ca. 50–60 Minuten

Topfentascherl

ZUTATEN (für ca. 25 Stück)

Germteig, Blätterteig oder beliebiger passender Teig (Rezepte siehe Seite 93 bzw. 204)

FÜR DIE TOPFENFÜLLE
250 g Topfen (20 %)
20–30 g Feinkristallzucker oder fein gesiebter Staubzucker
10 g Vanillepuddingpulver
ca. 20 g Weißbrotbrösel
20 g Vanillezucker · 2 cl Rum
abgeriebene Schale von 1 unbehandelten Zitrone oder Orange
1 Ei
evtl. 2 EL Rosinen, evtl. in Rum eingelegt
verquirltes Ei zum Bestreichen
zerlassene Butter oder Backmatte oder Backtrennpapier für das Blech

ZUBEREITUNG

- Teig wie im Rezept zubereiten oder bereits fertigen Teig auf einer leicht bemehlten Arbeitsfläche 3 mm dünn ausrollen. Quadrate (8–9 cm) ausschneiden und mit verquirltem Ei bestreichen. Etwas Teig zum Verschließen aufbewahren.
- Für die TOPFENFÜLLE alle Zutaten gut miteinander verrühren. Jeweils 1 EL der Masse davon in die Mitte der Teigquadrate setzen. Alle vier Ecken nach innen zusammenschlagen, wiederum mit Ei bepinseln und mit einem Teigquadrat in der Größe von ca. 2–2,5 cm die Ecken gut abdecken, dieses ebenso bestreichen. Auf ein vorbereitetes Backblech absetzen und im vorgeheizten Backrohr bei 170–180 °C ca. 13–15 Minuten hellbraun backen.

BACKZEIT: ca. 13–15 Minuten

Pekannusskuchen

ZUTATEN
(für 1 Kastenform, ca. 35 x 12 cm)

FÜR DEN TEIG
300 g Kristallzucker
350 g Mehl, glatt
175 g Crème fraîche
130 g Butter · 6 Eier
abgeriebene Schale von 3 Orangen
gute Prise Salz
1 Pkg. Vanillezucker
2 cl Orangenlikör
1 TL Backpulver

Butter für die Form
ca. 100 ml frischer Orangensaft
100 g geröstete Pekannüsse
1 TL Kristallzucker

ZUBEREITUNG

- Für den TEIG die Butter in einer Pfanne bei mittlerer Hitze so lange köcheln lassen, bis sie braun ist, dann beiseitestellen und durch ein Sieb gießen. Die flüssige Butter mit den Eiern, Orangenschalen und dem Kristallzucker gut verrühren, die restlichen Zutaten zugeben und verrühren.
- Kastenform mit Butter ausstreichen, mit Backtrennpapier auslegen und die Masse einfüllen. Im vorgeheizten Backrohr bei 160 °C (Ober- und Unterhitze) auf der mittleren Schiene ca. 60 Minuten backen; unbedingt eine Garprobe machen.
- Kurz in der Form überkühlen lassen, dann stürzen und auskühlen lassen. Dreimal quer durchschneiden oder mit einer Küchengabel sehr gut einstechen und mit 100 ml frischem Orangensaft tränken. Den Kuchen wieder zusammensetzen.
- Pekannüsse in einer Pfanne bei mittlerer Hitze mit 1 TL Kristallzucker so lange schwenken, bis der Kristallzucker geschmolzen ist, dann auskühlen lassen und den Kuchen damit bestreuen.

BACKZEIT: ca. 60 Minuten

Gebackener Topfen mit Kokosmürbteigecken

ZUTATEN (für 4 Personen)

FÜR DEN GEBACKENEN TOPFEN
250 g Topfen (20 %)
abgeriebene Schale von 1 Zitrone
40 g Staubzucker · 20 ml Milch
2 Eier · 1 Eidotter · 20 ml Obers

FÜR DEN KOKOSTEIG
100 g Mehl, glatt
8 g Backpulver · 150 g Butter
150 g Staubzucker
150 g Kokosette
1 Ei

AUSSERDEM
1–2 rosa Grapefruits

ZUBEREITUNG

- Für den GEBACKENEN TOPFEN Topfen, Staubzucker, Zitronenschale und Milch verrühren, dann den Eidotter, Eier und das Obers zugeben und gut verrühren. Auf ein mit Backtrennpapier ausgelegtes Backblech streichen (1,5 cm hoch) und bei 120 °C ca. 30 Minuten backen. Auskühlen lassen, dann mit runden Ausstechern beliebig ausstechen.
- Für den KOKOSTEIG alle Zutaten in einer Schüssel zu einem glatten Teig kneten, dann in Frischhaltefolie wickeln und 2 Stunden kalt stellen. Auf einer leicht bemehlten Arbeitsfläche 3 mm dick ausrollen (möglichst eckig), auf ein leicht gebuttertes Backblech legen und im vorgeheizten Backrohr bei 180 °C (Ober- und Unterhitze) auf der mittleren Schiene ca. 15 Minuten backen. Herausnehmen und ganz schnell in ca. 3 x 3 cm große Stücke schneiden. Auf ein anderes Blech legen und auskühlen lassen, den Rest zerbröseln.
- Filets aus den Grapefruits schneiden, den Saft auspressen und etwas einkochen lassen.
- Die ausgestochenen Topfenkuchenringe mit den Mürbteigecken, Grapefruitfilets, dem Saft und den Kokosteigresten anrichten.

BACKZEIT: ca. 45 Minuten

Pfirsichkuchen

ZUTATEN
(für 1 Tarte mit 20 cm Ø)

FÜR DEN MÜRBTEIG
250 g Mehl, glatt
150 g Butter, kalt
Prise Salz
1 Pkg. Vanillezucker
1 Zitrone, gerieben
90 g Staubzucker
1 Eidotter
Butter zum Ausstreichen

FÜR DIE MANDELMASSE
150 g weiche Butter
90 g Staubzucker
1 Ei · 1 Eidotter · 4 EL Mehl, glatt
100 g Mandeln, gerieben

4 Pfirsiche, geviertelt

ZUBEREITUNG:

- Für den MÜRBTEIG alle Zutaten miteinander verkneten und kalt stellen. Teig aus dem Kühlschrank nehmen, kurz zusammenkneten, auf einer leicht bemehlten Arbeitsfläche 3 mm dick ausrollen, in die ausgebutterte Kuchenform legen, mit einer Gabel einstechen und 2 Stunden kalt stellen. Mit Alufolie auslegen und bei 180 °C in der mittleren Schiene ca. 15 Minuten goldgelb backen. Alufolie entfernen. Nochmals einige Minuten goldgelb backen. Auskühlen lassen
- Für die MANDELMASSE Butter und den Staubzucker schaumig schlagen. Ei und den Eidotter verschlagen und nach und nach in die Buttermasse geben, dann die Mandeln und das Mehl zugeben, glatt rühren.
- Die Masse in die Kuchenform füllen und mit den Pfirsichstücken belegen. Im vorgeheizten Backrohr bei 170 °C (Ober- und Unterhitze) auf der mittleren Schiene ca. 40 Minuten backen.
- Mit Staubzucker bestreuen.

BACKZEIT: Ca. 55–58 Minuten

Foto links

Schokolade-Rexkuchen mit Vollkornmehl und Papaya

ZUTATEN
(für 4–6 Rexgläser à ca. 120 ml oder Backblech oder Kastenform)

FÜR DEN TEIG
120 g Bitterkuvertüre
100 g Butter
50 g Vollkornmehl
140 g Vollrohzucker
4 Eier

FÜR DIE GLASUR
100 g Bitterkuvertüre
20 g Butter
60 g Schlagobers
150 g Papayas, geschält und in Stücke geschnitten

ZUBEREITUNG

- Für den TEIG Bitterkuvertüre und Butter im Schneekessel vermischen, über einem Wasserbad langsam schmelzen.
- Eier, Vollkornmehl und Vollrohzucker im Schneekessel verschlagen, dann die Schokolademischung zugeben und 1 Minute rühren. Die Masse sollte schön glatt und dick sein.
- In die gebutterten Rexgläser füllen und im Backrohr bei 170 °C auf der mittleren Schiene ca. 15–20 Minuten backen, herausnehmen und auskühlen lassen.
- Für die GLASUR Bitterkuvertüre fein hacken und in einen Schneekessel geben.
- Schlagobers aufkochen und die Butter zugeben, dann die Bitterkuvertüre beigeben und 3 Minuten ziehen lassen. Mit dem Stabmixer oder Schneebesen glatt rühren.
- Über die ausgekühlten Kuchen gießen und auskühlen lassen.
- Mit den Papayastücken belegen.

BACKZEIT: ca. 15–20 Minuten

Rehrücken

ZUTATEN (für 1 Rehrückenform von ca. 40 cm Länge)

150 g weiche Butter

8 Eidotter · 8 Eiklar

150 g Feinkristall- oder Gelbzucker

Prise Salz

20 g Vanillezucker

120 g Bitterkuvertüre

140 g fein geriebene, am besten geröstete Haselnüsse oder Mandeln

100 g Semmelbrösel

ca. 120 g Ribiselmarmelade zum Bestreichen

ca. 50 g Mandelstifte oder Pignoli zum Spicken

dunkle Schokoladeglasur

zerlassene Butter und Semmelbrösel zum Ausstreuen für die Form

ZUBEREITUNG

- Butter, 50 g Zucker, Vanillezucker und Prise Salz schaumig rühren, nach und nach Dotter einrühren. Kuvertüre im Wasserbad oder in der Mikrowelle schmelzen und unter die Buttermasse rühren.
- Eiklar mit dem restlichen Zucker zu cremig-schmierigem Schnee schlagen und abwechselnd mit den Mandeln sowie den Bröseln unter die Masse mischen.
- Die Form mit zerlassener Butter ausstreichen und mit Bröseln ausstreuen. Die Masse einfüllen und im vorge-heiz-ten Backrohr bei ca. 175–185 °C mit Heißluft ca. 40–50 Minuten backen, abkühlen lassen und stürzen.
- Mit Marmelade bestreichen und ca. 2 Stunden antrocknen lassen. Dann mit Schokoladeglasur überziehen und mit Mandeln spicken.
- Die Glasur ca. 1 Stunde anziehen lassen.

- Eventuell noch Aromen wie Zimt, Lebkuchengewürz, Ingwer oder unbehandelte Zitrusschalen untermengen.

BACKZEIT: ca. 40–50 Minuten

Pistazien / Basilikum / Minze

ZUTATEN FÜR DEN PISTAZIENKUCHEN

- 50 g Pistazien, fein gerieben
- 60 g Mascarpone
- 100 g Mehl
- 1 TL Backpulver
- Prise Salz
- etwas Zimt, gemahlen
- 70 g Kristallzucker
- 1 Ei
- 70 ml Sonnenblumenöl

FÜR DIE BASILIKUMCREME

- 100 g Sauerrahm
- 20 g Basilikum, Blätter abgezupft
- 50 g Staubzucker
- Schale und Saft von 1 Limette
- 200 g Mascarpone

FÜR DAS MINZEGELEE

- 50 g Orangensaft
- 50 g Kristallzucker
- Saft von 1 Zitrone
- 20 g Minze, abgezupft
- 4 Blatt Gelatine, in reichlich kaltem Wasser eingeweicht

- 60 g Heidelbeeren
- Saft von 1/2 Zitrone
- Glockenblumen für die Garnitur

ZUBEREITUNG

- Für die BASILIKUMCREME alle Zutaten in einen Mixbecher geben, dann mit dem Stabmixer oder Cutter fein pürieren. Kalt stellen.
- Für das MINZEGELEE Orangensaft, Kristallzucker, Zitronensaft aufkochen, die abgezupfte Minze und die ausgedrückte Gelatine zugeben und mit dem Stabmixer fein pürieren.
- Eine kleine Plastikform (ca. 9 x 9 cm) mit Frischhaltefolie auslegen und die Masse eingießen, dann in den Kühlschrank geben und 6 Stunden kalt stellen. Herausnehmen und in beliebige Stücke schneiden.
- Für den PISTAZIENKUCHEN Ei, Zimt, Salz und den Kristallzucker schaumig schlagen.
- Pistazien, Mehl, Backpulver vermischen.
- Das Sonnenblumenöl nach und nach in die Eiermasse einlaufen lassen, Mascarpone zugeben, dann die Mehlmischung unterheben und die Masse 1 cm hoch auf ein Backblech mit Backtrennpapier aufstreichen.
- Im vorgeheizten Backrohr auf der mittleren Schiene ca. 20 Minuten backen und auskühlen lassen. In Stücke schneiden. Heidelbeeren mit Zitronensaft vermischen.
- Basilikumcreme auf den Tellern verteilen, den geschnittenen Pistazienkuchen, die Heidelbeeren und das Minzegelee daneben anrichten und mit Glockenblumen garnieren.

BACKZEIT: ca. 20 Minuten

Walnussölkuchen mit Weintrauben

ZUTATEN
(für 4 Personen / 4 Rexgläser 10 cm hoch, 7 cm Ø oder 6 cm hoch, 7 cm Ø)

FÜR DEN WALNUSSÖLKUCHEN

3 Eiklar · 160 g Kristallzucker · 100 g Mehl, glatt

120 g ganz fein gemahlene Walnüsse

gute Prise Salz

1 Vanilleschote, der Länge nach halbiert und das Mark ausgeschabt

120 ml Walnussöl

FÜR DIE WEINTRAUBEN

200 g Weintrauben, weiß · 2 EL Kristallzucker

FÜR DIE SAUCE

150 ml weißer Traubensaft

2 EL Kristallzucker

1 Zimtstange · 1 Stück Sternanis

1 EL Maizena, in 2 EL Wasser aufgelöst

ZUBEREITUNG

- Flüssiges Eiklar in einer Schüssel mit Kristallzucker, Mehl, Walnüssen, Salz, Vanilleschote und -mark und dem Öl verrühren. Vanilleschote entfernen, die Rexgläser ausbuttern und die Masse drei Viertel hoch einfüllen.
- Im vorgeheizten Backrohr bei 180 °C (Ober- und Unterhitze) auf der mittleren Schiene ca. 20 Minuten (35 Minuten bei den großen Gläsern) backen. Auskühlen lassen.
- Für die WEINTRAUBEN Kristallzucker in einer Pfanne karamellisieren lassen und die Trauben mit Stiel darin einlegen, wenden und auf den gebackenen Kuchen verteilen.
- Für die TRAUBENSAUCE alle Zutaten aufkochen, kurz einkochen lassen und mit der Maizenamischung abbinden, aufkochen lassen und beiseitestellen. Dann durch ein Sieb gießen.
- Die Sauce auf den Kuchen verteilen.

BACKZEIT: ca. 20–35 Minuten

Foto links

Zupfbrot mit Marillen und Zimt

ZUTATEN
(für 6 Personen / 1 Kastenform mit ca. 1,2 l)

500 g Mehl, glatt

4 g Salz

150 ml Milch, lauwarm

2 Eier

150 g sehr weiche Butter

120 g Kristallzucker · 1 Pkg. Vanillezucker

42 g Germ

abgeriebene Schale von 1 Zitrone

FÜR DIE MARILLENFÜLLE

300 g Marillen, sehr reif

3 Prisen Zimt · Saft von 1/2 Zitrone

je 60 g Kristallzucker und Zimt zum Bestreuen

ZUBEREITUNG

- Lauwarme Milch mit der Germ glatt rühren. Mehl, Salz, Eier, Kristallzucker, Vanillezucker und Zitronenschale in eine Schüssel geben, dann die Germmilch zugeben und vermischen. Nach ca. 1 Minute die weiche Butter zugeben und etwa 6 Minuten gut glatt kneten. Zugedeckt ca. 1 Stunde rasten lassen.
  In der Zwischenzeit die Marillen klein schneiden und mit Zimt, Zitronensaft und Kristallzucker vermischen.
- Den Teig zusammenschlagen und auf einer leicht bemehlten Arbeitsfläche (30 x 20 cm) möglichst rechteckig 3 mm dick ausrollen. Den ausgerollten Teig in 3 gleich große Streifen schneiden und in der Mitte jedes Streifens die Marillen verteilen. Die Streifen dann längs einschlagen, ähnlich einer Tasche. Die Ränder miteinander festdrücken und jeden Streifen in Stücke (4 cm) schneiden. Diese Stücke in eine ausgefettete Form legen, zugedeckt ca. 30 Minuten rasten lassen, bis sie etwas aufgegangen sind, und im vorgeheizten Backrohr bei 170 °C (Ober- und Unterhitze) auf der mittleren Schiene ca. 30 Minuten goldgelb backen. Mit Staubzucker bestreuen und servieren.

BACKZEIT: ca. 30 Minuten

Zitronenkuchen & Zitronencreme

ZUTATEN (für 6–8 Personen)

FÜR DEN ZITRONENKUCHEN

2 Zitronen

2 Eier

150 g Kristallzucker

2 1/2 g Backpulver

110 g Mehl, glatt

1 1/2 g Salz

50 g flüssige Butter

70 ml Obers

Zitronensaft zum Tränken

FÜR DIE ZITRONENCREME

Saft und Schale von 2 Zitronen

80 g Kristallzucker

2 Eier · 50 g Butter

2 Blatt Gelatine, in reichlich kaltem Wasser eingeweicht

2 Orangen

Fichtennadel-Geranie (evtl.)

Ringelblumen

etwas Baiser, dünn gebacken

ZUBEREITUNG

- Für den ZITRONENKUCHEN Zitronen waschen, Schale abreiben und den Saft auspressen. Eier, Kristallzucker, Backpulver, Zitronenschale und das Mehl verrühren.
- Salz und die geklärte Butter zugeben, alles verrühren.
- Obers zugeben, dann nochmals alles gut verrühren.
- Ein Backblech mit Backtrennpapier auslegen, die Masse 2 cm dick aufstreichen und im vorgeheizten Ofen bei 180 °C ca. 20 Minuten backen. Auskühlen lassen. (Man kann die Masse auch in eine Tarteform etc. füllen, dann rinnt sie nicht so leicht auseinander).
- Für die ZITRONENCREME Zitronensaft und Zitronenschale mit dem Zucker und den Eiern verschlagen und unter ständigem Rühren aufkochen, bis die Masse abbindet.
- Gelatine gut ausdrücken und in der heißen Masse auflösen, dann etwas überkühlen lassen (ca. 40 °C) und die weiche Butter zugeben. Mit dem Stabmixer mixen, kalt stellen.
- Den Zitronenkuchen in 1,5 x 8 cm große Rechtecke schneiden und mit Zitronensaft beträufeln.
- Zitronencreme glatt rühren, in einen Dressiersack füllen und auf die Zitronenkuchenstücke Tupfer dressieren.
- Orangen mit einem Messer von der Schale befreien und Filets herausschneiden, den dabei entstehenden Saft auffangen und mit den Orangenfilets vermengen.
- Die Teller mit der Zitronenschnitte, den Orangenfilets mit dem Saft, Pecaronium filicifolium, Ringelblumen und etwas Baiser garnieren.

BACKZEIT: ca. 20 Minuten

Foto rechts

Zucchinikuchen

Dieses Rezept stammt von Johanna Wiespointner, Berg im Attergau

ZUTATEN (für 1 Backblech)

500 g Zucchini, geraspelt

500 g Feinkristallzucker · Prise Salz

600 g glattes Weizen- oder feines Dinkelmehl

250 g geschlagenes Obers

100 g fein geriebene Haselnüsse oder eine Nussmischung

4 Dotter · 4 Eiklar · 1/2 TL Zimt

1 TL Natron · 1 TL Backpulver

evtl. Schokoladeglasur zum Überziehen

ZUBEREITUNG

- Eiklar mit Salz leicht aufschlagen, nach und nach Zucker zugeben und cremig-steif schlagen. Dotter einrühren und Obers unterheben. Trockene Zutaten mit Gewürzen gut vermischen und mit den Zucchiniraspeln (ohne Saft) untermengen.
- Teig auf Backblech geben und bei ca. 165–175 °C mit Heißluft ca. 35–40 Minuten backen. Unbedingt Garprobe machen.
- Eventuell mit Schokoladeglasur überziehen.

BACKZEIT: ca. 35–40 Minuten

Orangen-Polenta-Blechkuchen

ZUTATEN (für 1/2 Blech)

FÜR DEN TEIG

2 große Bio-Orangen, gut heiß abgewaschen

Saft von 1 Zitrone

100 g Polenta

1 TL Backpulver

1 Pkg. Vanillezucker

100 g gemahlene Mandeln

6 Eier · 250 g Kristallzucker

FÜR DEN BELAG

3–4 Orangen

2 Blatt Gelatine

ca. 100 ml Aprikosenmarmelade

ZUBEREITUNG

- Für den TEIG die Orangen in reichlich Wasser 1 Stunde kochen. Danach vollständig abkühlen lassen. Die Orangen als Ganzes in einer Küchenmaschine zusammen mit dem Zitronensaft zu Mus cuttern. Die Polenta, das Backpulver und den Vanillezucker und zum Schluss die Mandeln dazugeben.
- Die Eier mit dem Zucker in einer anderen Schüssel aufschlagen, bis ein luftiger weißer Schaum entsteht. Die Polentamasse vorsichtig unter den Eierschaum heben, die Masse auf ein gebuttertes Backblech gießen und glatt streichen. Im vorgeheizten Backrohr bei 180 °C (Ober- und Unterhitze) auf der mittleren Schiene ca. 20–30 Minuten backen.
- Orangen für den BELAG schälen. Dazu mit einem scharfen Messer an der Ober- und der Unterseite Deckel abschneiden, sodass das Fruchtfleisch zu sehen ist. Die Orangen auf eine der Schnittkanten stellen und die Schalen von oben nach unten so dick abschneiden, dass die weiße Haut komplett entfernt wird. Anschließend die Orangen in Scheiben schneiden. Die Orangenscheiben auf dem Blechkuchen dachziegelartig anordnen. Unterdessen die Gelatine in kaltem Wasser einweichen. Die Marmelade in einer Kasserolle erwärmen und passieren. Die Gelatine ausdrücken und in die heiße Marmelade rühren, bis sie sich aufgelöst hat. Die Orangen mit der Marmelade bestreichen und die Marmelade fest werden lassen.

BACKZEIT: ca. 20–30 Minuten

Germteigstriezel

ZUTATEN

500 g glattes Weizen- oder feines Dinkelmehl

3 g Salz

100 g Feinkristall- oder Gelbzucker

ca. 250–300 g lauwarme Milch

1 Pkg. Trockengerm

20 g Vanillezucker

1 Ei

100 g flüssige Butter

50 g in Rum eingeweichte Rosinen

evtl. etwas Zitronen- oder Orangenschale

Eiklar zum Bestreichen

ZUBEREITUNG

- Trockengerm in der Milch verrühren, etwa die Hälfte des Mehls und Zuckers zugeben und grob verrühren. Mit dem restlichen Mehl das Dampfl bestreuen und mit einem Tuch abgedeckt ca. 20 Minuten stehen lassen.
- Danach alle Zutaten dazugeben und mit dem Knethaken der Küchenmaschine oder mit den Händen ca. 5 Minuten durchkneten. Die Rosinenliebhaber können in der letzten Phase eine Handvoll Rosinen mitkneten.
- Nun kommen die zweiten 30 Minuten Ruhezeit für den Striezel. Wieder zugedeckt an einem warmen Ort gehen lassen. Jetzt ist der Teig bereit zum Formen, ob Striezel, Buchteln oder Strudel. Die fertigen Meisterwerke auf ein vorbereitetes Backblech setzen, mit Tuch oder Frischhaltefolie abdecken und wieder ca. 30 Minuten rasten lassen. In dieser Zeit das Backrohr auf 160 °C (Heißluft) aufheizen.
- Nun die fertigen Teigstücke vorsichtig mit dem Eiklar bestreichen (eventuell mit Hagelzucker, Mandelblättchen oder beliebigem Zuckerwerk bestreuen) und goldbraun backen.
- Natürlich kann man auch alle Zutaten auf einmal sofort mischen (das nennt man dann „Böhmische Mischung"), aber erst durch die Ruhephasen entwickelt ein Striezelteig seinen vollen Geschmack.

BACKZEIT: ca. 35 Minuten

Foto links

Früchtebrot

ZUTATEN (für 1 Brot)

FÜR DEN FRUCHTZIEGEL

300 g Zwetschken, getrocknet
200 g Feigen, getrocknet
150 g Marillen, getrocknet
50 g Datteln, getrocknet
100 g Aranzini
200 g Rosinen
200 g Walnüsse, grob gehackt
6 EL Marillenschnaps
6 EL Rum
1/2 Mokkalöffel Zimt, gemahlen
1/2 Mokkalöffel Nelkenpulver
100 g Mehl, glatt
30 ml Milch, lauwarm
20 g Germ
80 g Staubzucker

FÜR DEN BEUGELTEIG

2 Eidotter
5 g Salz
50 g Kristallzucker
1 Pkg. Vanillezucker
abgeriebene Schale von 1 Bio-Zitrone
150 ml Milch, lauwarm
30 g Germ
450 g Mehl, glatt
200 g Butter, klein geschnitten

Dotter, verquirlt

FÜR DIE GARNITUR

80 g Mandeln, geschält
60 g kandierte Kirschen

ZUBEREITUNG

- Für den FRUCHTZIEGEL die Trockenfrüchte soweit notwendig entkernen, waschen und trocken tupfen. Zwetschken, Feigen, Marillen und Datteln klein schneiden, mit Aranzini, Rosinen und Nüssen in eine Schüssel geben und mit Schnaps, Rum, Zimt und Nelkenpulver gut vermischen. Masse 10 Stunden marinieren lassen.
- Milch mit Germ und Zucker glatt rühren und mit der Früchtemasse gut vermischen. Mehl einrühren. Früchtemasse zu einem Ziegel formen, in Frischhaltefolie wickeln und ca. 2 Stunden ziehen lassen.
- Für den BEUGELTEIG Dotter mit Salz, Zucker, Vanillezucker und abgeriebener Zitronenschale verrühren. Germ in der Milch unter Rühren auflösen. Dottermischung, Mehl und die Butter zugeben und die Masse zu einem glatten Teig verkneten. Teig zu einer Kugel formen und zugedeckt 1 Stunde rasten lassen.
- Backrohr auf 170 °C vorheizen. Backblech mit Backpapier belegen. Brotteig ca. 5 cm dick (40 x 25 cm) ausrollen. Fruchtziegel in die Teigmitte setzen. Teigränder mit Ei bestreichen, zur Mitte hin über die Fülle einschlagen und behutsam andrücken. Restlichen Teig abschneiden, dann das Brot umdrehen (Naht nach unten). Früchtebrot mit der Verschlussseite nach unten auf das Backblech setzen, mit Ei bestreichen, mit Mandeln und Kirschen belegen und im Rohr (mittlere Schiene) ca. 1 Stunde backen.

BACKZEIT: ca. 1 Stunde

Tartes & Cupcakes

Apfeltarte

ZUTATEN
(für 4 Förmchen mit ca. 15 cm Ø)

ca. 200 g Blätterteig, Gelingteig (ersatzweise Topfenmürbteig oder Mürbteig). Rezepte siehe Seite 204–207

4 Äpfel (à ca. 160 g brutto, netto ca. 130 g schwer)

80–100 g Zucker

ca. 20–30 g Butterflocken

Prise Zimt

ZUBEREITUNG

- Zunächst vier Stück Backpapier jeweils etwas größer als den Boden der Förmchen ausschneiden und den Boden damit auslegen. Mit Zucker ausstreuen und etwas Butter darauf verteilen.
- Das Backrohr auf 175–185 °C Heißluft vorheizen.
- Dann die Äpfel schälen, Kerngehäuse entfernen und Äpfel in dünne Spalten schneiden. Dicht nebeneinandergereiht in die vorbereiteten Formen einschichten.
- Förmchen bei sehr niedriger Hitze so lange erhitzen, bis der Zucker schmilzt und die Äpfel etwas Saft lassen. Nach Belieben mit Zimt und noch etwas Zucker bestreuen.
- In der Zwischenzeit Blätterteig in 4 Teile teilen und – so gut es geht – in ca. 2 mm dicke Scheiben ausrollen, die etwas größer als die Formen sind. Mit der Gabel mehrmals einstechen und die Äpfel mit dem Teigblatt belegen, dabei soll der Teig etwas über den Rand stehen (der Teig zieht sich beim Backen zusammen).
- Ins heiße Rohr schieben und ca. 15–18 Minuten backen, bis der Teig hellbraun ist.
- Herausnehmen und vorerst auf einen kleinen Teller stürzen, erst dann auf einen größeren Teller ziehen und das Backpapier abnehmen. Warm servieren.

GARNITUREMPFEHLUNG: Schlagobers, Vanilleeis, Vanille-, Himbeer-, Nougat- oder Rumsauce
BACKZEIT: ca. 15–18 Minuten

VARIATIONSMÖGLICHKEITEN

- Auch Birnen-, Marillen- oder Zwetschkentarte lassen sich nach diesem Rezept zubereiten.
- Bestreuen Sie die Äpfel vor dem Backen noch mit in Rum eingeweichten Rosinen, Mohn oder Nüssen.
- Bestreichen Sie die heißen Äpfel vor dem Servieren noch mit heißer Marillenmarmelade.
- Die Tarte kann sehr gut vorbereitet und erst bei Bedarf gebacken werden.

Crème-fraîche-Tarte mit Mango

ZUTATEN
(für 1 Tarteform, 12 x 35 x 2 cm)

FÜR DIE MASSE

100 g sehr weiche Butter

100 g Kristallzucker

1 Vanilleschote, der Länge nach halbiert und das Mark ausgeschabt

1/2 Pkg. Vanillezucker · gute Prise Salz

2 Eier

100 g Mehl, glatt · 1/2 Pkg. Backpulver

170 g Crème fraîche

FÜR DIE MANGO

1 Mango, geschält, in Würfel geschnitten

2 EL Ahornsirup · Saft von 1 Zitrone

FÜR DIE CREME

250 g Mascarpone · 100 ml Schlagobers

60 g Staubzucker

weiche Butter und glattes Mehl für die Form

Steviablüten

ZUBEREITUNG

- Für die TARTE weiche Butter, Kristallzucker, Vanilleschote, Vanillezucker und das Salz schaumig schlagen, dann die Eier versprudeln und nach und nach ganz langsam zugeben. Das Mehl und das Backpulver versieben und ebenso untermischen, dann die Crème fraîche zugeben und nochmals glatt rühren.
- Tarteform mit weicher Butter ausstreichen und mit Mehl ausstreuen, dann die Masse in die Form geben und verstreichen.
- Im vorgeheizten Backrohr bei 180 °C (Ober- und Unterhitze) auf der mittleren Schiene ca. 30 Minuten backen.
- Die Mango in einer Pfanne mit den restlichen Zutaten vermischen, 2 Minuten schwenken und auskühlen lassen.
- Für die CREME alle Zutaten in eine Schüssel wiegen, dann mit dem Schneebesen cremig schlagen.
- Creme auf der Tarte locker verteilen, mit den Mangos belegen und mit den Steviablüten garnieren.

BACKZEIT: ca. 30 Minuten

Foto rechts

Zwetschkentartelette

ZUTATEN
(für ca. 10 Personen als Nachspeise)

180 g glattes Weizen- oder feines Dinkelmehl

120–140 g Feinkristallzucker

10 g Vanillezucker

etwas unbehandelte Orangenschale oder Orangenschalenzucker

etwas Zimt

4 Eier · 400 ml Milch · 80 g Butter

ca. 600 g Zwetschken

zerlassene Butter und Mehl für die Formen

Außerdem: eine etwas höhere Backform

ZUBEREITUNG

- Für den TEIG Mehl, Zucker, Aromen und Eier gut verrühren. Die Milch mit der Butter erhitzen und untermengen, bis ein glatter bzw. homogener Teig entsteht.
- Die Form ausbuttern, mit Mehl bestauben und bis zu zwei Drittel mit der Masse befüllen.
- Die Zwetschken entsteinen, in Spalten schneiden und dekorativ einlegen.
- Im vorgeheizten Backrohr bei ca. 165–175 °C mit Heißluft ca. 30 Minuten backen.

BACKZEIT: ca. 30 Minuten

Ribiseltarte

ZUTATEN (für 1 Tarteform, 18 cm Ø)

FÜR DIE CRÈME-FRAÎCHE-CREME
125 g Crème fraîche
2 Eier · 40 g Staubzucker
gute Prise Salz
1 Vanilleschote, halbiert und das Mark ausgeschabt
250 g Ribiseln, abgerebelt

FÜR DEN MÜRBTEIG
250 g Mehl, glatt · 150 g Butter, kalt
Prise Salz
1 Pkg. Vanillezucker
abgeriebene Schale von 1 Zitrone
90 g Staubzucker
40 g Mandeln, fein gerieben
1 Ei

ZUBEREITUNG

- Für den MÜRBTEIG alle Zutaten miteinander verkneten und kalt stellen. Teig aus dem Kühlschrank nehmen, kurz zusammenkneten, auf einer leicht bemehlten Arbeitsfläche 3 mm dick ausrollen, in die Tarteform legen, mit einer Gabel einstechen und 2 Stunden kalt stellen. Mit Alufolie auslegen und bei 180 °C auf der mittleren Schiene ca. 15 Minuten goldgelb backen. Alufolie entfernen. Nochmals einige Minuten goldgelb backen.
- Für die CRÈME-FRAÎCHE-CREME alle Zutaten verrühren und die Masse auf den Tarteboden gießen. Abgerebelte Ribiseln darauf verteilen, auf der unteren Schiene bei 180 °C ca. 35 Minuten backen und mit Staubzucker bestreuen. Am besten lauwarm genießen.

BACKZEIT FÜR DEN MÜRBTEIGBODEN: ca. 15–18 Minuten
BACKZEIT FÜR DAS FERTIGSTELLEN: ca. 35 Minuten

Foto links

Pfirsichtarte mit Orangensirup

ZUTATEN
(für 1 Tarteform, ca. 30 cm Ø)

FÜR DIE KUCHENMASSE
130 g weiche Butter
40 g Staubzucker
1 Pkg. Vanillezucker
Prise Salz, 5 Eidotter
100 g Marzipanrohmasse, in kleine Stücke geschnitten
5 Eiklar · 100 g Kristallzucker
20 g Maizena · 100 g Mehl, glatt
Butter und Mehl für die Form
4 reife Pfirsiche, geviertelt

FÜR DEN ORANGENSIRUP
100 ml Orangensaft
20 g Kristallzucker
2 cl Orangenlikör

ZUBEREITUNG

- Für die KUCHENMASSE Butter, Staubzucker, Vanillezucker, Salz schaumig schlagen, Eidotter und das klein geschnittene Marzipan glatt rühren, schaumig schlagen und in die Buttermasse einrühren.
- Eiklar gut anschlagen, den Kristallzucker nach und nach zugeben, dann unter die Buttermasse heben und das Maizena und das Mehl untermischen. Tarteform mit Butter ausstreichen und mit Mehl ausstreuen. Die Masse in die Tarteform füllen, glatt streichen, mit den Pfirsichen belegen und im vorgeheizten Backrohr bei 180 °C (Ober- und Unterhitze) auf der mittleren Schiene ca. 30 Minuten backen.
- Für den ORANGENSIRUP alle Zutaten in einem kleinen Topf ca. 1 Minute leicht kochen lassen.
- Tarte aus der Form stürzen und mit dem Orangensirup tränken.

BACKZEIT: ca. 30 Minuten

Ricottatarte mit Kirschen

ZUTATEN (für 3 Tarteformen, ca. 13 cm Ø und 3 cm hoch)

150 g Mandeln, gemahlen
1/2 TL Backpulver
250 g Ricotta
50 g Staubzucker
abgeriebene Schale von je 1/2 Orange und Zitrone
2 Eier
60 ml Milch
50 ml Hanföl

Butter und Mehl für die Form
450 g Kirschen, entkernt
evtl. Vanillesauce (Rezept siehe Seite 215), mit dem Stabmixer aufgeschäumt

ZUBEREITUNG

- Mandeln und Backpulver vermischen. Die Tarteformen mit weicher Butter ausstreichen und mit Mehl ausstreuen.
- Ricotta, Staubzucker, Orangenschale, Zitronenschale, Eier, Milch und das Hanföl verschlagen und die Mandelmischung zugeben; alles gut miteinander verrühren.
- In Tarteformen füllen und mit den entkernten Kirschen belegen.
- Im vorgeheizten Backrohr auf der mittleren Schiene bei 180 °C ca. 20 Minuten backen. Auskühlen lassen, mit Staubzucker bestreuen und eventuell mit Vanilleschaum servieren.

BACKZEIT: ca. 20 Minuten

Foto rechts

Rechteckige Himbeertarte

ZUTATEN
(für 1 Tarteform, 22 x 22 cm)

FÜR DEN MÜRBTEIG
200 g Mehl, glatt · 100 g Butter
50 g Staubzucker
1 Eidotter
Prise Salz · 1 Pkg. Vanillezucker
abgeriebene Schale von 1/2 Zitrone

FÜR DIE ZITRONENCREME
Saft von 2 Zitronen
Saft von 1 Orange
250 g Crème fraîche
100 g Staubzucker
3 Eier · 2 Eidotter
Prise Salz · 1 Pkg. Vanillezucker

ZUM BESTREUEN
5 Minzeblätter
250 g frische Himbeeren

ZUBEREITUNG

- Für den MÜRBTEIG alle Zutaten rasch zu einem geschmeidigen Teig kneten und ca. 1 Stunde in den Kühlschrank stellen. Teig auf einer leicht bemehlten Arbeitsfläche ca. 2–3 mm ausrollen und in die gebutterte Tarteform legen, leicht andrücken, mit einer Gabel einstechen und mit Backtrennpapier auslegen. Mit Hülsenfrüchten (Linsen, Bohnen) belegen, 40 Minuten kalt stellen, dann im vorgeheizten Backrohr bei 180 °C auf der mittleren Schiene ca. 15 Minuten backen. Backtrennpapier und die Hülsenfrüchte entfernen. Nochmals ca. 8 Minuten goldgelb backen, auskühlen lassen.
- Für die ZITRONENCREME alle Zutaten gut miteinander vermischen.
- Die Masse auf den gebackenen Mürbteig geben und bei 160 °C ca. 30 Minuten backen, die Masse sollte gestockt sein. Auskühlen lassen.
- Tarte mit Himbeeren und der abgezupften Minze bestreuen.

BACKZEIT: ca. 50–55 Minuten

Frischkäsetarte mit Mandarinen

ZUTATEN (für 6–8 Personen / 1 Tarteform mit 24 cm Ø)

FÜR DEN MÜRBTEIG

50 g Staubzucker
100 g kalte Butter, klein geschnitten
1 Eidotter · 150 g Mehl, glatt
Prise Salz
Zitronenschale, gerieben
1 Pkg. Vanillezucker

FÜR DIE FRISCHKÄSEMASSE

4 Eier · 2 Eidotter · 170 g Kristallzucker
500 g Frischkäse · 20 g Maizena
1 Vanilleschote, halbiert und das Mark ausgeschabt
abgeriebene Schale und Saft von 1 Zitrone

3 Mandarinen

ZUBEREITUNG

- Für den MÜRBTEIG alle Zutaten verkneten, 1 Stunde kalt stellen, dann kurz zusammenkneten. Auf einer leicht bemehlten Arbeitsfläche ca. 2 mm dünn ausrollen und in die gebutterte Tarteform legen, Teig fest andrücken und 1 Stunde kalt stellen.
- Mit Backtrennpapier auslegen und diverse Hülsenfrüchte wie Linsen einlegen. Im vorgeheizten Backrohr auf der unteren Schiene bei 180 °C ca. 15 Minuten goldgelb backen, dann das Backtrennpapier mit den Linsen entfernen und nochmals für ca. 5 Minuten im Backrohr backen. Herausnehmen und auskühlen lassen.
- Für die FRISCHKÄSEMASSE Eier, Dotter, Kristallzucker, Vanilleschote und -mark und die Zitronenschale mit dem Handmixer ca. 5 Minuten schaumig schlagen.
- Frischkäse, Maizena und den Zitronensaft untermischen, Vanilleschote entfernen und die Masse auf der Mürbteigtarte verteilen.
- Bei 170 °C im vorgeheizten Backrohr ca. 30–40 Minuten backen.
- Mandarinen schälen und in Spalten auf der Tarte verteilen, eventuell mit Tortengelee abgelieren.
- Die Tarte lässt sich auch mit anderen Früchten zubereiten.

BACKZEIT: ca. 50–60 Minuten

Macadamia-Tartelette mit Feigen

ZUTATEN (für 1 Tarteform mit 24 cm Ø)

FÜR DIE VANILLECREME

125 ml Milch · 20 g Kristallzucker
15 g Vanillecremepulver · 1 Eidotter
1 cl Rum

FÜR DIE SCHOKOLADEMASSE

125 g Vanillecreme (siehe oben)
80 g Butter · 70 g Staubzucker
Salz · Vanillezucker · 1 Ei, verschlagen
abgeriebene Schale von 1/2 Zitrone
70 g Schokolade, gerieben
70 g Mehl · 15 g Maizena
140 g Haselnüsse, gerieben
100 g Macadamianüsse zum Garnieren

FÜR DIE FEIGEN

2 frische Feigen · 3 getrocknete Feigen
250 ml Portwein

ZUBEREITUNG

- Für die VANILLECREME Vanillecremepulver mit dem Eidotter und etwas Milch und Rum verrühren.
- Restliche Milch und den Kristallzucker aufkochen, die Vanillecrememischung einrühren und 1 Minute kochen lassen, kalt rühren.
- Für die SCHOKOLADEMASSE Butter, Staubzucker und die Geschmackstoffe schaumig schlagen, das Ei einrühren.
- Vanillecreme einrühren und glatt rühren, dann alle anderen Zutaten unterheben.
- Masse in die gebutterte Tarteform füllen, mit den Macadamianüssen belegen und im vorgeheizten Backrohr bei 160 °C ca. 30 Minuten backen, leicht überkühlen lassen.
- Für die FEIGEN Portwein einkochen lassen, alle Feigen kleinwürfelig schneiden, zum Portwein geben und weiter leicht einkochen lassen, die Masse sollte trocken sein (keine Flüssigkeit mehr enthalten).
- Feigenmasse zu kleinen Nockerln formen und auf der Macadamia-Tartelette verteilen.

BACKZEIT: ca. 30 Minuten

Schaum-Schokolade-Tartelette mit Trockenfrüchten

ZUTATEN (für 4 Tarteförmchen, je 9 cm Ø)

FÜR DEN KNUSPRIGEN MÜRBTEIG

75 g Staubzucker · 125 g Butter
25 g Mandeln oder Haselnüsse, gerieben
1 Ei · 200 g Mehl, glatt · 10 g Kakao
Salz · 1 Pkg. Vanillinzucker
Butter für die Förmchen

FÜR DIE SCHAUMMASSE

2 Eier · 3 Dotter · 30 g Kristallzucker
100 g Crème fraîche
100 g Kuvertüre, geschmolzen · 60 g Mehl, glatt

FÜR DIE EINLAGE

50 g getrocknete Feigen
50 g getrocknete Datteln
50 g Dörrzwetschken

ZUBEREITUNG

- Für den MÜRBTEIG alle Zutaten verkneten und 1 Stunde kalt stellen. Auf einer leicht bemehlten Arbeitsfläche dünn ausrollen und in die leicht gebutterten Tarteförmchen einlegen. Den Boden mit einer Gabel einstechen, dann mit Backtrennpapier auslegen und mit Hülsenfrüchten (z. B. Linsen) befüllen. Im vorgeheizten Backrohr bei 180 °C (Ober- und Unterhitze) auf der mittleren Schiene ca. 15–20 Minuten backen. Backtrennpapier und die Linsen entfernen.
- Für die SCHAUMMASSE Eier, Dotter und den Kristallzucker mit dem Handmixer ca. 3 Minuten dickcremig schlagen. Die Trockenfrüchte für die Einlage fein schneiden.
- Crème fraîche und Kuvertüre gut vermischen, mit der Eiermasse vermengen, Mehl und Trockenfrüchte unterheben und auf dem Mürbteig-Tarteletteboden verteilen.
- Im vorgeheizten Backrohr bei 180 °C (Ober- und Unterhitze) auf der mittleren Schiene ca. 15–20 Minuten backen. 10 Minuten in der Form überkühlen lassen, dann aus der Form heben.

BACKZEIT: ca. 30–40 Minuten

Lauwarmer Cupkuchen mit Zitronen und Thymian

ZUTATEN (für 6 Cups à ca. 150 ml)

100 g Marzipan · 2 cl Rum

FÜR DIE ZITRONEN-THYMIAN-SANDMASSE

80 g Kristallzucker · 6 Eidotter
1 TL Backpulver
110 g sehr weiche Butter
2 kleine Thymian- oder Zitronenthymianzweige
abgeriebene Schale von 1 Zitrone
80 g Mandeln, fein gerieben
50 g Mehl, glatt
6 Eiklar · 60 g Kristallzucker

FÜR DIE MARINIERTEN HONIGMELONEN

1/2 Honigmelone · 2 EL Honig
Saft von je 1 Orange und Zitrone

weiche Butter und geriebene Mandeln für die Cupgläser
evtl. Zitroneneis

ZUBEREITUNG

- Cupgläser mit weicher Butter ausstreichen und mit Mandeln ausstreuen.
- Marzipan mit dem Rum vermischen und 6 Kugeln drehen.
- Zucker und die Eidotter gut schaumig schlagen, die weiche Butter, fein gehackten Thymian und die Zitronenschale unterheben.
- Eiklar gut anschlagen, nach und nach den Kristallzucker zugeben, zu cremigem Schnee schlagen und ebenso unterheben, Mandeln, Backpulver und das Mehl unterheben.
- Masse drei Viertel hoch in die Cupgläser einfüllen und bei 190 °C ca. 10 Minuten backen. Backrohr öffnen, dann die Marzipankugel in die Mitte legen und noch ca. 10 Minuten weiterbacken.
- Für die MARINIERTEN HONIGMELONEN mit einem Messer die Schale abschneiden, entkernen und in Stücke schneiden, mit den anderen Zutaten vermischen und mit dem warmen Kuchen servieren. Auch Zitroneneis harmoniert wunderbar mit diesem Kuchen.

BACKZEIT: ca. 20 Minuten

Erdbeer-Cupcake

ZUTATEN
(für 12 Stück / 12 Papierkapseln, 6 cm Ø, 4 cm hoch)

FÜR DIE CUPCAKES
300 g Mehl, glatt
1 Pkg. Backpulver
100 g sehr weiche Butter
200 g Kristallzucker · Prise Salz
250 ml Buttermilch
1 Pkg. Vanillezucker · 3 Eier
geriebene Schale von 1 Zitrone

FÜR DAS TOPPING
250 g Mascarpone · 50 g Topfen
150 ml Schlagobers
40 g Staubzucker

300 g Erdbeeren, in feine Scheiben geschnitten
diverse Blüten zum Garnieren

ZUBEREITUNG

- Für die CUPCAKES Mehl und das Backpulver versieben. Butter, Kristallzucker schaumig schlagen, die Eier versprudeln und die Hälfte der Eier ganz langsam in die Buttermasse einrühren, die restlichen Eier in die Milch geben. Prise Salz, Zitronenschale, Vanillezucker beifügen und versprudeln.
- Mehlmischung abwechselnd mit der Buttermilch in die Buttermasse geben, alles glatt rühren.
- Papierkapseln auf ein Backblech stellen, die Masse etwa zwei Drittel hoch einfüllen. Im vorgeheizten Backrohr auf der mittleren Schiene bei 180 °C ca. 20 Minuten backen, auskühlen lassen.
- Für das TOPPING Mascarpone, Topfen und Staubzucker in einer Schüssel verrühren. Obers schlagen und unter die Mascarponemasse heben, dann in einen Dressiersack mit Sterntülle füllen und auf die Cupcakes dressieren. Mit Erdbeeren und diversen Blüten garnieren.

BACKZEIT: 20 Minuten

Foto links

Himbeer-Cupcake

ZUTATEN (für 12 Stück / 12 Muffinförmchen)

200 ml Buttermilch
250 g TK-Himbeeren
gute Prise Salz
1 Pkg. Vanillezucker
abgeriebene Schale von 1 Zitrone
3 Eier
300 g Mehl
1 Pkg. Backpulver
100 g Kristallzucker
100 g weiche Butter

Staubzucker oder Schlagobers, leicht geschlagen

ZUBEREITUNG

- Buttermilch und die aufgetauten Himbeeren mit dem Stabmixer kurz pürieren. Muffinblech mit Muffinpapierkapseln auslegen.
- Weiche Butter, Salz, Vanillezucker, Zitronenschale, 2/3 des Kristallzuckers schaumig schlagen. Eier trennen und die Eidotter nach und nach zugeben.
- Mehl und das Backpulver versieben.
- Eiklar steif schlagen und den restlichen Kristallzucker zugeben, zu einer cremigen Schneemasse schlagen und unter die Masse heben. Dann die Mehlmischung unterheben, ebenso die Buttermischung und anschließend die Masse in die Muffinförmchen füllen.
- Im vorgeheizten Backrohr bei 180 °C (Ober- und Unterhitze) auf der mittleren Schiene ca. 20 Minuten backen. Auskühlen lassen.
- Mit Staubzucker bestreuen oder auch mit leicht geschlagenem Schlagobers und Erdbeeren ausgarnieren.

BACKZEIT: ca. 20 Minuten

Brownies, Muffins & Kleingebäck

Erdnuss-Brownies

ZUTATEN
(für 20 Stück)

3 Eier
110 g Kristallzucker
100 g Rohzucker
150 g Butter
100 g Bitterschokolade
80 g Mehl, glatt
10 g Kakao
200 g grob gehackte geröstete Erdnüsse

ZUBEREITUNG

- Eier und beide Zuckersorten ca. 5 Minuten mit dem Handmixer im Schneekessel schaumig schlagen.
- Butter und die Schokolade schmelzen, dann unter die Eiermasse rühren. Das Mehl, den Kakao und die Erdnüsse zugeben und vermischen.
- Ein halbes Backblech mit Backtrennpapier auslegen, die Masse darauf verteilen und glatt streichen.
- Im vorgeheizten Backrohr bei 180 °C (Ober- und Unterhitze) auf der mittleren Schiene ca. 20 Minuten backen. Auskühlen lassen und in Stücke schneiden.

BACKZEIT: ca. 20 Minuten

Bananenmuffins

Dieses Rezept stammt von Maria Miglbauer, St. Konrad

ZUTATEN
(für ca. 9 Stück, je nach Größe)

60 g weiche Butter
100 g Feinkristall-, Gelb- oder Muscovadozucker
1 Ei
120–150 g zerdrückte Bananen
1/2 TL Backpulver
Prise Salz
120 g glattes Weizen- oder feines Dinkelmehl
50 g Schokolade, klein geschnitten

ZUBEREITUNG

- Butter mit Zucker und Salz mit dem Schneebesen oder Handmixer cremig aufschlagen, Ei und Bananenpüree einmengen, zuletzt das mit Backpulver vermengte Mehl zugeben und behutsam Schokoladestücke einrühren.
- Den Teig in vorbereitete Muffinformen füllen und im vorgeheizten Backrohr bei ca. 160–170 °C ca. 20 Minuten backen.

BACKZEIT: ca. 20 Minuten

Marzipanmuffins mit Marillentopping

ZUTATEN (für 12 Stück / 12 Keramik- oder Muffinförmchen)

FÜR DIE MUFFINS

- 6 Eier
- 300 g Marzipan, klein geschnitten
- 250 g weiche Butter
- 1 Pkg. Vanillezucker
- abgeriebene Schale von 1 Zitrone
- 100 g Kristallzucker
- Salz
- 200 g Mehl, glatt
- 1 Pkg. Backpulver
- 50 ml Mandelöl

FÜR DAS MARILLENTOPPING

- 150 g Mascarpone
- 40 g Staubzucker
- abgeriebene Schale von 1 Zitrone
- 100 ml Schlagobers

- Butter für die Förmchen
- 200 g Marillen
- Blüten

ZUBEREITUNG

- Für die MUFFINS Eier trennen, Butter, Salz, Vanillezucker, Zitronenschale, etwas Kristallzucker (ca. 30 g) und das Marzipan im Schneekessel vermischen und mit dem Handmixer schaumig schlagen, dann nach und nach die Eidotter zugeben.
- Das Eiklar gut anschlagen und nach und nach den restlichen Kristallzucker zugeben, zu einer cremigen Schneemasse schlagen und unter die Buttermasse heben.
- Mehl und Backpulver versieben und ebenso mit der Teigspachtel unterheben. Mandelöl zugeben und unterrühren.
- Die Förmchen mit weicher Butter ausstreichen und die Masse einfüllen.
- Im vorgeheizten Backrohr auf der mittleren Schiene bei 170 °C ca. 25 Minuten backen. Auskühlen lassen.
- Für das TOPPING Mascarpone, Staubzucker, Zitronenschale und Schlagobers vermischen und mit einem Schneebesen cremig schlagen. Dann in einen Dressiersack mit glatter Tülle füllen und auf die Muffins dressieren, abschließend mit geschnittenen Marillenstücken und Blüten belegen.

BACKZEIT: ca. 25 Minuten

Foto links

Himbeermuffins

ZUTATEN (für ca. 24 Stück, je nach Förmchengröße)

- 200 g grob gehackte Kuvertüre
- 250 g weiche Butter
- 150–200 g Feinkristallzucker
- 5 Eier
- 20 g Vanillezucker
- Prise Salz
- 20 g Kakaopulver
- 2 gestrichene TL Backpulver
- 250 g glattes Weizen- oder feines Dinkelmehl
- 200–250 g Himbeeren

ZUBEREITUNG

- Mehl, Kakao und Backpulver vermengen.
- Kuvertüre in einer Schüssel über einem Wasserbad schmelzen, von der Hitze nehmen und Butter einrühren.
- Eier mit Zucker, Salz und Vanillezucker hell und dickschaumig aufschlagen. Zur überkühlten Schokolade-Butter-Mischung geben und die Mehlmischung unterrühren.
- Den Teig in vorbereitete kleine Backformen füllen, die Himbeeren darauf verteilen und im vorgeheizten Backrohr bei ca. 165–175 °C Heißluft ca. 20 Minuten backen, der Teig sollte innen noch leicht feucht sein.

BACKZEIT: ca. 20 Minuten

Nussmuffins

ZUTATEN (für ca. 6 Stück)

120 g zimmertemperierte Butter

100 g Feinkristallzucker · 1 TL Vanillezucker

4 Eidotter · 4 Eiklar

70 g glattes Weizen- oder feines Dinkelmehl

140 g fein gemahlene Haselnüsse, Mandeln oder eine Nussmischung

Prise Backpulver · Prise Salz

FÜR DIE CREME

150 g Mascarino oder Mascarpone

150 g Topfen

80 g am besten selbst hergestellte Beerenmarmelade oder 80 g Früchte

ca. 40 g Gelierzucker 3:1

70 g Vanillepudding (siehe unten)

FÜR DEN VANILLEPUDDING

80 ml Milch (oder mit Obers gemischt)

10 g Feinkristallzucker · 1 Pkg. Vanillezucker

10 g Vanillepuddingpulver oder Speisestärke

evtl. 1 Eidotter

ZUBEREITUNG

- Für die MUFFINS Butter mit der Hälfte Zucker und Vanillezucker in einer Schüssel ca. 5 Minuten hell und schaumig rühren. Dotter nach und nach einrühren.
- Eiklar mit Salz und restlichem Zucker zu cremig-steifem Schnee aufschlagen. Mehl mit Nüssen und Backpulver vermischen und mit dem Schnee behutsam unter die Dottermasse mengen.
- In vorbereitete Papierförmchen zwei Drittel hoch einfüllen und in das auf 180 °C mit Heißluft vorgeheizte Backrohr geben. Nunmehr Hitze auf 170 °C reduzieren und mit Heißluft backen. Mehrmals die Tür leicht öffnen, damit entstehender Dampf entweichen kann.
- Für die CREME Marmelade oder Früchte mit dem Gelierzucker aufkochen, ca. 5 Minuten kochen lassen, abgekühlt weiterverwenden.
- Für den PUDDING Milch mit Zucker, Vanillezucker und -puddingpulver oder Stärke (und eventuell Dotter) in einem Topf mit dem Schneebesen verrühren und unter ständigem Rühren aufkochen und kurze Zeit eindicken lassen. Mit Frischhaltefolie abdecken und auskühlen lassen. Danach kurz aufmixen und mit den restlichen Zutaten für die Creme vermengen.
- In einen Spritzbeutel mit großer (ca. 16–18 mm), dicker gezackter Tülle füllen und auf die gebackenen Muffins aufdressieren.

BACKZEIT: ca. 20–23 Minuten

Rote-Rüben-Muffins

ZUTATEN (für 12 Stück)

FÜR DIE MUFFINS

80 g Kristallzucker

60 g Mandeln, gemahlen

110 g Mehl, glatt · 7 g Backpulver

gute Prise Salz

160 g oder 5 Stück flüssiges Eiklar

100 g braune Butter

120 g Rote Rüben, gekocht

FÜR DAS TOPPING

200 g Mascarpone · 30 g Staubzucker

abgeriebene Schale von 1 Zitrone

100 g Schlagobers, flüssig

ZUBEREITUNG

- Für die MUFFINS die Roten Rüben fein reiben. Die Butter in einem kleinen Topf so lange kochen lassen, bis sie leicht braun ist, aber Vorsicht, sie wird schnell schwarz.
- In einer Schüssel dann alle Zutaten mit einem Schneebesen miteinander verrühren.
- Die Masse in die Papiermuffinformen (auf Muffinblech) drei Viertel hoch einfüllen, im vorgeheizten Backrohr bei 180 °C (Ober- und Unterhitze) auf der mittleren Schiene ca. 20 Minuten backen. Auskühlen lassen.
- Für das TOPPING alle Zutaten im Schneekessel dickcremig rühren, in einen Dressiersack mit Sterntülle füllen und auf die Muffins dressieren. Eventuell mit fein geschnittenen Roten Rüben bestreuen.

BACKZEIT: ca. 20 Minuten

Speckige Schokolade-Oliven-Muffins

ZUTATEN (für 12 Stück)

FÜR DIE SCHOKOLADE-OLIVEN-MUFFINS

3 Eier
3 Eidotter
30 g Kristallzucker
250 g Butter
50 g Kalamata-Oliven
250 g Bitterkuvertüre, grob gehackt
60 g Mehl, glatt

FÜR DIE MARINIERTEN FEIGEN MIT ROSMARIN

4 Feigen, geviertelt
1 großer Rosmarinzweig
200 ml Portwein oder Rotwein
2 EL Honig

ZUBEREITUNG

- Für die SCHOKOLADE-OLIVEN-MUFFINS Eier, Eidotter und Kristallzucker mit dem Handmixer 4 Minuten lang schaumig schlagen. Ein Muffinblech mit Muffinpapierkapseln auslegen.
- Butter, fein gehackte Oliven und Bitterkuvertüre im Schneekessel über einem Wasserbad langsam schmelzen, mit der Eiermasse vermischen, glatt rühren und das Mehl zugeben, wieder glatt rühren.
- In die Muffinformen füllen und bei 200 °C ca. 10–15 Minuten backen.
- Für die FEIGEN den Honig mit dem Rosmarin in einer Pfanne schmelzen, dann den Portwein zugeben und 2 Minuten einkochen lassen. Die geschnittenen Feigen zugeben, beiseitestellen und auskühlen lassen.
- Muffins mit den Feigen servieren.

BACKZEIT: ca. 10–15 Minuten

Schokoladefondant-Muffins

ZUTATEN (für 12 Stück)

FÜR DAS SCHOKOLADE-FONDANT

6 Eier
130 g Kristallzucker
250 g Bitterkuvertüre (60 %)
250 g Butter
100 g Mehl, glatt

AUSSERDEM

150 g frische Himbeeren
Vanilleeis

ZUBEREITUNG

- Eier mit Kristallzucker 3 Minuten schaumig schlagen.
- Bitterkuvertüre grob hacken, mit der Butter vermischen und im Schneekessel über einem Wasserbad langsam schmelzen lassen. Dann in die Eiermasse geben und das Mehl unterheben.
- Die Muffinpapierformen in ein Muffinblech geben, dann die Formen bis knapp unter den Rand mit der Schokolademasse befüllen.
- Im vorgeheizten Backrohr bei 180 °C (Ober- und Unterhitze) auf der mittleren Schiene ca. 15–20 Minuten backen. Die Masse ist im Idealfall noch sehr weich und speckig.
- Aus den Formen heben, mit frischen Himbeeren belegen und mit Vanilleeis servieren.

BACKZEIT: ca. 15–20 Minuten

Brandteigkrapferl mit Schokoladesauce

ZUTATEN

30 g Butter
60 g glattes Weizenmehl
2 Eier
125 ml Wasser
Prise Salz

Schlagobers, Vanille- oder andere Cremen zum Füllen
kalte Schokoladesauce (Rezept siehe Seite 215)

ZUBEREITUNG

- In einem Topf Wasser mit Salz und Butter aufkochen, das gesiebte Mehl dazugeben und so lange rühren, bis sich die Masse glatt vom Kochlöffel und Topf löst. Etwas überkühlen lassen. Die Eier nach und nach zügig einrühren, Masse dabei immer glatt rühren. Der Teig ist fertig, wenn er seidig glänzt.
- Inzwischen das Backrohr auf 200 °C Heißluft vorheizen. Ein Backblech mit Backpapier auslegen. Die Masse in einen Spritzsack mit glatter oder gezackter Tülle füllen und auf das Backblech kleine Krapferl aufspritzen.
- Im vorgeheizten Backrohr zunächst ca. 8–10 Minuten backen, währenddessen das Backrohr nicht öffnen! Hitze auf 170 °C reduzieren und je nach Größe noch ca. 12–14 Minuten hellbraun fertig backen.
- Herausnehmen und überkühlen lassen. Krapferl halbieren und mit der Creme nach Wahl oder geschlagenem Obers füllen. Mit der Schokoladesauce garnieren.

VARIATIONSMÖGLICHKEITEN

- Für GEBACKENE BRANDTEIGNOCKEN verwenden Sie statt Wasser Milch, stechen aus der Masse Nocken ab und backen diese im heißen Fett heraus.
- Aus Brandteig können Sie mit etwas Geschick die unterschiedlichsten Formen, z. B. für Dekorzwecke, aufspritzen.
- Versuchen Sie einmal Brandteigschwäne und servieren Sie diese mit Vanillesauce.

BACKZEIT: ca. 20–24 Minuten

Foto rechts

Schokoladefondant mit Orangen

ZUTATEN (für 4 Personen)

FÜR DAS SCHOKOLADEFONDANT

120 g Bitterkuvertüre (50–60 %)
30 g Butter
2 Eier
20 g Kristallzucker

FÜR DIE KAFFEESAUCE

30 Kaffeebohnen
200 ml Milch
20 g Kristallzucker
3 Eidotter

2 Orangen

ZUBEREITUNG

- Für die KAFFEESAUCE die Bohnen in einem sauberen Gefriersackerl zerstoßen, mit der Milch im Topf aufkochen. Eidotter mit dem Kristallzucker verschlagen und die heiße Milch darübergießen, dann mit einer Teigspachtel mit Stiel unter ständigem Rühren zur Rose abziehen (82 °C, die Masse darf nicht kochen). Durch ein Sieb streichen und auskühlen lassen.
- Für das FONDANT Bitterkuvertüre klein hacken und in einer Schüssel schmelzen lassen, dann die Butter unterheben und glatt rühren, bis sich die Butter aufgelöst hat. Eier trennen und die Eidotter unter die Bitterkuvertüre-Masse heben. Eiklar gut anschlagen und den Kristallzucker zugeben, dann unter die Masse heben.
- Ein Backblech mit Backtrennpapier auslegen, die Schokolademasse 2 cm dick darauf verteilen, leicht glatt streichen und im vorgeheizten Backrohr bei 180 °C ca. 10–13 Minuten auf der mittleren Schiene backen. Auskühlen lassen.
- Die Orangen mit einem Messer schälen und in ganz feine Scheiben schneiden.
- Die Schokolademasse in beliebige Stücke schneiden oder brechen, dann die Kaffeesauce und die Orangenscheiben auf die Teller geben und die Schokoladestücke darauf verteilen.

BACKZEIT: ca. 10–13 Minuten

Nougatpralinen

ZUTATEN (für 20 Stück)

200 g Marzipan

200 g lauwarmes Nougat

3–4 EL Macadamiaöl

etwas Kakaopulver zum Wälzen

ZUBEREITUNG

- Marzipan und Nougat in kleine Stücke schneiden und zusammen mit dem Macadamiaöl im Rührkessel mit dem Knethaken ca. 15 Minuten durchkneten lassen.
- Kugeln formen und in einer Schüssel mit etwas Kakaopulver wälzen.

Schwarzwälder Kirschen im Glas

ZUTATEN
(für 6–8 Portionen, je nach Größe der Gläser)

FÜR DIE BROWNIES

150 g Zartbitterkuvertüre
100 g weiche Butter
80 g Feinkristallzucker
3 Eier
25 g glattes Weizen- oder feines Dinkelmehl
1 TL Backpulver

FÜR DAS RAGOUT

250 g Kirschennektar
1/4 ML Zimt, gemahlen
1 TL Vanillepuddingpulver
Prise Chilischote, fein gemahlen
400 g eingelegte Sauerkirschen

FÜR DAS TOPPING

250 ml Obers
2 EL Vanillezucker
ca. 30 ml Kirschgeist nach Belieben

AUSSERDEM

ein tieferes Backblech (ca. 15 x 20 cm), mit Backpapier oder Backmatte belegt

ZUBEREITUNG

- Für die BROWNIES klein geschnittene Kuvertüre mit Butter und Zucker in einer Schüssel über dem heißen Wasserbad schmelzen.
- Dann etwas überkühlen lassen. Nach und nach die Eier zugeben und zuletzt das mit Backpulver vermischte Mehl untermengen.
- Den Teig gleichmäßig auf das vorbereitete Backblech streichen. Im vorgeheizten Backrohr bei ca. 165–175 °C mit Heißluft etwa 25–30 Minuten backen. Aus dem Ofen nehmen und in kleinere Stücke teilen. Zwei Drittel der Brownies in die Gläser verteilen.
- Für das RAGOUT Nektar mit Zimt, Puddingpulver und Chili verrühren und unter Rühren aufkochen, bis der Nektar gebunden ist. Die abgetropften Kirschen untermengen und abkühlen lassen. Danach das Kirschenragout auf den Brownies verteilen.
- Für das TOPPING Obers mit Zucker zu cremig-steifem Schnee aufschlagen, mit Kirschgeist aromatisieren und auf das Ragout geben. Mit verbliebenen Brownies garnieren.

BACKZEIT: ca. 25–30 Minuten

Hot Love

ZUTATEN (für 4 Personen)

FÜR DEN MANDELSPONGE

2 Eier
1 Eidotter
15 g Butter
15 g Mehl, glatt
25 g Staubzucker

FÜR DEN MANDELKNUSPER

30 g Mandelblätter
45 g Eiklar
30 g Kristallzucker
1 Pkg. Vanillezucker

AUSSERDEM

Schlagobers, leicht geschlagen
250 g Himbeeren
2 EL Orangensaft
Vanilleeis
Minze

ZUBEREITUNG

- Für den MANDELSPONGE alle Zutaten zusammenrühren, in eine iSi-Flasche füllen und drei Patronen verwenden. In eine ca. 19 x 19 x 3 cm große Plastikform einsprühen und 2 1/2 Minuten bei 600 Watt in die Mikrowelle geben, auskühlen lassen.
- Für den MANDELKNUSPER die Mandeln im vorgeheizten Backrohr bei 160 °C (Ober- und Unterhitze) auf der mittleren Schiene ca. 5 Minuten backen. Vanillezucker, Eiklar und den Kristallzucker locker verrühren, dann die warmen Mandelblätter zugeben und miteinander vermischen. Auf ein Backtrennpapier dünn aufstreichen und im vorgeheizten Backrohr bei 140 °C (Ober- und Unterhitze) auf der mittleren Schiene ca. 15–20 Minuten backen. Den Knusper umdrehen, Ofen abschalten und noch nachziehen lassen; trocken aufbewahren. Die Masse muss sehr trocken sein, eventuell die Backzeit je nach Ofen verlängern.
- Leicht geschlagenes Schlagobers in einen Dressiersack füllen und zwischen die gerissenen Sponge-Stücken dressieren.
- Himbeeren und den Orangensaft vermischen, in einer Pfanne leicht erhitzen und ebenso verteilen, dann mit Minze, Vanilleeis und gebrochenem Mandelknusper garnieren.

BACKZEIT FÜR DEN MANDELKNUSPER: 20–25 Minuten

Foto rechts

Linzer Kipferl

ZUTATEN

220 g weiche Butter
80 g Feinkristallzucker oder fein gesiebter Staubzucker
10 g Vanillezucker
etwas Schale einer unbehandelten Zitrone oder Orange, ersatzweise Zitruszucker
1 Ei
280 g glattes Weizen- oder feines Dinkelmehl

Staubzucker zum Bestauben
Ribisel-, Marillen-, Preiselbeer- oder Orangenmarmelade zum Füllen

ZUBEREITUNG

- Butter, Zucker, Vanillezucker und Schale schaumig rühren. Das Ei einrühren und das Mehl einmehlieren.
- Die Masse in einen Spritzsack mit Sterntülle (eventuell Größe NR 12) füllen und Kipferl, Stangerl oder Rosetten auf ein vorbereitetes (mit Backpapier oder Backmatte) ausgelegtes Backblech dressieren.
- Im vorgeheizten Backrohr bei ca. 170–180 °C ca. 12 Minuten hellbraun backen.
- Mit Staubzucker bestreuen und eventuell vorher jeweils zwei Kipferl mit z. B. Ribiselmarmelade zusammensetzen.
- Ist die Masse zu weich, vor dem Backen eventuell kalt stellen.

BACKZEIT: ca. 12 Minuten

Kokoskuppeln

Dieses Rezept stammt von Maria Miglbauer, St. Konrad

ZUTATEN

1 Biskuitfleck oder dünner, heller Tortenboden (Rezepte siehe Seite 86 bzw. 209)

4 Eiklar · 280 g Feinkristallzucker

200 g Kokosflocken

FÜR DIE BUTTERCREME

250 ml Milch

20 g Vanillepuddingpulver

70 g Feinkristallzucker

ca. 100 g Kuvertürelinsen

FÜR DIE GLASUR

ca. 250 g Kuvertürelinsen · 30 g Butter

ZUBEREITUNG

- Eiklar mit Zucker über einem Wasserbad schaumig schlagen, Kokosflocken zugeben und ca. 5 Minuten abrösten.
- Masse in einen Spritzsack füllen und ca. 2 cm große Kreise auf ein vorbereitetes Backblech dressieren.
- Im vorgeheizten Backrohr bei ca. 160 °C ca. 12–15 Minuten mit Heißluft backen.
- Für die BUTTERCREME Milch mit Puddingpulver und Zucker verrühren und unter ständigem Rühren aufkochen, Kuvertürelinsen darin auflösen und abkühlen lassen.
- Für die GLASUR Kuvertüre mit Butter schmelzen.
- Aus dem Biskuit Kreise in der Größe der Kokoskekse ausstechen. Creme in einen Spritzsack füllen und aufdressieren. Kekse daraufsetzen und gut andrücken.
- Etwas überkühlt die Ränder in die Schokoladeglasur tauchen und auf einem Backpapier oder einer Backmatte antrocknen lassen.

BACKZEIT: ca. 12–15 Minuten

Indianer mit Schlag

ZUTATEN

- 6 Dotter
- 7 Eiklar
- 80 g Feinkristall- oder Gelbzucker
- 1 Pkg. Vanillezucker
- 100 g glattes Weizen- oder feines Dinkelmehl
- 60 g Weizenstärke
- Prise Salz
- 10 ml Wasser
- ca. 150 g Marillen- oder Ribiselmarmelade, passiert
- 150 g Fondant, mit 60 g Schokolade und 10 g Kakao vermischt
- ca. 400–500 ml Schlagobers

ZUBEREITUNG

- Eiklar mit Zucker, einer Prise Salz und Weizenstärke zu steifem Schnee schlagen. Dotter mit 1 EL Mehl und Wasser kräftig glatt rühren, mit Vanillezucker unter den Schnee heben und das restliche Mehl einmengen.
- Masse in einen Spritzsack mit glatter Tülle füllen (10–12 mm Ø) und auf ein mit Backtrennpapier vorbereitetes Backblech kleine Halbkugeln dressieren.
- Im Fachhandel gibt es spezielle Holzhülsen, auf die die Masse aufdressiert werden kann, oder spezielle Formen aus Silikon oder Blech, worin die Masse eingefüllt werden kann. Die Krapferl werden dabei gleichmäßig groß und der Arbeitsschritt bedeutet auch für Ungeübte keinen großen Aufwand.
- Im vorgeheizten Backrohr bei 180 °C und leicht geöffneter Backrohrtür (einen Kochlöffelstiel in die Ofentür klemmen) ca. 8–12 Minuten je nach Größe backen. Krapferl auskühlen lassen, vom Blech lösen und die Hälfte der Krapferl mit einem spitzen Messer etwas aushöhlen. Die andere Hälfte auf der Unterseite gerade schneiden, damit sie gut stehen. Die Deckel mit heißer Marillenmarmelade bestreichen oder darin tunken und antrocknen lassen.
- Für die GLASUR Fondant eventuell mit etwas Wasser verdünnen, Schokolade darin auflösen und Kakao einrühren; sollte zum Überziehen ca. 36 °C haben. Die marmeladegetunkten Deckel damit überziehen oder darin tunken und zum Abtropfen auf ein Küchengitter setzen. Sind die Krapfen etwas größer, glasieren, trocknen lassen und dann mit einem in heißes Wasser getauchten, gut abgetrockneten Messer halbieren und mit beliebiger Creme, Schlagobers oder abgeschmeckter Vanillesauce füllen.

BACKZEIT: ca. 8–12 Minuten

Mandeltaler

ZUTATEN FÜR DEN TEIG

200 g glattes Weizen- oder feines Dinkelmehl

130 g gekühlte Butter, in kleine Stücke geschnitten

80 g Feinkristall-, Gelb- oder fein gesiebter Staubzucker

100 g Marzipanrohmasse

30 g Vanillezucker

2 Eidotter

Prise Salz

evtl. etwas Rum oder Kirschwasser

1 verquirltes Ei zum Bestreichen

150 g Mandelblättchen zum Wälzen

ZUBEREITUNG

- In einer Küchenmaschine alle Zutaten für den Teig mit dem Knethaken vermengen. Den Teig zu ca. 3 cm dicken Rollen formen, mit verquirltem Ei bestreichen und in den Mandelblättchen wälzen. Bei Bedarf ca. 1–2 Stunden kühl stellen. Auf einer leicht bemehlten Arbeitsfläche in ca. 5 mm dicke Scheiben schneiden und im vorgeheizten Backrohr bei ca. 165–175 °C ca. 8 Minuten hellbraun backen.

BACKZEIT: ca. 8 Minuten

Foto rechts

Neros

ZUTATEN FÜR DIE MASSE

250 g weiche Butter

140 g Feinkristall- oder fein gesiebter Staubzucker

Prise Salz

20 g Vanillezucker

2 Eier

200 g glattes Weizen- oder feines Dinkelmehl

30 g Kakao

FÜR DIE FÜLLE

200 g Obers und 200 g dunkle Kuvertüre, klein geschnitten oder kleine Linsen

oder beliebige Marmeladen

Schokoladeglasur

ZUBEREITUNG

- Zuerst die FÜLLE bereiten. Dafür Schlagobers aufkochen und Kuvertüre einrühren. Die Masse kurz aufmixen und so lange auskühlen lassen, bis sie dressierfähig ist.
- Für die MASSE die Butter, Zucker, Salz und Vanillezucker schaumig rühren. Eier einrühren. Mehl mit Kakao versieben und unter die Buttermasse rühren. Auf ein vorbereitetes Backblech (mit Backpapier oder Silikonmatte) mithilfe eines Spritzsacks mit glatter Lochtülle runde Plätzchen mit ca. 1 1/2 cm Durchmesser aufspritzen.
- Im vorgeheizten Rohr bei 170 °C 8–10 Minuten bei eventuell offenem Zug backen (Ofentür bleibt einen Spalt offen, indem man z. B. einen Kochlöffel zwischen Tür und Ofen klemmt; keine Dampfentwicklung) und auskühlen lassen.
- Mit einer Sterntülle auf die Hälfte der Neros die Fülle spritzen und mit der anderen Hälfte zusammensetzen oder die Hälfte mit Marmelade bestreichen und die andere Hälfte daraufsetzen. Neros in Schokoladeglasur tunken oder mit Schokoladestreifen verzieren.

BACKZEIT: 8–10 Minuten

Cremiges, Eisiges & Erfrischendes

KALTE CREMEN & TERRINEN
PARFAITS, GRANITÉS & EIS
SÄFTE & SMOOTHIES

Links: Schnelles Sauerrahmeis mit Prosecco und Ribiseln · *Rezept Seite 197*

Kalte Cremen & Terrinen

Geschmorte Marillen mit Kokoscreme

ZUTATEN (für 4 Personen)

FÜR DIE GESCHMORTEN MARILLEN

8 kleine Marillen

50 g Honig · 1/8 l Wasser

Saft von 1 Orange · 2 Stück Sternanis

1/2 Vanilleschote, der Länge nach halbiert und das Mark ausgeschabt

FÜR DEN BASILIKUMCRUMBLE

100 g Mehl · 60 g Pekannüsse

60 g Kristallzucker · 100 g Butter

1 EL gehacktes Basilikum · Salz

FÜR DIE KOKOSCREME

200 ml Kokosmilch, 130 g Topfen (20 %)

abgeriebene Schale von 1 Limette

30 g Staubzucker

250 ml Schlagobers, leicht geschlagen

ZUBEREITUNG

- Für die MARILLEN die Früchte mit einem Kochlöffel (Stiel) oder einer Pinzette entkernen und in eine kleine Wanne schichten, mit Honig, Wasser, Orangensaft, Sternanis und Vanilleschotenmark überziehen und bei 180 °C ca. 30 Minuten (je nach Reife der Marillen) garen; sollten nicht zerfallen. Dann auskühlen lassen.
- Für den CRUMBLE alle Zutaten miteinander verkneten, auf ein Backblech grob zerbröseln, dann im vorgeheizten Backrohr auf der mittleren Schiene ca. 12 Minuten goldgelb backen und auskühlen lassen.
- Für die CREME Kokosmilch, Topfen, Staubzucker und die Limettenschale glatt rühren und das leicht geschlagene Schlagobers unterheben.
- Creme in die Schüsseln füllen und mit den Marillen und dem Basilikumstreusel garnieren.

GARZEIT FÜR DIE MARILLEN: ca. 30 Minuten
BACKZEIT FÜR DEN CRUMBLE: ca. 12 Minuten

Foto rechts und Seite 4

Beeren in weißer Schokoladecreme

ZUTATEN (für 6–8 Förmchen oder backfeste Schalen)

200 g weiße Kuvertüre, klein geschnitten oder Tropfen

200 g Obers

30 g Feinkristall- oder Gelbzucker

Prise Salz

70 g weiche Butter

2 Eier

1 Dotter

ca. 500 g Erdbeeren

70 g Heidelbeeren

ZUBEREITUNG

- Obers mit Zucker und Prise Salz aufkochen, von der Kochstelle nehmen, die Schokolade sowie die Butter einrühren und so lange rühren, bis alles geschmolzen ist.
- Die Eier und Dotter verrühren und unter ständigem Rühren zur Schokolademasse geben.
- Die Erdbeeren von den Kelchen befreien und halbieren. Die Heidelbeeren verlesen. Die Masse in den Förmchen verteilen und mit den Beeren garnieren.
- Im vorgeheizten Backrohr bei ca. 165–170 °C ca. 30 Minuten backen. Abgekühlt servieren.
- Das Dessert kann auch mit anderen Beeren sowie auch ohne Früchte zubereitet werden.

BACKZEIT: ca. 30 Minuten

Couscouscreme mit Holunder

ZUTATEN (für 6 Personen)

FÜR DIE COUSCOUSCREME

50 ml Holundersirup

200 ml Orangensaft

1 Pkg. Safran

1 Vanilleschote, der Länge nach halbiert und das Mark ausgeschabt

2 Kardamom-Kapseln, zerdrückt

90 g Couscous, fein

3 Blatt Gelatine, in reichlich kaltem Wasser eingeweicht

Zesten und Saft von 1 Zitrone

50 ml Sauerrahm oder Joghurt

250 ml Schlagobers, leicht geschlagen

FÜR DEN HOLUNDERSCHAUM

100 ml Milch · 20 ml Holundersirup

FÜR DEN VANILLEKNUSPER

25 g Staubzucker

25 g Mehl · 50 g Maizena · 2 Eiklar

1 Vanilleschote, der Länge nach halbiert und das Mark ausgeschabt

Heidelbeeren zum Garnieren

ZUBEREITUNG

- Für die COUSCOUSCREME Holundersirup, Orangensaft, Safran und die Vanilleschote mit dem Mark und den Kardamom-Kapseln aufkochen. Couscous zugeben, umrühren und zugedeckt 30 Minuten ziehen lassen.
- Gelatine gut ausdrücken, im Zitronensaft mit den Zesten warm auflösen und unter die Couscousmasse rühren, Sauerrahm oder Joghurt untermischen. Vanilleschote und Kardamom entfernen, kalt rühren.
- Leicht geschlagenes Schlagobers unterheben.
- In 6 Metallförmchen oder Kaffeetassen füllen und 5 Stunden kalt stellen.
- Für den HOLUNDERSCHAUM Milch erhitzen, Holundersirup zugeben und mit dem Milchschäumer aufschäumen.
- Für den VANILLEKNUSPER alle Zutaten verrühren, Vanilleschote entfernen, in ein kleines Papierstanitzel füllen, Spitze etwas abschneiden, in 160 °C heißes Öl dressieren, goldgelb backen und abtropfen lassen.
- Förmchen in heißes Wasser tauchen, Creme aus den Formen stürzen und auf Teller geben. Mit Heidelbeeren, Holunderschaum und Vanilleknusper ausgarnieren.

Kokoscreme mit Sago und Kiwis

ZUTATEN (für 4 Personen)

FÜR DIE KOKOSCREME

400 ml ungesüßte Kokosmilch

Saft und Schale von 1 Zitrone

40 g Sagokörner

100 g Rohzucker

100 g Buttermilch

2 Bananen

Saft von 1 Zitrone

1 EL Agavensirup

2 Kiwis

ZUBEREITUNG

- Kokosmilch, Rohzucker, Saft und Schale von 1 Zitrone aufkochen und die Sagokörner zugeben, 1 Minute leicht kochen und dann 2 Stunden ziehen lassen. Auskühlen lassen.
- Buttermilch zugeben und 3 Stunden kalt stellen.
- Bananen würfeln, mit dem Zitronensaft vermischen und zur Masse geben. Vermengen und mit Agavensirup verfeinern. Creme in die Gläser füllen.
- Kiwis schälen, in Stücke schneiden und die Creme damit garnieren.

Leicht gelierte Ingwer-Teecreme mit Haselnussknusper und Walderdbeeren

ZUTATEN (für 4 Personen / 4 kleine Schüsserl oder Gläser)

FÜR DIE INGWERTEECREME

1 EL frische geschälte Ingwerscheiben

5 Pimentkörner · 40 g Kristallzucker

1 Teebeutel (z. B. Schwarztee)

2 fein geschnittene Zitronenscheiben

250 ml heißes Wasser

2–3 Blatt Gelatine, in reichlich kaltem Wasser eingeweicht

FÜR DEN HASELNUSSKNUSPER

40 g Haferflocken

120 g Haselnüsse, grob gehackt

20 g brauner Zucker · 20 ml Ahornsirup

40 ml Olivenöl

AUSSERDEM

100 ml Sauerrahm · 10 g Staubzucker

abgeriebene Schale von 1/4 Zitrone

150 g Walderdbeeren

ZUBEREITUNG

- Ingwerscheiben, Pimentkörner, Kristallzucker, Zitronenscheiben und den Teebeutel in eine Schüssel geben, mit dem heißen Wasser übergießen, ausgedrückte Gelatine zugeben, verrühren und 10 Stunden ziehen lassen. Dann durch ein Sieb gießen und die Flüssigkeit in die vier Gläser oder Schüsserl füllen, 5 Stunden kalt stellen.
- Für den HASELNUSSKNUSPER alle Zutaten in einer Schüssel miteinander vermischen, auf einem Backtrennpapier verteilen und im vorgeheizten Backrohr bei 150 °C (Ober- und Unterhitze) auf der mittleren Schiene ca. 20 Minuten backen. Auskühlen lassen.
- Sauerrahm, Staubzucker und die Zitronenschale verrühren und auf der Creme verteilen. Dann mit dem Knusper locker bestreuen und mit den Walderdbeeren belegen.

BACKZEIT: ca. 20 Minuten

Mandelmilchcreme mit Heidelbeeren

ZUTATEN (für 4 Personen)

FÜR DIE MANDELMILCHCREME

300 ml Mandelmilch

abgeriebene Schale und Saft von 1 Zitrone

50 g Rohzucker · 50 g Hafermark

150 ml Joghurt

FÜR DIE HEIDELBEEREN

250 g Heidelbeeren · 40 g Rohzucker

1 TL Butter

abgeriebene Schale und Saft von 1 Zitrone

Schuss Orangenlikör (Cointreau)

ZUBEREITUNG

- Für die MANDELMILCHCREME Mandelmilch, Zitronenschale und -saft und den Rohzucker aufkochen und das Hafermark zugeben. Einige Minuten einkochen und dann abkühlen lassen.
- Joghurt zugeben, alles miteinander vermischen und kurz kalt stellen.
- Für die HEIDELBEEREN Rohzucker in einer Pfanne schmelzen und die Butter zugeben.
- Heidelbeeren, Zitronenschale und -saft und den Orangenlikör beigeben, in der Pfanne noch schwenken und überkühlen lassen.
- Die Heidelbeeren mit der Creme in Gläser schichten.

Gestockte Creme mit Himbeeren und Buchweizencrumble

ZUTATEN
(für 4 Personen / 4 Rexgläser à 140 ml)

FÜR DIE CREME
250 ml Obers · 100 ml Milch
50 g Kristallzucker
1 Vanilleschote, der Länge nach halbiert und das Mark ausgeschabt
abgeriebene Schale von 2 Zitronen
1 Ei · 3 Eidotter

FÜR DIE HIMBEEREN
150 g Himbeeren
1 EL Mohnöl
100 ml frisch gepresster Orangensaft
2 EL Honig

FÜR DEN BUCHWEIZENCRUMBLE
50 g Buchweizen
50 g Buchweizenmehl
50 g weiche Butter
50 g brauner Zucker · 1 gute Prise Salz

Eisbegonien

ZUBEREITUNG

- Für die CREME Obers, Milch und die Vanilleschote mit Mark in einem Topf aufkochen. Ei, Eidotter und den Kristallzucker im Schneekessel verrühren, die Obersmischung unter ständigem Rühren zugeben, glatt rühren, dann durch ein Sieb gießen und die Flüssigkeit in die vier Rexgläser füllen.
- Im vorgeheizten Backrohr bei 110 °C (Ober- und Unterhitze) auf der mittleren Schiene ca. 60 Minuten backen. Herausnehmen und auskühlen lassen.
- Für die HIMBEEREN Orangensaft, Honig und das Mohnöl in einer Schüssel verrühren, dann die frischen Himbeeren vorsichtig unterheben.
- Für den BUCHWEIZENCRUMBLE den Buchweizen im Backrohr auf der mittleren Schiene bei 160 °C ca. 10 Minuten rösten, dann mit dem Cutter fein cuttern, mit den anderen Zutaten vermischen und auf ein Backtrennpapier verteilen. Im vorgeheizten Backrohr bei 160 °C (Ober- und Unterhitze) auf der mittleren Schiene ca. 20 Minuten backen.
- Die marinierten Himbeeren und die Eisbegonien auf der gestockten Creme verteilen, mit dem Buchweizencrumble garnieren.

BACKZEIT: ca. 60 Minuten für die Creme, ca. 30 Minuten für den Crumble

Foto rechts

Lavendel-Vanille-Pfirsich mit Joghurt

ZUTATEN (FÜR 4 PERSONEN)
4 reife Pfirsiche · 500 ml Weißwein
1 Vanilleschote, halbiert und das Mark ausgeschabt
5 Lavendelzweige · 1/2 l Wasser
1 Zitrone, in Scheiben geschnitten

2 Becher (400 g) griechisches Joghurt (10 %)
80 g Honig

ZUBEREITUNG

- Die Pfirsiche kreuzweise einschneiden und in kochendem Wasser ca. 1 Minute kochen lassen, bis sich die Haut ablöst, dann kalt abschrecken und die Haut abziehen. Das ist die feine Variante, aber es ist auch möglich, die Pfirsiche mit der Schale zu servieren.
- Weißwein, Vanilleschote und -mark, Lavendel, Wasser und die Zitronenscheiben aufkochen und die abgezogenen Pfirsiche darin ca. 20 Minuten leicht köcheln lassen, bis sie weich sind, dann über Nacht ziehen lassen, so kann sich der Geschmack noch besser entwickeln.
- Das Joghurt mit dem Honig vermischen und mit den Pfirsichen servieren.

Kokosschaum mit frischen einheimischen Waldheidelbeeren

ZUTATEN (für 4 Personen)

FÜR DEN KOKOSSCHAUM

200 ml Schlagobers

50 g Kristallzucker

abgeriebene Schale von je 1 Zitrone und Orange

200 g ungesüßte Kokosmilch

2 Scheiben Ingwer

2 Stangen Zitronengras, fein geschnitten

FÜR DIE WALDHEIDELBEEREN

250 g gemischte Waldheidelbeeren

Saft von 1 Zitrone

FÜR DEN HAFERKNUSPER

50 g Butter

50 g Ahornsirup

70 g Haferflocken

50 g Mehl, glatt

20 g Kokosette

abgeriebene Schale von 1 Zitrone

1 Msp. Natron

Glockenblumen, Zitronentagetes

ZUBEREITUNG

- Für den KOKOSSCHAUM Schlagobers, Kristallzucker, Zitronen- und Orangenschale, Kokosmilch, Ingwerscheiben aufkochen, beiseitestellen, dann 30 Minuten ziehen lassen.
- Durch ein Sieb gießen und am besten über Nacht, aber mindestens 6 Stunden kalt stellen.
- Für die WALDHEIDELBEEREN die Früchte gut waschen und verlesen, dann gut abtropfen lassen und in einer Schüssel mit dem Zitronensaft vermischen.
- Für den HAFERKNUSPER Butter und Ahornsirup leicht erhitzen, bis die Butter geschmolzen ist. Dann alle anderen Zutaten zugeben, locker auf ein Backblech mit Backtrennpapier verteilen und im vorgeheizten Backrohr bei 170 °C (Ober- und Unterhitze) auf der mittleren Schiene ca. 15–20 Minuten backen.
- Den Kokosschaum im Schneekessel einige Minuten cremig schlagen, in Schüsserln verteilen und mit den Beeren und dem Knusper anrichten.
- Mit Glockenblumen und Zitronentagetes dekorieren.

BACKZEIT: ca. 15–20 Minuten

Foto links

Schokoladecreme mit Sojamilch und Marillen

ZUTATEN (für 4 Personen)

FÜR DIE SCHOKOLADECREME MIT SOJAMILCH

250 ml Sojamilch · 30 g Rohzucker

200 g Bitterkuvertüre, grob gehackt

250 g Sojaschlagobers, geschlagen

FÜR DIE MARILLEN

250 g Marillen, entkernt

40 g Rohzucker · Saft von 1 Zitrone

ZUBEREITUNG

- Sojamilch und Rohzucker aufkochen, die grob gehackte Bitterkuvertüre zugeben, dann schmelzen lassen und glatt rühren. Auskühlen lassen und das leicht geschlagene Schlagobers unterheben, gut miteinander verschlagen.
- Marillen feinwürfelig schneiden und mit dem Rohzucker und dem Zitronensaft vermischen, 10 Minuten beiseitestellen.
- Creme in Gläser füllen und mit den Marillen auffüllen.

Zitronencreme mit Mohnölkuchen und Erdbeeren

ZUTATEN (für 4 Personen)

FÜR DIE ZITRONENCREME

3 Blatt Gelatine, in reichlich kaltem Wasser eingeweicht

200 g Zitronensaft

70 g Kristallzucker

1 Ei · 2 Eidotter

90 g Butter, in kleine Stücke geschnitten

FÜR DEN MOHNÖLKUCHEN

1 Ei · gute Prise Salz

1 Pkg. Vanillezucker

80 g Kristallzucker

abgeriebene Schale von 1/2 Zitrone

90 g Joghurt (3,6 %)

100 g Mehl, glatt

2 g Backpulver · 80 ml Mohnöl

100 g frische Erdbeeren, halbiert

frische Minze

ZUBEREITUNG

- Für die ZITRONENCREME Zitronensaft, Kristallzucker, Eidotter und das Ei im Topf unter ständigem Rühren auf 82 °C erhitzen (zur Rose abziehen, es bildet sich so die Creme). Dann durch ein Sieb streichen und in einen Schneekessel umfüllen. Gelatine gut ausdrücken und in die noch heiße Masse geben. Auf 40 °C abkühlen lassen.
- Die Butter mit dem Handmixer einrühren und noch ca. 3 Minuten lang rühren. Ca. 3 Stunden kalt stellen.
- Für den MOHNÖLKUCHEN Ei, Salz, Vanillezucker und die Zitronenschale mit dem Kristallzucker dickcremig schlagen (ca. 3 Minuten mit dem Handmixer). Das Joghurt untermischen. Mehl und Backpulver versieben und ebenso untermischen, dann das Mohnöl unterheben.
- Ein Backblech oder eine andere Form mit Backtrennpapier auslegen. Die Masse benötigt nur ein halbes Backblech, am besten mit Alufolie abtrennen.
- Masse ca. 7 mm dünn auftragen, eventuell etwas glatt streichen.
- Im vorgeheizten Backrohr bei 180 °C (Ober- und Unterhitze) auf der mittleren Schiene ca. 12 Minuten backen. Garprobe machen.
- Den ausgekühlten Kuchen in kleine, 1 cm große Würfel schneiden.
- Die Zitronencreme in einen Dressiersack mit glatter Tülle füllen, auf die Teller Kreise dressieren, mit dem geschnittenen Kuchen und reifen frischen Erdbeeren belegen und mit Minze garnieren.

BACKZEIT: ca. 12 Minuten

Patisseriecreme

Dieses Rezept stammt von Anneliese Wartha

ZUTATEN

500 ml Milch

80 g Feinkristall- od. Gelbzucker

10 g Vanillezucker · Prise Salz

evtl. etwas unbehandelte Zitronen- oder Orangenschale

3 Eidotter

60 g glattes Weizenmehl

30 g weiche Butter

ZUBEREITUNG

- Dotter und Zucker schaumig rühren, alle Zutaten bis auf die Butter dazugeben. In einem Topf unter ständigem Rühren aufkochen und mindestens 2–3 Minuten kochen lassen. Beim Überkühlen immer wieder umrühren, dann die Butter einrühren.
- Als GESCHMACKSTRÄGER eignen sich u. a.: Kirschschnaps · Rum · geschmolzene Schokolade oder Kuvertüre · geschmolzenes Nougat, Haselnusspaste · Orangenpaste mit Grand Marnier · Erdbeermark, geriebenes Krokantpulver · Kaffeepaste oder Kaffeelikör · Nougat- oder Nusslikör · Marillenmarmelade und -brand · Kokosflocken · klein gehackte, kandierte Ananas · Orangenmarmelade mit Cointreau · Amarenakirschsauce · Preiselbeermarmelade · Pfefferminzlikör oder -paste · Löskaffee mit Kaffeelikör · Weichselmarmelade mit Kirschschnaps · gemahlener Zimt · Powidlmarmelade mit Zwetschkenschnaps · getrocknete Apfelringe mit Apfellikör · Himbeermarmelade mit Himbeerschnaps · fein gesiebter Kakao

Maronikuchen · Maronicreme · Mango

ZUTATEN
(für 4 Personen / für 1/2 Blech)

FÜR DEN MARONIKUCHEN
250 g Maronipüree, gesüßt
1 Vanilleschote, der Länge nach halbiert und das Mark ausgeschabt
120 g weiche Butter · Prise Salz
3 Eier · 2 EL Speisestärke
170 g Bitterkuvertüre (70 %)
60 g Kristallzucker · 1 EL Amaretto

FÜR DIE MARONICREME
100 ml Milch
250 g Maronipüree · 40 g Kristallzucker
Schale und Saft von 1 Orange
3 Blatt Gelatine, in reichlich kaltem Wasser eingeweicht
150 ml Schlagobers, leicht geschlagen

FÜR DIE MANGO
100 ml Weißwein
20 g Kristallzucker
ca. 200 g frische Mangostücke
1 TL Maizena, mit 2 EL Wasser vermischt

ZUBEREITUNG
- Für den MARONIKUCHEN Backblech mit Backtrennpapier auslegen. Die Eier trennen. Kuvertüre grob hacken, in einem Schneekessel über dem Wasserbad schmelzen, die Butter einrühren, cremig schlagen, dann das Maronipüree und den Amaretto zugeben.
- Eidotter und die Speisestärke schaumig schlagen, zugeben und unter die Maronimasse heben.
- Eiklar, Prise Salz, Vanilleschotenmark und den Kristallzucker zu einer cremigen Schneemasse schlagen und unter die Maronimasse heben.
- Maronimasse auf das Backtrennpapier 2 cm dick aufstreichen, glatt streichen, im vorgeheizten Backrohr bei 180 °C (Ober- und Unterhitze) auf der mittleren Schiene ca. 15 Minuten backen und auskühlen lassen. In beliebige kleine Stücke schneiden.
- Für die MARONICREME Milch, Orangenschale und -saft und den Kristallzucker aufkochen und das Maronipüree zugeben, glatt rühren, dann die ausgedrückte Gelatine in der heißen Masse auflösen und kalt rühren. Das leicht geschlagene Schlagobers unterheben.
- Auf Backtrennpapier 2 cm hoch aufstreichen und in den Kühlschrank oder (noch besser) Tiefkühler geben. In Quadrate (3 x 3 cm) schneiden.
- Für die MANGO Kristallzucker in einer Pfanne karamellisieren, dann die Mangostücke zugeben, schwenken, Weißwein dazugießen, aufkochen, mit etwas Maizenamischung abbinden und einige Stunden ziehen lassen. Maronikuchenstücke auf die Teller verteilen, die Maronicremestücke daraufgeben und mit den Mangostücken garnieren.

BACKZEIT: ca. 15 Minuten

Bananen-Topfen-Creme

Dieses Rezept stammt von Andrea Dechant, Scharnstein

ZUTATEN (für ca. 8 Gläser à 120 g)
3 Eidotter · 20 g Vanillezucker
je 50 g Feinkristallzucker und Honig
etwas Schale einer unbehandelten Zitrone oder Orange, ersatzweise Zitronen- oder Orangenzucker
40 ml Wasser, Weißwein oder Most
250 g Topfen (20 %)
30 ml Zitronen- oder Limettensaft
10 g Vanillezucker · 120 g pürierte Banane
30 ml Batida de Coco · 3 Blatt Gelatine
250 ml Obers

ZUBEREITUNG
- Gelatine ca. 10 Minuten in kaltem Wasser einweichen.
- Dotter mit Vanillezucker schaumig rühren. Zucker mit Honig, Zitronenschale und Wasser, Wein oder Most auf 120 °C kochen (Thermometer benutzen), in die Dottermasse einlaufen lassen. Gelatine ausdrücken, in der Masse auflösen und kalt rühren. Topfen mit Banane, Vanillezucker, Zitronensaft und Batida de Coco vermischen, Obers cremig aufschlagen und unterheben.
- In Gläser füllen und mit frischen Früchten oder Kompott servieren.

Rote-Rüben-Creme mit Schokoladekuchen

ZUTATEN (für 4 Personen)

FÜR DEN SCHOKOLADEKUCHEN

100 g sehr weiche Butter

70 g Kristallzucker

2 Eier

40 g Mehl, glatt

150 g Schokolade (70 % Kakaoanteil), zerlassen, lauwarm (ca. 35 °C)

FÜR DIE ROTEN RÜBEN

100 g gekochte Rote Rüben

etwas Ingwer, fein gehackt

100 g Rote-Rüben-Saft

20 g Kristallzucker

Saft von 1/2 Zitrone

FÜR DIE ROTE-RÜBEN-CREME / CANACHE

200 ml Rote-Rüben-Saft

1 TL Himbeeressig

30 g Kristallzucker

250 g Bitterkuvertüre, fein gehackt

FÜR DIE APFELWÜRFEL

1 Apfel, in kleine Würfel geschnitten

1 EL Butter

1 EL brauner Zucker

Saft von 1 Zitrone

FÜR DIE DEKO

Kokosraspeln

essbare Blüten

ZUBEREITUNG

- Für den SCHOKOLADEKUCHEN Butter und Zucker mit dem Handrührgerät 5 Minuten schaumig schlagen. Die Eier gut miteinander verschlagen und ganz langsam mit dem Mehl einrühren.
- Schokolade unterheben, Masse auf ein Backblech mit Backtrennpapier streichen (2 cm hoch). Im vorgeheizten Backrohr bei 180 °C (Ober- und Unterhitze) auf der mittleren Schiene ca. 12 Minuten backen. Auskühlen lassen.
- Für die ROTEN RÜBEN Rüben-Saft, Ingwer, Kristallzucker und den Zitronensaft aufkochen und die klein geschnittenen Roten Rüben zugeben. Kurz einkochen und auskühlen lassen.
- Für die CREME Himbeeressig, Rote-Rüben-Saft und Kristallzucker ca. 5 Minuten einkochen lassen, dann die fein gehackte Bitterkuvertüre zugeben und kurz rasten lassen. Dann nochmals mit dem Stabmixer pürieren, 2 Stunden kalt stellen, dann glatt rühren. Die Konsistenz sollte cremig glänzend sein; wenn die Creme zu kalt ist, etwas erwärmen.
- Für die APFELWÜRFEL Butter in einer Pfanne schmelzen und den braunen Zucker darin kurz schwenken, dann die Apfelstücke zugeben, schwenken und den Zitronensaft dazugießen; nochmals schwenken und lauwarm servieren.
- Schokoladekuchen in 2 x 7 cm große Rechtecke schneiden und auf die Teller geben. Die Rote-Rüben-Creme in einen Dressiersack mit glatter Tülle 5 cm füllen und auf die Schokoladekuchenstücke dressieren.
- Mit den Rote-Rüben-Stücken, Kokosraspeln, Blüten und dem Apfelkompott garnieren.

BACKZEIT FÜR DEN KUCHEN: ca. 12 Minuten

Vanille-Lavendel-Creme mit Pfirsich und Brombeeren

ZUTATEN (für 6 Personen)

FÜR DIE VANILLE-LAVENDEL-CREME

500 g Milch · 125 g Zucker · 2 Dotter

60 g Cremepulver

1 Vanilleschote, der Länge nach halbiert und das Mark ausgeschabt

250 g Schlagobers, leicht geschlagen

3 Lavendelstangen

FÜR DEN GEBRATENEN PFIRSICH

6 reife Pfirsiche · 1/8 l Wasser

Saft von 1 Zitrone · 2 EL Ahornsirup

1 Vanilleschote, der Länge nach halbiert und das Mark ausgeschabt

etwas Öl für die Pfanne

FÜR DEN MACADAMIAKNUSPER

40 g Haferflocken

100 g Macadamianüsse, grob gehackt

20 g Pinienkerne · 20 g brauner Zucker

20 ml Ahornsirup · 40 ml Olivenöl

ca. 100 g halb. Brombeeren · Lavendelblüten

ZUBEREITUNG

- Für die CREME den Lavendel mit kaltem Wasser waschen, mit der Milch aufkochen und über Nacht im Kühlschrank ziehen lassen. Lavendel aus der Milch nehmen, die Vanilleschote der Länge nach aufschneiden, mit einem kleinen Messer das Mark auskratzen und zusammen mit der leeren Schote in 3/8 l Milch mit Zucker aufkochen.
- 1/8 l Milch, Cremepulver und Dotter glatt rühren, in die kochende Milch einrühren und unter ständigem Rühren kurz durchkochen. In eine Schüssel gießen und kalt rühren.
- Das Schlagobers unter die Vanille-Lavendel-Creme heben. Creme kalt stellen.
- Pfirsiche halbieren, entkernen und eine Grillpfanne mit Öl erhitzen. Dann die Pfirsiche einlegen und braun braten.
- Mit Zitronensaft, Ahornsirup, Wasser, Vanilleschote und -mark ablöschen, kurz einkochen lassen und beiseitestellen.
- Für den MACADAMIAKNUSPER alle Zutaten in einer Schüssel miteinander vermischen, auf ein Backtrennpapier geben und im vorgeheizten Backrohr bei 150 °C (Ober- und Unterhitze) auf der mittleren Schiene ca. 20 Minuten backen. Auskühlen lassen.
- Creme in Schüsserln füllen, Pfirsiche darauf verteilen und mit Brombeeren, Macadamiaknusper und Lavendelblüten garnieren.

BACKZEIT FÜR DEN MACADAMIAKNUSPER: ca. 20 Minuten

Foto links

Weincreme mit warmen Weintrauben

ZUTATEN (für ca. 8–10 Gläser oder Formen)

FÜR DIE CREME

250 ml Weißwein, am besten Gewürztraminer

etwas Zimt, gemahlen, oder 1 Zimtstange

70 g Feinkristall-, Gelb-, Roh- oder Rohrzucker

10 g Orangenschale, unbeh., fein gerieben

Prise Salz · 3 Dotter (ca. 60 g) · 250 g Obers

3 Blatt Gelatine, ca. 10 Minuten in kaltem Wasser eingeweicht

FÜR DIE WARMEN TRAUBEN

ca. 150 g kernlose Trauben

1 TL Butter · 50 g Feinkristallzucker

Prise Zimt · 100 ml Weißwein

100 g geriebene Zartbitterkuvertüre zum Garnieren

ZUBEREITUNG

- Für die CREME Wein, Zucker, Zimt, Orangenschale und Salz vermengen, aufkochen, ca. 10 Minuten ziehen lassen und abseihen.
- Nochmals erhitzen und die Eidotter bei laufendem Mixstab in die Masse gut einmixen.
- Ausgedrückte Gelatine in der heißen Masse auflösen und leicht abkühlen lassen.
- Kurz vor dem Abstocken Schlagobers cremig aufschlagen und behutsam untermengen.
- Die Creme in Gläser oder Formen füllen und mindestens 2 Stunden kühl stellen.
- Für die TRAUBEN die Butter in einer Pfanne mit Zucker und Zimt vermengen, mit Wein aufgießen und einkochen lassen. Trauben beimengen und ca. 2–3 Minuten darin kochen.
- Die Weincreme mit Zartbitterkuvertüre garnieren und mit den Trauben als Beigabe servieren.

Weiße Schokolademousse mit Melonen-Papaya-Salat

ZUTATEN (für 4 Personen)

FÜR DIE MOUSSE

130 g weiße Kuvertüre

1 Blatt Gelatine, in reichlich kaltem Wasser eingeweicht

1 Ei

1 EL Orangenlikör

250 ml Schlagobers, leicht geschlagen

FÜR DEN MELONEN-PAPAYA-SALAT

1/4 Honigmelone

1/2 Papaya

Saft von 1/2 großen Orange

1 EL Olivenöl oder Nussöl

1 EL Honig

1/2 TL Rosmarin, fein gehackt

essbare Blüten zum Garnieren

Mürbteigreste

ZUBEREITUNG

- Für die SCHOKOLADEMOUSSE Kuvertüre fein hacken und über einem Wasserbad langsam auflösen. Ei über einem Wasserbad dickcremig aufschlagen, so lange, bis die Masse an Volumen zugenommen hat und ca. 70 °C warm ist.
- Orangenlikör mit der gut ausgedrückten Gelatine in die Eimasse geben und darin auflösen, Kuvertüre unterrühren und die Masse gut verschlagen. Lauwarm abkühlen lassen, dann 2 EL leicht geschlagenes Schlagobers unterheben. Verrühren, das restliche Schlagobers unter die Masse heben und die Mousse in eine Schüssel füllen. Zudecken und mindestens 6 Stunden kalt stellen.
- Für den MELONEN-PAPAYA-SALAT die Melone und die Papaya von der Schale befreien, entkernen und in kleine Würfel schneiden, dann mit den restlichen Zutaten vermischen und auf Teller geben.
- Löffel in heißes Wasser tauchen und Nockerl stechen, auf dem Früchteragout verteilen und mit Blüten und Mürbteigresten garnieren.

Foto rechts

Zitronen-Erdbeercreme mit Schokolademikados

ZUTATEN (für 4 Personen)

FÜR DIE ZITRONEN-ERDBEERCREME

180 ml Milch

350 ml Schlagobers, leicht geschlagen

100 g Kristallzucker

3–4 Blatt Gelatine, in reichlich kaltem Wasser eingeweicht

Schale und Saft von 2 Zitronen

400 g Erdbeeren, klein geschnitten

4 cl Aperol

FÜR DIE SCHOKOLADEMIKADOS

40 g sehr weiche Butter

40 g gesiebter Staubzucker

1 flüssiges Eiklar

30 g Mehl, glatt

15 g Kakao

ZUBEREITUNG

- Für die ZITRONEN-ERDBEERCREME die Milch, die Hälfte des Schlagobers und den Kristallzucker aufkochen. Die gut ausgedrückte Gelatine, Zitronenschale und -saft zugeben, glatt rühren und die Masse kalt rühren.
- Das restliche leicht geschlagene Schlagobers unterheben.
- Erdbeeren waschen und in kleine Stücke schneiden, mit dem Aperol vermischen, abwechselnd mit der Creme in Gläser füllen und 4 Stunden kalt stellen.
- Für die SCHOKOLADEMIKADOS Butter mit Staubzucker schaumig rühren. Eiklar zugeben und glatt rühren. Mehl mit Kakao versieben, einrühren und glatt rühren.
- Die Masse in einen Dressiersack mit ganz kleiner Lochtülle füllen und Wellen auf ein Backtrennpapier dressieren.
- Im vorgeheizten Backrohr bei 180 °C ca. 10 Minuten auf der mittleren Schiene backen.
- Die Mikados als Abschluss auf die Gläser legen.

BACKZEIT: ca. 10 Minuten

Crème brûlée mit Kirschen

ZUTATEN (für ca. 8 Portionen)

500 g Obers · 100 g Milch
10 g Vanillezucker · 2 Eier · 2 Dotter
120 g Feinkristall- oder Gelbzucker
20 g Kirschschnaps od. beliebiger Alkohol
Prise Salz

FÜR DAS KIRSCH- ODER FRÜCHTEKOMPOTT

500 g Rotwein · 230 g Feinkristallzucker
50 g brauner Zucker
etwas Pfeffer, gemahlen
Zimtstange, ca. 2 g
ca. 400 g Kirschen (oder andere Früchte)

ZUM ANRICHTEN

80 g brauner Zucker

ZUBEREITUNG

- Milch, Obers und Vanillezucker aufkochen. In der Zwischenzeit die Eier, Dotter, Salz und Zucker cremig aufschlagen.
- Die heiße Milch-Obers-Mischung zugeben und mit dem Schnaps abschmecken. Die Creme nicht schaumig rühren. Eventuell durch ein Sieb passieren. In Formen (ca. 10 cm Ø) füllen und im vorgeheizten Backrohr im Wasserbad (ein bis zwei Finger hoch befüllt) bei ca. 140 °C ca. 30 Minuten garen.
- Für das KOMPOTT Wein mit den restlichen Zutaten außer den Kirschen in einem Topf auf 105 °C erhitzen, die Kirschen zugeben, den Topf vom Herd nehmen und die Kirschen ca. 12 Stunden zugedeckt marinieren lassen.
- Vor dem Servieren die Creme mit braunem Zucker bestreuen und unter dem Salamander oder mit dem Heißbrenner karamellisieren.

GARZEIT: ca. 30 Minuten

Marillen-Grießflammeri mit Pistazienerde

ZUTATEN
(für 6 Portionen / 6 Dariolformen à 135 ml)

FÜR DEN GRIESSFLAMMERI

250 ml Milch
20 g Butter
abgeriebene Schale von je 1/2 unbehandelten Orange und Zitrone
40 g feiner Dinkelgrieß
3 Blatt Gelatine, in reichlich kaltem Wasser eingeweicht
3 Eiklar
60 g Kristallzucker
150 g frische, sehr reife Marillen

FÜR DIE PISTAZIENERDE

50 g Pistazien, gehackt
20 g Butterwürfel
15 g Zucker
10 g Mehl

ZUBEREITUNG

- Für den FLAMMERI Förmchen (Puddingformen aus Plastik oder Metallformen) mit kaltem Wasser ausspülen und kühl stellen.
- Milch mit Butter und abgeriebener Orangen- und Zitronenschale aufkochen. Grieß unter ständigem Rühren einrieseln lassen und bei schwacher Hitze ca. 2 Minuten köcheln. Ausgedrückte Gelatine in der warmen Masse auflösen.
- Eiklar mit Kristallzucker zu cremigem Schnee schlagen, unter die leicht kochende Masse heben und im Geschirr kurz abrühren (dauert ca. 20 Sekunden). Marillen in kleine Würfel bzw. Stücke schneiden und unter die Creme heben.
- Masse in die vorbereiteten Förmchen füllen, mit Frischhaltefolie zudecken und zum Festwerden kühl stellen (ca. 4 Stunden).
- Förmchen kurz in heißes Wasser tauchen, Flammeri auf Teller stürzen und die Förmchen abheben.
- Für die PISTAZIENERDE alle trockenen Zutaten gut miteinander verrühren und anschließend die kalten Butterwürfel rasch einkneten. Die Erde auf einem Backtrennpapier locker verbröseln und im vorgeheizten Backrohr bei 180 °C (Ober- und Unterhitze) ca. 15 Minuten auf der mittleren Schiene goldgelb backen; auskühlen lassen.
- Am besten mit Marillensauce und Marillen servieren.

BACKZEIT FÜR DIE PISTAZIENERDE: ca. 15 Minuten

Grießflammeri mit Balsamico-Erdbeeren

ZUTATEN

500 ml Milch

1 aufgeschnittene Vanilleschote

1/2–1 Zimtstange · 80–100 g Zucker

80 g Grieß · 4 Blatt Gelatine

etwas Orangen- und Zitronensaft sowie -schale

500 ml Schlagobers

FÜR DIE ERDBEEREN

200 g Erdbeeren

1 EL Zucker

1 EL sehr guter Balsamicoessig

Pfeffer aus der Mühle

ZUBEREITUNG

- Gelatine in kaltem Wasser einweichen. In einem Topf die Milch mit Vanilleschote, Zimtstange und Zucker erwärmen. Grieß unter ständigem Rühren einrieseln und aufkochen lassen. Zu dicklicher Konsistenz einkochen lassen. Vom Herd nehmen, Vanilleschote und Zimstange entfernen und die eingeweichte Gelatine darin auflösen.
- Nun Schale sowie Saft der Zitrone und Orange einrühren. Abkühlen lassen. Inzwischen das Obers schlagen. Erst kurz bevor die Masse zu stocken beginnt das geschlagene Obers unterheben.
- In kleine Formen oder in eine mit Frischhaltefolie ausgelegte Terrinenform füllen und ca. 3 Stunden kühl stellen.
- Für die BALSAMICOERDBEEREN die Beeren nach Belieben zerkleinern, dann mit Zucker, Balsamicoessig und einer kleinen Prise frisch gemahlenem Pfeffer abschmecken.
- Flammeri stürzen, Folie abziehen und mit den Beeren garnieren.

KOCHZEIT: einige Minuten

Karamellmousse im Glas mit Granola

ZUTATEN (für 6 Personen)

FÜR DIE KARAMELLMOUSSE

1 Vanilleschote, der Länge nach halbiert und das Mark ausgeschabt

500 ml Milch

120 g Kristallzucker · 20 g Butter

4 Blatt Gelatine, in reichlich kaltem Wasser eingeweicht

2 Eier · 1 Eidotter

250 ml Schlagobers, leicht geschlagen

FÜR DAS GRANOLA

50 g Haferflocken

50 g Sonnenblumenkerne

60 g Kürbiskerne

40 g Walnüsse, grob zerbröselt

2 Reiswaffeln, zerbröselt

70 ml Sonnenblumenöl

2 EL Honig · 30 g Rohzucker

20 ml Ahornsirup · 1 TL Rum

1 Granatapfel, Kerne ausgelöst

ZUBEREITUNG

- Für die KARAMELLMOUSSE Milch und die Vanilleschote mit dem Mark in einem Topf aufkochen.
- In einer Pfanne 70 g Kristallzucker langsam zu goldbraunem Karamell schmelzen lassen. Von der Flamme nehmen und die Butter unterrühren. Die noch warme Vanillemilch dazugießen und alles auf ganz kleiner Flamme noch so lange kochen lassen, bis sich der Karamell vollständig aufgelöst hat. In einer Schüssel die Eier, den Eidotter und den restlichen Kristallzucker sehr gut verrühren, aber nicht aufschlagen.
- Die Milch unter Rühren langsam zur Eiercreme gießen. Alles in einen Topf oder Kessel über Wasserbad geben und zur Rose abziehen (82 °C, Masse darf nicht kochen). Die Creme soll dabei leicht binden; die Vanilleschote entfernen. Sofort durch ein feines Sieb in eine Schüssel umgießen, damit die Eier nicht gerinnen! Gelatine gut ausdrücken und in der heißen Masse auflösen. So lange kühl stellen, bis die Creme am Rand entlang zu gelieren beginnt.
- Schlagobers, leicht geschlagen, unterheben. Kurz kalt stellen.
- Für das GRANOLA Öl, Honig, Rohzucker, Ahornsirup und den Rum aufkochen und die Getreidemischungen zugeben. Alles miteinander verrühren und auf ein Backtrennpapier locker aufstreichen. Dann bei 160 °C ca. 15 Minuten goldgelb backen und auskühlen lassen.
- Mit der Creme abwechselnd in die Gläser füllen und mit Granatapfelkernen servieren.

BACKZEIT FÜR DAS GRANOLA: ca. 15 Minuten

Himbeerkaltschale

ZUTATEN (für 4 Personen)

FÜR DIE HIMBEERKALTSCHALE

500 ml Milch

100 g Marzipan, klein geschnitten

1 EL Himbeergeist · 250 g TK-Himbeeren

20 g Kristallzucker · 125 g frische Himbeeren

Saft von 1 Zitrone

Himbeeren zum Ausgarnieren

FÜR DAS ZITRONEN-SHORTBREAD

50 g Staubzucker · 70 g weiche Butter

100 g glattes Mehl

abgeriebene Schale von 1 Bio-Zitrone

Prise Salz

Mehl für die Arbeitsfläche

ZUBEREITUNG

- Für das SHORTBREAD Zucker und Butter in einer großen Schüssel verkneten.
- Mehl mit Zitronenschale und Salz vermischen und langsam (nicht auf einmal) unter die Buttermasse mischen, bis ein geschmeidiger Teig entsteht. 30 Minuten kalt stellen.
- Auf einer bemehlten Arbeitsfläche den Teig 1 cm dick ausrollen, mit einem runden Ausstecher (2 cm Ø) ausstechen, auf ein Backblech legen, bei 150 °C Umluft ca. 20 Minuten backen.
- Für die KALTSCHALE Milch und Marzipan aufkochen, tiefgekühlte Himbeeren und die restlichen Zutaten zugeben und mit dem Stabmixer fein pürieren; auskühlen lassen.
- In die Schalen füllen, mit frischen Himbeeren garnieren und mit dem Shortbread servieren.

BACKZEIT: ca. 20 Minuten

Foto links

Kaffeemus im Glas

ZUTATEN (für ca. 8 Gläser)

FÜR DAS KAFFEEMUS

120 g klein geschnittene weiße Kuvertüre

1 EL (ca. 4 g) löslicher Kaffee, z. B. Nescafé

ca. 2 EL Wasser · 2 Dotter

1 Blatt Gelatine, ca. 10 Minuten in kaltem Wasser eingeweicht

20 g Vanillezucker · 20 ml Whiskey

250 ml Obers

FÜR DAS KAFFEEGELEE

40 g brauner Zucker · 40 ml Whiskey

1 EL Honig · 150 ml starker Kaffee

1/2 TL Nescafé, ersatzweise Kaffeesirup

2 Blatt Gelatine, ca. 10 Minuten in kaltem Wasser eingeweicht

Schokoladeblättchen und Kakaopulver zum Garnieren

ZUBEREITUNG

- Die Kuvertüre in einer Metallschüssel über einem Wasserbad schmelzen.
- Den Löskaffee in 2 EL heißem Wasser auflösen.
- 50 ml Obers erhitzen, von der Kochstelle nehmen, den Mixstab hineinstellen und bei laufendem Mixstab die Dotter einmixen.
- Ausgedrückte Gelatine darin auflösen und mit Vanillezucker und Whiskey vermengen.
- Restliches Obers cremig-steif aufschlagen und vor dem Abstocken zur Grundcreme rühren. Das Mus in die Gläser füllen und ca. 2 Stunden kalt stellen.
- Für das KAFFEEGELEE den Zucker mit Whiskey erwärmen, ausgedrückte Gelatine darin auflösen und mit den restlichen Zutaten verrühren.
- Das etwas überkühlte Kaffeegelee vor dem Gelieren mit einem Löffel dünn auf das Mus auftragen, dann nochmals kühl stellen.
- Dazu passt sehr gut Vanille- oder Bananeneis.
- Mit Schokoladeblättchen und Kakaopulver garnieren
- Will man das Mus stürzen, 2–3 Blatt Gelatine einrühren.

Kirschendessert mit Joghurteis

ZUTATEN (für 4 Personen)

FÜR DEN KIRSCHENKUCHEN

200 g weiche Butter
160 g Staubzucker
4 Dotter
gute Prise Salz
200 g geriebene Walnüsse
200 g geriebene Schokolade
2 EL Semmelbrösel
4 Eiklar
40 g Kristallzucker
250 g entkernte Kirschen, halbiert

FÜR DAS SCHNELLE JOGHURTEIS

250 g Joghurt
Saft und Schale von 1 Zitrone
50 g Staubzucker
100 ml Schlagobers, leicht geschlagen

100 g Ribiseln

ZUBEREITUNG

- Für den KIRSCHENKUCHEN Butter, Staubzucker und das Salz schaumig schlagen, dann die Eidotter zugeben.
- Eiklar und den Kristallzucker zu einer cremigen Schneemasse schlagen und unter die Buttermasse heben, dann die Walnüsse, Schokolade und die Brösel unterheben.
- Die Masse auf ein mit Backtrennpapier ausgelegtes Backblech 1 cm hoch aufstreichen, locker mit den halbierten Kirschen belegen und im vorgeheizten Backrohr bei 180 °C (Ober- und Unterhitze) auf der mittleren Schiene ca. 15–20 Minuten backen. Auskühlen lassen.
- Für das JOGHURTEIS Joghurt, Staubzucker, Zitronensaft und -schale vermengen und das leicht geschlagene Schlagobers unterheben, dann in ein Gefäß füllen und über Nacht kalt stellen.
- Am nächsten Tag in grobe Stücke schneiden, im Cutter nach und nach zu einer cremigen Eismasse verrühren, dann den Kuchen in Stücke schneiden und mit dem Eis und den Ribiseln servieren.

BACKZEIT: ca. 15–20 Minuten

Orangen-Tiramisu

ZUTATEN (für 4–6 Personen)

ca. 200 g Biskotten, je nach Größe der Gläser

FÜR DIE CREME

500 g Mascarpone
80 g Staubzucker
3 Eier, getrennt
Schale und Saft von 2 Orangen

AUSSERDEM

250 ml frischer Kaffee
40 g Kristallzucker
1 EL Tia Maria oder Rum

Kakao zum Bestreuen
Orangenfilets von 2 Orangen

ZUBEREITUNG

- Für die CREME die Eier trennen und einen Eidotter mit 1/3 des Staubzuckers dickcremig schlagen. Mascarpone, Orangensaft und -schale untermischen.
- Die Eiklar und den restlichen Staubzucker zu Schnee schlagen und mit den restlichen Eidottern und dem Mascarpone vermischen.
- Kaffee und Kristallzucker aufkochen und mit dem Tia Maria oder dem Rum verrühren. Die Biskotten in der Kaffeeflüssigkeit tränken, eventuell halbieren und mit der Creme abwechselnd in die Gläser schichten. 2 Stunden kalt stellen, dann noch mit Orangenfilets garnieren und mit Kakao bestreuen.

Tiramisu

Dieses Rezept stammt von Andrea Dechant, Scharnstein

ZUTATEN (für 4 Gläser oder Whiskytumbler)

100 g Biskotten

125 ml starker Kaffee

20 ml Kaffeelikör

10 g Vanillezucker

150 g Mascarpone · 50 g Obers

40 g Honig · 20 ml Amaretto

etwas Kakaopulver zum Bestreuen

ZUBEREITUNG

- Die Biskotten mit dem gezuckerten und mit Kaffeelikör verfeinerten Kaffee tränken. Anschließend je 2 1/2 Stück in ein Glas oder einen Tumbler geben und die Gläser ca. 1–2 Stunden kühl stellen.
- Mascarpone mit Obers, Honig, Vanillezucker und dem Amaretto in einer Schüssel glatt abrühren. Die Masse sollte nicht zu dick sein. Bei Bedarf noch etwas Obers einrühren.
- Die Creme in den Gläsern verteilen, ca. 1–2 Stunden kühl stellen und zum Servieren mit Kakao bestreuen.
- Eventuell mit frischen Beeren garnieren.

Pannacotta mit roter Knusperschokolade

ZUTATEN
(für 4 Personen / 4 Gläser à 110 ml)

4 Passionsfrüchte

1 TL Kristallzucker

FÜR DIE PANNACOTTA

150 ml Milch

350 ml Schlagobers

70 g Kristallzucker

4 Blatt Gelatine, in reichlich kaltem Wasser eingeweicht

1 Vanilleschote, der Länge nach halbiert und das Mark ausgeschabt

FÜR DIE
ROTE KNUSPERSCHOKOLADE

70 g weiße Kuvertüre

50 ml Rote-Rüben-Saft

50 g Kristallzucker

Pelargonien

ZUBEREITUNG

- Für die PANNACOTTA Milch, Schlagobers, Kristallzucker und Vanilleschote mit -mark in einem Topf aufkochen, dann an den Rand des Herds stellen und 30 Minuten ziehen lassen. Nochmals aufkochen.
- Gelatine gut ausdrücken, in der heißen Flüssigkeit auflösen, durch ein Sieb gießen, in die Gläser füllen und für ca. 6 Stunden im Kühlschrank fest werden lassen.
- Für die KNUSPERSCHOKOLADE die Schokolade hacken und im Schneekessel über einem Wasserbad schmelzen. Rote-Rüben-Saft und den Kristallzucker auf 135 °C oder 2 Minuten kochen und langsam in die Schokolade geben (unter ständigem Rühren). So lange weiterrühren, bis die Masse Klumpen bildet. Auf ein Backtrennpapier leeren und bei 80 °C einige Stunden trocknen lassen.
- Passionsfrüchte halbieren, das Mark ausschaben, mit dem Kristallzucker vermischen und in die Gläser verteilen, mit dem Knusper und den Belagonien garnieren.

Topfenschaum mit Marillen und Sesamblättern

ZUTATEN (für 4 Personen)

FÜR DEN TOPFENSCHAUM

250 g Topfen (10 %)

110 g Sauerrahm

Saft von 1 Zitrone

3 Eidotter

40 g Staubzucker

2 Blatt Gelatine, in kaltem Wasser eingeweicht

2 cl Grand Marnier

3 Eiklar

40 g Kristallzucker

150 g Schlagobers, leicht geschlagen

FÜR DIE MARILLEN

500 g Marillen, gewaschen, halbiert und entkernt

Saft von 1 Zitrone

1 Vanilleschote, halbiert und das Mark ausgeschabt

100 g Gelierzucker

FÜR DIE SESAMBLÄTTER

100 g Sesamkörner

110 g Staubzucker

20 g Mehl

Saft und abgeriebene Schale von 1 Orange

70 g flüssige Butter

ZUBEREITUNG

- Für den TOPFENSCHAUM Topfen, Sauerrahm und den Zitronensaft glatt rühren.
- Eidotter und den Staubzucker im Schneekessel verrühren, über leicht dampfendem Wasserbad mit dem Schneebesen cremig schlagen. Gelatine gut ausdrücken, mit dem Grand Marnier leicht erwärmen und zu der Eidottermischung geben.
- Eiklar gut anschlagen, nach und nach den Kristallzucker zugeben, zu einem cremigen Schnee schlagen und abwechselnd mit dem Schlagobers unterheben. Für ca. 4 Stunden kalt stellen.
- Für die MARILLEN Marillenhälften, Zitronensaft, Vanilleschote und Gelierzucker in eine feuerfeste Schüssel einlegen und im Backofen bei 150 °C ca. 20–30 Minuten backen. Auskühlen lassen.
- Für die SESAMBLÄTTER Sesam, Staubzucker, Mehl sowie die Orangenschalen in einer Schüssel vermischen.
- Orangensaft und die flüssige Butter unterrühren, glatt rühren und kalt stellen.
- Kleine Häufchen (1 TL) auf ein Backpapier setzen, leicht flach drücken und im Ofen bei 180 °C einige Minuten goldgelb backen. Auskühlen lassen und dann brechen.
- Marillen in tiefe Teller oder Gläser legen und den Topfenschaum darauf verteilen. Mit klein gebrochenen Sesamblättern vollenden.

BACKZEIT: ca. 20–30 Minuten

Vanille-Joghurt-Pudding mit Zwergorangen

ZUTATEN
(für 8 Personen / 8 Metallförmchen mindestens à 100 ml)

FÜR DEN VANILLE-JOGHURT-PUDDING

500 ml Milch
1 Vanilleschote, der Länge nach halbiert und das Mark ausgeschabt
120 g Kristallzucker
5 Blatt Gelatine, in reichlich kaltem Wasser eingeweicht
200 g Joghurt (3,6 %)

FÜR DIE ZWERGORANGEN

12 Zwergorangen
200 ml Orangensaft
40 g Kristallzucker
1 TL Maizena, mit etwas Orangensaft vermischt

Zitronentagetes

ZUBEREITUNG

- Milch mit Vanilleschote und -mark aufkochen. Den Kristallzucker zugeben, aufkochen lassen.
- Die Gelatine gut ausdrücken und in der heißen Milchmasse auflösen. Dann die Masse kalt rühren, das Joghurt zugeben und glatt rühren.
- Die Masse in die Förmchen gießen und ca. 6 Stunden kalt stellen.
- Zwergorangen in Scheiben schneiden und in Salzwasser kurz überkochen, dann das Wasser abgießen, die Zwergorangen mit dem Orangensaft und dem Kristallzucker aufkochen und mit der Maizenamischung abbinden. Aufkochen und beiseitestellen.
- Die Förmchen unter heißes Wasser halten und stürzen, dann mit den Zwergorangen und Zitronentagetes servieren.

Foto rechts

Sago-Grenadinesirup im Glas mit fein geschnittenen Birnen

ZUTATEN (für 4 Personen)

400 ml ungesüßte Kokosmilch
Schale und Saft von 2 Zitronen
40 g Sagokörner
60 g Kristallzucker
150 g Joghurt (3,6 %)

2 Birnen, geschält und in feine Scheiben geschnitten
Saft von 1 Zitrone
100 ml Grenadinesirup

ZUBEREITUNG

- Kokosmilch, Kristallzucker, Zitronensaft und -schale in einem Topf aufkochen und die Sagokörner zugeben. 2 Minuten leicht kochen lassen, dann auskühlen lassen.
- Joghurt zugeben und verrühren. 4 Stunden kalt stellen.
- Die in feine Scheiben geschnittenen Birnen mit dem Saft von 1 Zitrone marinieren.
- Die Creme in Gläser oder Schüsserl geben, etwas Grenadinesirup darauf verteilen und mit den Birnen belegen.

Super Food Bowl

ZUTATEN (für 4 Personen)

FÜR DIE CREME

200 g Bananen, geschält und geschnitten

300 g Pfirsiche, halbiert und grob geschnitten

Saft einer Zitrone

50 g Haferflocken

ZUM BELEGEN

2 Pfirsiche

40 g Mandelblätter, geröstet

2 EL Haferflocken

Nelken in Rosa und Weiß

ZUBEREITUNG

- Alle Zutaten für die Creme in einer Schüssel vermischen und mit dem Stabmixer pürieren.
- In Schüsseln verteilen.
- Pfirsiche in Scheiben schneiden, auf der Creme verteilen, dann mit Haferflocken, gerösteten Mandelblättern und dekoriert mit Nelken in Rosa und Weiß servieren.

Foto links

Banane-Erdbeer-Bowl

ZUTATEN (für 4 Personen)

200 g Bananen oder 2 Stück

Saft einer Zitrone

150 g Erdbeeren

50 g Haferflocken

ZUM BELEGEN

200 g Erdbeeren

2 EL Haferflocken

2 EL geröstete Mandelstifte

Bergminze

ZUBEREITUNG

- Alle Zutaten in einer Schüssel vermischen und mit dem Stabmixer pürieren.
- In Schüsseln verteilen.
- Erdbeeren, in Scheiben geschnitten, Haferflocken, geröstete Mandelstifte, Bergminze darauf verteilen.

Schlagobers mit Erdbeeren, Schokoladestreuseln und Erdbeersauce

ZUTATEN (für 4 Personen)

250 g Erdbeeren

200 ml Schlagobers, ganz leicht geschlagen

10 g Staubzucker · 1 cl Limoncello

FÜR DEN SCHOKOLADESTREUSEL

40 g Butter, kalt · 50 g Mehl, glatt

50 g Kristallzucker · 40 g Haselnüsse

10 g Kakaopulver · Zimt · Prise Salz

abgeriebene Schale von 1 Zitrone

1 Pkg. Vanillezucker

FÜR DIE ERDBEERSAUCE

100 g Erdbeeren · Saft von 1/2 Zitrone

20 g Staubzucker

ZUBEREITUNG

- Für den STREUSEL alle Zutaten verkneten und 1 Stunde kalt stellen, dann mit einem Reibeisen oder den Händen grob zerbröseln.
- Streusel im vorgeheizten Backrohr bei 170 °C auf der mittleren Schiene ca. 15 Minuten backen, auskühlen lassen.
- Das leicht geschlagene Schlagobers mit dem Staubzucker verrühren, die Erdbeeren halbieren und mit dem Limoncello vermischen.
- Für die ERDBEERSAUCE die Erdbeeren klein schneiden, mit dem Zitronensaft und dem Staubzucker vermischen und kurz mit dem Stabmixer fein pürieren.
- Schlagobers auf den Tellern verteilen, die Erdbeeren darauf platzieren, mit dem Streusel bestreuen und mit der Erdbeersauce vollenden.

BACKZEIT: ca. 15 Minuten

Beerensulz (Früchtesulz)

ZUTATEN

300 g gemischte Beeren (oder andere Früchte)

500 ml Fruchtsaft (z. B.: je 250 ml Johannisbeer- und Apfelsaft), Wein oder Most

40–60 g Zucker, je nach gewünschter Süße

7–9 Blatt Gelatine

2 cl abgeseihter Zitronensaft

ZUBEREITUNG

- Gelatine in kaltem Wasser ca. 10 Minuten einweichen.
- In der Zwischenzeit Fruchtsaft, Zucker und Zitronensaft in einen Topf geben und erhitzen, aber nicht kochen!
- Die gut ausgedrückte Gelatine zugeben, auflösen und etwas auskühlen bzw. anziehen lassen, damit die Beeren beim Durchkühlen nicht auf den Boden sinken. Erst dann die Beeren einmengen. Beliebige Formen mit Frischhaltefolie auslegen, die Sulz eingießen und im Kühlschrank ca. 2 Stunden stocken lassen. Die Sulz vorsichtig herausnehmen, Folie abziehen und auf Teller stürzen.

VARIATIONSMÖGLICHKEITEN

- Bereiten Sie die Sulz zur Abwechslung auch mit anderen Fruchtsäften wie etwa Saft von Ribiseln, Kirschen, Holler, Orangen, Birnen, Zwetschken oder Äpfeln zu.
- Verwenden Sie dabei ausschließlich reife Früchte, da diese ja weder gekocht noch gemixt werden.

GARNITUREMPFEHLUNG: Vanillesauce

Apfel- oder Birnenterrine

ZUTATEN (für ca. 10 Personen / 1 Terrinenform)

400 g Äpfel oder Birnen, nicht zu weich

500 ml Rotwein, Weißwein oder Most

1 Stange Zimt

50 g Feinkristallzucker

20 g Vanillezucker

FÜR DAS MUS

280 g sehr reife Äpfel oder Birnen oder Kompott

40 ml Weißwein oder Most

3 Eidotter

50 g Feinkristall- oder Gelbzucker

250 ml Obers

30 ml Apfel- oder Birnenschnaps

5 Blatt Gelatine, ca. 10 Minuten in kaltem Wasser eingeweicht

ZUBEREITUNG

- Äpfel oder Birnen schälen, halbieren, Kerngehäuse und Stiel entfernen. Wein, Zimt, Vanillezucker und Zucker in einem hohen Topf aufkochen. Die Apfel- oder Birnenhälften in den Weinsud geben und bei mittlerer Hitze nicht zu weich garen. Von der Kochstelle nehmen und im Sud abkühlen lassen.
- Für das MUS die Äpfel oder Birnen schälen, Kerngehäuse entfernen, grob würfeln und mit dem Wein oder Most erhitzen. Danach den Mixstab hineinstellen und die Dotter mit dem Zucker unter ständigem Mixen dazugeben. Ausgedrückte Gelatine im heißen Mus auflösen. Anschließend in der Küchenmaschine oder mit dem Handmixer so lange rühren, bis sie fast cremig abkühlt. Obers steif schlagen und mit dem Apfel- oder Birnengeist unter das Mus mengen.
- Eine Terrinenform kalt ausspülen und mit Frischhaltefolie auslegen.
- Die Äpfel oder Birnen aus dem Sud nehmen und in dünne Spalten schneiden. Diese leicht überlappend in die Form legen. Das Mus einfüllen, wieder mit Spalten belegen und am besten über Nacht im Kühlschrank mindestens 6 Stunden abstocken lassen.
- Die Terrine auf eine Platte stürzen. Die Folie abziehen und mit einem in heißes Wasser getauchten Messer in Scheiben schneiden.

Erdbeerterrine

Dieses Rezept stammt von Maria Miglbauer, St. Konrad

ZUTATEN (für 1 Rehrückenform von ca. 35 cm Länge)

1 Biskuitfleck als Boden (ca. 35 x 10 cm), Rezept siehe Seite 86

ca. 250–300 g Erdbeeren, in Scheiben geschnitten, ersatzweise andere Beeren oder eine Mischung daraus

Tortengelee zum Gelieren

FÜR DIE CREME

70 g Topfen (20 %)

50 g Feinkristall-, Gelb- oder fein gesiebter Staubzucker

100 ml Milch · 2 Eidotter · 200 g Joghurt

je 20 ml Zitronen- und Orangensaft

3 Blatt Gelatine · 150 g Obers

ZUBEREITUNG

- Für die CREME die Gelatine ca. 10 Minuten in kaltem Wasser einweichen. Milch mit Zucker aufkochen, von der Kochstelle nehmen, Mixer hineinstellen, einschalten und die Dotter einmixen. In der heißen Masse die ausgedrückte Gelatine auflösen, überkühlt Joghurt, Topfen und Zitrussäfte einrühren.
- Obers cremig aufschlagen und der Grundcreme vor dem Abstocken unterrühren.
- Rehrückenform mit Frischhaltefolie auslegen.
- Ein Drittel der Creme in die Form füllen, in die Mitte der Creme Erdbeeren einlegen, mit der restlichen Creme auffüllen, mit dem Biskuitstreifen abdecken und ca. 5 Stunden kühl stellen.
- Die Terrine aus der Form stürzen, Folie abziehen und mit Tortengelee überziehen.
- Als Beigabe Vanilleeis, Vanillesauce oder frisches Erdbeer- oder Beerenmark servieren.

ZUBEREITUNGSZEIT: ca. 30 Minuten

Sauerampfergelee mit Schokoladekuchen

ZUTATEN (für 4 Personen)

FÜR DIE WEISSE CREME

250 g Mascarpone
250 g Magertopfen
70 g Staubzucker
Saft von 1/2 Zitrone

FÜR DEN SCHOKOLADEKUCHEN

3 Eier
80 g Staubzucker
50 g fein geriebene Haselnüsse
80 g Mehl, glatt
6 g Backpulver
50 ml Schlagobers, flüssig
50 g Butter, geschmolzen
100 g Bitterkuvertüre, geschmolzen

FÜR DIE SAUERAMPFERSAUCE

100 g Sauerrahm
1 Handvoll Sauerampfer
1 EL Staubzucker

FÜR DAS GELEE

150 g Kristallzucker
150 g Wasser
100 g Eiswürfel
Saft von 1/2 Zitrone
40 g Sauerampfer, fein geschnitten
10 g Agar-Agar

ZUBEREITUNG

- Für die CREME alle Zutaten im Schneekessel miteinander glatt rühren, in einen Spritzsack mit glatter Tülle füllen und kühl stellen.
- Für den SCHOKOLADEKUCHEN eine Backform mit Backtrennpapier auslegen (ca. 15 x 25 cm).
- Eier, Staubzucker gut miteinander verschlagen. Haselnüsse, Mehl und das Backpulver in einer Schüssel vermischen, dann zur Eiermischung geben und glatt rühren.
- Obers, Butter und Kuvertüre ebenso vermischen und unter die Eiermasse rühren.
- Auf das Backtrennpapier gießen, glatt streichen (unbedingt ca. 2 cm hoch, egal welche Backform) und im vorgeheizten Backrohr bei 170 °C ca. 15 Minuten backen. Garprobe machen, der Kuchen sollte noch leicht speckig sein.
- Den ausgekühlten Kuchen in 12 x 3 cm große Schnitten schneiden.
- Für die SAUCE alle Zutaten miteinander pürieren.
- Für das GELEE Kristallzucker und das Wasser aufkochen, Agar-Agar unter ständigem Rühren mit dem Schneebesen zugeben und 2 Minuten kochen lassen. 10 Minuten auskühlen lassen.
- Zitronensaft, Eiswürfel und den abgezupften Sauerampfer zugeben, fein pürieren und kalt rühren, bis die Flüssigkeit anfängt zu gelieren.
- Ein Backblech mit Frischhaltefolie auslegen und die Flüssigkeit einfüllen (dünne Schicht), ca. 3 Stunden kalt stellen.
- Sobald das Gelee vollkommen gestockt ist, mit einem kreisförmigen Ausstecher (2,5 cm Ø) ausstechen.
- Mit der weißen Creme Punkte auf die Schokoladekuchenschnitten dressieren, das ausgestochene Gelee auf diese Punkte setzen und mit der Sauerampfersauce garnieren.

BACKZEIT: ca. 15 Minuten

Joghurtterrine

ZUTATEN (für eine längliche Terrinenform von 40 cm Länge und 6 cm Breite oder mehrere kleine Formen)

330 g Joghurt

ca. 50–80 g Staubzucker

4 Blatt Gelatine, ca. 10 Minuten in kaltem Wasser eingeweicht

30 ml Zitronen- oder Orangensaft

170 ml Obers, geschlagen

evtl. etwas Rum oder Likör

ZUBEREITUNG

- Staubzucker mit Zitronensaft verrühren, Joghurt dazugeben und die gut ausgedrückte Gelatine, in einem Topf aufgelöst, beimengen (eventuell mit Zitronensaft oder Rum auflösen). Darauf achten, dass die Gelatine beim Einrühren in die Joghurtmasse nicht zu kalt ist, denn sonst zieht sie Fäden. Obers cremig-steif aufschlagen und unter die Masse rühren.
- In eine mit Frischhaltefolie ausgelegte Form oder kleine Formen füllen, ca. 3 Stunden absteifen lassen, aus der Form stürzen und in Scheiben schneiden.
- Dazu passen frische Früchte, Beeren oder Obstragout

TIPPS

- Bei Verwendung als Tortenfülle kann man noch 1–2 Blatt Gelatine einrühren.
- Mengt man Früchtepüree ein, dann dieses mit etwas Zucker oder Gelierzucker vorher aufkochen, so verlängert man die Haltbarkeit.
- Möchte man ein Mus, dann Gelatine reduzieren; die Schnittfestigkeit ist dann aber nicht mehr gegeben.

Parfaits, Granités & Eis

Eisparfait

ZUTATEN

500 ml Obers

50–70 g Feinkristallzucker

2 Eier

evtl. 1/2 aufgeschnittene Vanilleschote

20 ml Rum

ZUBEREITUNG

- Obers mit Kristallzucker und Vanilleschote aufkochen, Hitze abschalten, Topf am Herd stehen lassen, Vanilleschote entfernen. Eier unter ständigem Mixen (Mixstab) in die heiße Obersmasse einrühren. Von der Herdstelle nehmen und noch einige Minuten weitermixen. WICHTIG: Die Masse darf dabei keinesfalls mehr kochen! Rum zugeben, auskühlen lassen und ca. 20 Stunden kühl stellen (reifen lassen).
- Die Masse in einem Rührkessel maschinell oder mit einem Schneebesen wie Schlagobers aufschlagen und nach Wunsch aromatisieren und weiterverarbeiten.
- Sie kann in beliebigen Formen eingefroren werden und man benötigt hierfür keine Eismaschine. Es lohnt sich, gleich größere Mengen herzustellen, da diese beliebig geschmacklich variiert werden können.
- Das Parfait kann auch nur mit 4 Dottern hergestellt werden, wenn Eiklar für andere Mehlspeisen benötigt wird (Esterházyschnitte, Schaumrollenfülle, Kardinalschnitte, Zimtsterne etc.).

TIPPS

- Wenn Marmelade als Einlage gewählt wird, immer mit Glukose verrühren. Dies verleiht dem Parfait einen weicheren Innenkern, ohne Glukose würde die Marmelade zu Stein gefrieren.
- In Silikon-, Terrinen- oder beliebige Formen füllen, garnieren und servieren.
- Beliebige Marmelade kann auch vorsichtig direkt unter die Parfaitmasse gerührt werden.
- Die Terrine vor dem Anrichten in Nuss- oder Erdnusskrokant etc. (je nach Rezept) wälzen, vor dem Servieren ca. 5–10 Minuten im Kühlschrank antauen lassen und dann mit Staubzucker bestreuen. Die Masse soll halbgefroren sein.
- Anstelle von Glukose kann auch Honig verwendet werden, man erzielt den gleichen Effekt: Glukose ist im Gegensatz zum Honig geschmacksneutral.
- Zum Entnehmen der Glukose die Finger oder Löffel anfeuchten, so bleibt die Masse nicht kleben. Glukose gibt es nun auch pulverisiert, ist bei Fa. Süwag erhältlich.
- LIKÖREINLAGE: beliebigen Likör mit Glukose verrühren, etwas Parfaitmasse einrühren und wie bei Marilleneisparfait mit der aromatisierten Masse befüllen.

Geschmacksvarianten

MARILLENEISPARFAIT:

Grundmasse Eisparfait (siehe oben), 100 g am besten selbst hergestellte Marillenmarmelade, 10 g Glukose oder Stärkesirup, in Apotheke erhältlich, 10 ml Rum oder Marillenschnaps.

Die Marmelade mit der leicht erwärmten Glukose vermengen und mit Schnaps abschmecken. Gereifte Grundmasse wie Schlagobers aufschlagen. Die Hälfte der aufgeschlagenen Masse in einen Spritzbeutel füllen. (Die Öffnung des Spritzsackes beim Befüllen mit einer Klammer verschließen, sodass die Masse nicht ausrinnen kann).

Eine mit Frischhaltefolie ausgekleidete Terrinenform (vorher mit kaltem Wasser ausspülen, Folie auflegen, mit einem Geschirrtuch darüberstreichen und in die Form drücken) zur Hälfte befüllen, Marmelade der Länge nach einfüllen (ergibt beim Schneiden einen Kern), mit der restlichen Masse abdecken und ins Tiefkühlfach stellen, mindestens 3–4 Stunden, je nach Geschirrgröße, gefrieren lassen.

SCHOKOLADEEISPARFAIT: 125 ml Wasser mit 30 g Kakao aufkochen, 60 g Kuvertüre oder Schokolade darin schmelzen, abgekühlt mit etwas aufgeschlagener Parfaitmasse glatt rühren und dann unter restliche Parfaitmasse rühren.
Mit Rotweinweichseln oder -kirschen servieren.

PISTAZIENEISPARFAIT: 100–120 g fein geriebene Pistazien unter die fertig aufgeschlagene Parfaitmasse mischen und mit Maraschino abschmecken. Eventuell noch fein geriebenes Marzipan einmengen.

MOHNPARFAIT: In die Hälfte der fertig gemixten Masse 30–40 g Mohn einrühren, reifen lassen und wie gewohnt weiter zubereiten. Als Einlage kann man noch in Rum eingeweichte Rosinen oder klein geschnittene Dörrzwetschken einmengen. Mit Rumbeeren, Rumtopffrüchten, Beerenröster oder Rum-sauce (Vanillesauce mit Rum aromatisiert) servieren.

HIMBEEREISPARFAIT: Grundmasse mit Himbeerschnaps aromatisieren, in spezielle Silikon-Eiskugelformen (auch Halbkugelform) abfüllen, mit Himbeermarmeladekern verfeinern. Durchgefroren in gemahlenem Mohn wälzen und mit Staubzucker bestreut servieren.

ORANGENEISPARFAIT: Wie Himbeereisparfait, jedoch Orangenlikör und Orangenmarmelade verwenden. Eisknödel in Kakaopulver wälzen und mit Staubzucker bestreut servieren.

EISPARFAIT MELBA: Pfirsich- oder Himbeermarmelade einfüllen und mit Schokoladestreuseln oder Schokoladesauce verzieren.

RUMZWETSCHKENEISPARFAIT: Dörrzwetschken mit Rum, Rotwein, Zimt und ein paar Nelken aufkochen, über Nacht ziehen lassen, abseihen, in kleine Stücke schneiden und unter die aufgeschlagene Grundmasse geben. Abtropfflüssigkeit etwas einkochen und Eisknödel beträufeln, eventuell mit einer Karamellsauce servieren.

AMARENAEISPARFAIT: Abgetropfte, klein geschnittene Amarenakirschen unter die Grundmasse mengen, in gerösteten Mandelblättchen wälzen, eventuell einen kleinen Marzipankern einlegen.

MIT MARONIKERN: Etwas Maronifülle (siehe Knödel Seite 22) mit Glukose verrühren, wie beim Marilleneisparfait in die Mitte einen Streifen einfüllen, mit Preiselbeersauce, Rumzwetschken oder Rotweinweichseln servieren. Wunderbare Abrundung eines Wildmenüs.

LEBKUCHEN-PUNSCHEISPARFAIT: Mit Lebkuchenbröseln bzw. Keksbröseln aromatisieren, Rumtopf- oder Zwetschkenrummarmelade einmengen.

HONIGEISPARFAIT: Obers mit Honig anstelle von Zucker bei Grundmasse aufkochen, mit Rum aromatisieren, in Kürbiskrokant wälzen und eventuell mit Kürbiskernöl beträufeln.

KROKANTEISPARFAIT: Unter die aufgeschlagene Grundmasse fein oder grob gemahlenes Nusskrokant mengen, hierfür Zuckermenge bei Herstellung der Grundmasse reduzieren.

PFEFFERMINZEISPARFAIT: Grundmasse mit klein geschnittenen After-Eight-Stücken vermengen, zusätzlich mit Pfefferminzlikör oder Pfefferminzaroma aromatisieren.

SCHOKO-PFEFFERMINZ-EISPARFAIT: Geschmolzene Schokolade, zerbröckelte Baisers und Crème de Menthe oder Pfefferminzlikör oder -aroma einmengen.

KAFFEE-EISPARFAIT: In die heiße Grundmasse Löskaffeepulver je nach Geschmack einrühren und auflösen, reifen lassen und die Masse aufschlagen; die Knödel eventuell in grob zerkleinerten Baiserstücken rollen.

CASSATAEISPARFAIT: Grob gehackte Walnüsse und Pistazien, in Maraschinolikör angesetzte Cocktailkirschen, klein geschnittene Aranzini, Zitronat und Schokoladestücke untermengen, die Knödel mit gehackten Pistazien bestreuen. Anstelle von Zucker die Grundmasse eventuell mit Honig oder Ahornsirup aufkochen. Andere kandierte Früchte wählen.

ZIMTEISPARFAIT: Grundmasse mit Zimt aufkochen und abschmecken, Knödel mit Rumzwetschkensauce servieren.

VANILLEKIPFERLEISPARFAIT: Zuckerreduzierte Grundmasse und grob zerkleinerte Vanillekipferlstücke untermengen.

RUMROSINENEISPARFAIT MIT SCHOKOLADE: Grundmasse mit zerlassener Schokolade verrühren und in Rum eingelegte Rosinen untermengen.

Kürbiskernparfait mit Balsamicosauce und Weintrauben

ZUTATEN (für 6 Personen)

FÜR DAS KÜRBISKERNPARFAIT

70–80 g Eidotter, pasteurisiert

ca. 120 g Eiweiß, pasteurisiert

60 g Kürbiskernöl

1 Vanilleschote, halbiert und das Mark ausgeschabt

Prise Salz

130 g Kristallzucker

300 g Schlagobers, leicht geschlagen

80 g Kürbiskerne, kristallisiert (siehe unten)

FÜR DIE KRISTALLISIERTEN KÜRBISKERNE

25 g Kristallzucker

10 g Wasser

60 g Kürbiskerne

FÜR DIE BALSAMICOSAUCE

60 g Himbeersauce aus TK-Himbeeren

30 g Kürbiskernöl

20 g Balsamicoessig

20 g Kristallzucker

FÜR DIE WEINTRAUBEN

1 EL brauner Zucker

100 g gemischte Trauben

essbare Blüten

ZUBEREITUNG

- Für die KRISTALLISIERTEN KÜRBISKERNE Zucker und Wasser zum Kochen bringen, Kürbiskerne zugeben und so lange rühren, bis die Masse anfängt, leicht braun zu werden bzw. zu kristallisieren.
- Am Blech abkühlen lassen, dann hacken.
- Für das KÜRBISKERNPARFAIT Eidotter, Vanillemark, Salz verrühren, das Kürbiskernöl langsam, nach und nach einlaufen lassen.
- Eiklar gut anschlagen und nach und nach den Kristallzucker zugeben, zu einer cremigen Schneemasse schlagen und mit dem leicht geschlagenen Schlagobers und den gehackten Kürbiskernen unter die Kürbiskernöl-Masse heben. Alles in eine mit Frischhaltefolie ausgelegte rechteckige Form (ca. 30 x 14 x 3 4 cm) eingießen und am besten über Nacht tiefkühlen.
- Für die BALSAMICOSAUCE Himbeersauce, Öl, Essig und Kristallzucker mit dem Schneebesen verrühren, aufkochen, ganz leicht einkochen lassen und mithilfe eines Löffels die Teller damit verzieren.
- Für die TRAUBEN braunen Zucker in einer Pfanne karamellisieren lassen, dann die Trauben mit Stiel zugeben und schwenken.
- Beim Anrichten das Parfait in 3 x 7 cm große Stücke schneiden, mit den Kürbiskernen, den Trauben und essbaren Blüten garnieren.

Foto links

Bananen-Matcha-Schale

ZUTATEN

4 Bananen

1 1/2 EL Matchapulver

etwas Mandel- oder Sojamilch

Granatapfelkerne als Garnitur

ZUBEREITUNG

- Die Bananen mit dem Matchapulver pürieren und Mandel- bzw. Sojamilch nach Bedarf dazugeben. Mit Granatapfelkernen garnieren.

Beerenröster (Fruchtröster)

ZUTATEN

500–700 g Beeren oder Früchte nach Wahl (Marillen, Pfirsiche, Äpfel, Birnen, Hollerbeeren, Rhabarber, Kirschen, Trauben etc.)

100–150 g Feinkristall-, Gelb-, Roh-, Rohrzucker oder Honig, je nach Geschmack und verwendeter Flüssigkeit

je 1 Prise Zimt und Nelkenpulver

Mark von 1 Vanilleschote oder 1 Pkg. Vanillezucker

ca. 400 ml passende Flüssigkeit (Fruchtsaft, Wein oder Wasser)

20 g Stärke oder Puddingpulver in beliebiger Geschmacksnote

Schuss Zitronensaft, Rum oder Likör

ZUBEREITUNG

- Beeren verlesen, waschen und gut abtropfen lassen. Früchte je nach Sorte ebenfalls waschen, entkernen und bei Bedarf kleiner schneiden.
- Stärke oder Puddingpulver mit sehr wenig Wasser glatt rühren.
- Wein, Wasser oder Fruchtsaft in einen Topf geben. Zucker, Zimt, Nelkenpulver, Vanillemark sowie angerührtes Puddingpulver zugeben und alles unter ständigem Rühren aufkochen lassen.
- Nun Früchte einmengen und je nach Reifegrad und Frucht ca. 4 Minuten dünsten lassen. (Beeren nur ganz kurz einmal aufkochen lassen und dabei nicht zu viel rühren, damit die Beeren ganz bleiben und sich nicht zerkochen!)
- Vom Feuer nehmen und je nach Früchten mit Likör, Rum oder Zitronensaft abschmecken. Je nach Bedarf heiß in gut verschließbare Gläser füllen oder auskühlen lassen und weiterverwenden.

VERWENDUNG

- Beeren- und Fruchtröster harmonieren zu vielen warmen Mehlspeisen, wie Schmarren, Erdäpfelnudeln, Tascherln & Co, schmecken aber auch in Müsli oder Joghurt ganz wunderbar!

GARZEIT: ca. 4 Minuten

Zwetschkenröster

ZUTATEN

1 kg schöne, reife Zwetschken

150–200 g Feinkristall-, Gelb-, Rohr- oder Gelierzucker 3:1

2–3 Pkg. Vanillezucker

je 1 Prise Zimt und Nelkenpulver

kräftiger Schuss Zitronensaft

4 cl Rum

ZUBEREITUNG

- Zwetschken waschen, abtropfen lassen, halbieren und entkernen.
- Zucker, Vanillezucker, einen kräftigen Schuss Zitronensaft sowie Zimt und Nelkenpulver in einen Topf geben. Zwetschken einmengen und alles ca. 4 Minuten kochen lassen. (Die Zwetschken sollen sich nicht völlig zerkochen.)
- Vom Feuer nehmen und mit Rum abschmecken.
- In gut verschließbare Gläser füllen und kühl sowie dunkel lagern.

VERWENDUNG

- Gilt als klassische Beilage zu vielen warmen österreichischen Mehlspeisen, wie etwa Kaiserschmarren, aber auch zu vielen Knödeln und süßen Nudeln, Tascherln etc. Er schmeckt auch als eigenständiges Dessert ganz hervorragend.

VARIATIONSMÖGLICHKEITEN

- Verfeinern Sie den Röster noch mit etwas Rotwein, Hollersirup oder Likör.
- Für Marillen-, Apfel-, Holler-, Rhabarber- oder Birnenröster verwenden Sie die jeweiligen Früchte.
- Aromatisieren Sie den Röster je nach verwendetem Obst mit Zitronen- oder Orangenschale, Ingwer, Portwein, Zitronen- oder Orangensaft, roten Pfefferkörnern, Rosenblütenwasser, Piment oder Bittermandelöl.

GARZEIT: ca. 7–10 Minuten

Topfen-Sauerrahm-Parfait

ZUTATEN (für 8–10 Personen)

FÜR DAS PARFAIT

100 g Topfen · 100 g Sauerrahm

5 Eidotter (wir verwenden pasteurisierte Dotter)

40 g Feinkristall- oder fein gesiebter Staubzucker

20 g Vanillezucker · 20 g Rum

350 g Obers

3 Eiklar (wir verwenden pasteurisiertes Eiklar)

60 g Feinkristallzucker · ca. 150 g Biskotten

ca. 8–10 Portionsformen oder Kaffeetassen, mit Biskottenstückchen ausgelegt und vorgekühlt

ZUBEREITUNG

- Topfen, Sauerrahm, Dotter, Zucker und Aromen gut verrühren bzw. mixen.
- Obers cremig-steif aufschlagen, ebenso Eiklar mit Zucker cremig-steif schlagen und mit dem Obers unter die Topfen-Sauerrahm-Masse mengen. In die Formen füllen und ca. 24 Stunden tiefkühlen.
- Die Formen kurz in heißes Wasser tauchen, das Parfait auf einen Teller stürzen und mit Pfirsichen bzw. Pfirsichsauce servieren.

Limettendessert

ZUTATEN (für 4 Personen)

FÜR DAS LIMETTENGRANITÉ

3 Limetten · 100 ml Wasser

60 g brauner Zucker

FÜR DIE LIMETTENCREME

150 g griechisches Joghurt

Saft und Schale von 1 Limette

1 Vanilleschote, der Länge nach halbiert

125 ml Schlagobers, leicht geschlagen

1 Eiklar

40 g Staubzucker

einige Granatapfelkerne

Eisbegonien

rosenduftende Begonienblätter

ZUBEREITUNG

- Für das LIMETTENGRANITÉ Limettensaft auspressen. Wasser und den braunen Zucker aufkochen und den Limettensaft zugeben, dann verrühren und in eine flache Form füllen. Am besten über Nacht tiefkühlen, dann mit einem Löffel zu groben Eiskristallen schaben.
- Für die LIMETTENCREME Joghurt, Limettensaft und -schale, die ausgeschabte Vanilleschote und das -mark glatt rühren. Vanilleschote entfernen. Eiklar gut anschlagen, nach und nach den Staubzucker zugeben und mit dem leicht angeschlagenen Schlagobers unter die Joghurtmasse heben.
- Creme in Schüsserln füllen, mit Limettengranité, Eisbegonien, rosenduftenden Begonienblättern und Granatapfelkernen garnieren.

Foto links

Basilikumgranité mit bretonischem Mürbteig

ZUTATEN (für 4 Personen)

FÜR DEN BRETONISCHEN MÜRBTEIG

2 Eidotter · 75 g Kristallzucker

75 g Butter

Prise Salz

110 g Mehl, griffig

7 g Backpulver

FÜR DAS BASILIKUMGRANITÉ

25 g Wasser · 25 g Orangensaft

50 g Kristallzucker

50 g Basilikum

50 g Eiswürfel

40 g Zitronensaft

40 g Erdbeeren, halbiert

Basilikumblätter zum Garnieren

ZUBEREITUNG

- Für den MÜRBTEIG Eidotter, Kristallzucker und Salz schaumig schlagen, Mehl und das Backpulver versieben.
- Dann die sehr weiche Butter in die Eidottermasse einrühren, genauso die Mehlmischung.
- 3 mm dick auf einer leicht bemehlten Arbeitsfläche ausrollen und mit einem runden Ausstecher (ca. 10 cm Ø) ausstechen.
- Auf ein Backblech legen und im vorgeheizten Backrohr bei 180 °C (Ober- und Unterhitze) auf der mittleren Schiene ca. 15 Minuten goldgelb backen.
- Für das BASILIKUMGRANITÉ Wasser, Kristallzucker, Zitronen- und Orangensaft aufkochen, in eine Schüssel umfüllen und den gezupften Basilikum und die Eiswürfel hinzufügen. Alles zusammen fein cuttern und am besten über Nacht in den Tiefkühler stellen.
- Die Mürbteigplatten in kleine Stücke zerbrechen und wieder kreisförmig zusammensetzen. Die Erdbeeren darauflegen und dann das mit einem Löffel abgeschabte Basilikumgranité daraufsetzen. Zum Schluss mit ein paar zerzupften Basilikumblättern garnieren.

BACKZEIT: ca. 15 Minuten

Zitronenauflauf im Rexglas gebacken mit Erdbeergranité

ZUTATEN
(für 6 kleine Rexgläser à 120 ml)

FÜR DEN ZITRONENAUFLAUF

100 g sehr weiche Butter
170 g Kristallzucker
370 ml Milch, lauwarm
3 Eier
100 ml Zitronensaft
abgeriebene Schale von 2 Zitronen
100 g Mehl, glatt
1 TL Backpulver
abgeriebene Schale von 1 Orange

FÜR DAS ERDBEERGRANITÉ

400 g reife Erdbeeren
Saft von 2 Zitronen
40 g Staubzucker

Butter für die Rexgläser

ZUBEREITUNG

- Die Rexgläser mit weicher Butter ausstreichen.
- Für den ZITRONENAUFLAUF alle Zutaten nach und nach in eine Schüssel geben und glatt rühren. Eventuell mit dem Stabmixer fein pürieren bzw. glatt rühren.
- In die Rexgläser füllen und bei 180 °C 35 Minuten goldgelb backen; auskühlen lassen.
- Für das GRANITÉ alle Zutaten in eine Schüssel geben, miteinander vermischen und mit einem Stabmixer fein pürieren.
- Die Masse 2 cm hoch in eine flache Form gießen und über Nacht in den Tiefkühler stellen. Das Granité dann mit einem Löffel abschaben.
- Granité auf dem Zitronenauflauf verteilen und servieren.

BACKZEIT: 35 Minuten

Rote-Rüben-Granité mit Rhabarbercreme und Schokoladecrumble

ZUTATEN für 4 Personen

FÜR DIE RHABARBERCREME

200 g Rhabarber
40 g Kristallzucker
abgeriebene Schale von 1 Zitrone
2 Blatt Gelatine, in reichlich kaltem Wasser eingeweicht
30 g Joghurt
130 g Schlagobers, leicht geschlagen

FÜR DAS ROTE-RÜBEN-GRANITÉ

130 ml Rote-Rüben-Saft
einige Spritzer Himbeeressig
Saft von 1/2 Zitrone
20 g Kristallzucker

FÜR DEN SCHOKOLADECRUMBLE

70 g weiche Butter
50 g Rohzucker
100 g Mehl, glatt
15 g Kakaopulver

Schokolade-Kosmee für die Deko

ZUBEREITUNG

- Für den SCHOKOLADECRUMBLE alle Zutaten miteinander gut verkneten, dann auf ein Backblech verteilen und bei 180 °C ca. 5 Minuten backen. Anschließend den Ofen ausschalten und darin ca. 3 Stunden ziehen lassen. Trocken aufbewahren.
- Für die RHABARBERCREME Rhabarber schälen, in kleine Stücke schneiden und mit dem Kristallzucker weich kochen; Zitronensaft zugeben und pürieren. Gelatine gut ausdrücken und in Joghurt warm auflösen, dann zur Rhabarbermasse geben, verrühren und das leicht geschlagene Obers unterheben.
- In Schüsserln füllen und 4 Stunden kalt stellen.
- Für das GRANITÉ alle Zutaten aufkochen, in eine kleine Wanne füllen und über Nacht in den Tiefkühler stellen. Mit einem Löffel das Granité abschaben und auf die Creme geben. Mit dem Crumble garnieren und mit roter Schoko-Kosmee dekorieren.

BACKZEIT FÜR DEN CRUMBLE: ca. 5 Minuten

Melonen-Schokolade-Granité

ZUTATEN

4 Wassermelonenscheiben, ca. 3 x 15 cm, nicht zu kalt

FÜR DEN NUSSBODEN

60 g sehr weiche Butter
60 g Staubzucker
2 Eier
60 ml Obers
80 g Mandeln, grob gerieben
50 g Biskotten, grob gerieben
70 g Schokolade, grob gehackt

FÜR DAS MELONENGRANITÉ

1/2 Honigmelone, geschält
Saft von 1 Zitrone
40 ml Ahornsirup

FÜR DIE BITTERSCHOKOLADECANACHE

150 g Bitterkuvertüre (70 %)
100 ml Obers
100 ml Wasser

ZUBEREITUNG

- Für das GRANITÉ die Melone von den Kernen befreien und dann mit allen anderen Zutaten im Mixer kurz pürieren. In einer kleinen Form über Nacht tiefkühlen lassen, dann mit einem Löffel ausschaben.
- Für den NUSSBODEN Butter und Staubzucker gut miteinander verrühren, dann die restlichen Zutaten miteinander verrühren und dazumengen. Eine kleine Wannenform (ca. 10 x 15 cm) mit Backtrennpapier auslegen und die Masse 2 cm hoch einfüllen, dann im vorgeheizten Backrohr bei 170 °C (Ober- und Unterhitze) auf der mittleren Schiene ca. 20–30 Minuten backen.
- Für die CANACHE die Kuvertüre grob hacken. Obers und Wasser aufkochen, über die Kuvertüre gießen. Mit einer Teigspachtel mit Stiel so lange rühren, bis eine homogene Masse entsteht.
- In einer Schüssel ca. 3 Stunden oder länger überkühlen lassen, dann eventuell ganz kurz glatt rühren und in einen Dressiersack mit glatter Tülle füllen.
- Wassermelonescheiben auf den Tellern anrichten, dann den Kuchen in passende Stücke schneiden, daraufsetzen, die Creme aufdressieren, mit dem Granité abrunden und servieren.

BACKZEIT: ca. 20–30 Minuten

Nusscremeeis

ZUTATEN

100 g Vollmilch
100 g Obers
30 g Feinkristall- oder Gelbzucker
30 g geröstete Haselnüsse, Mandeln, Kürbiskerne, Pistazien u. dgl. oder eine Mischung daraus
2–3 Dotter
30 g Nuss-, Mandel- oder Pistazienpaste oder -mus

ZUBEREITUNG

- Milch und Obers in einem Topf mit Zucker und Nüssen aufkochen, von der Kochstelle nehmen und ca. 10 Minuten ziehen lassen.
- Nochmals erhitzen, von der Kochstelle nehmen und die Dotter bei laufendem Mixer in die Masse einarbeiten, Nuss-, Mandel- oder Pistazienpaste oder -mus dazugeben.
- Danach den Topf am besten in kaltes Wasser mit Eiswürfeln stellen und kalt rühren.
- Anschließend in der Eismaschine zu cremigem Eis gefrieren.

TIPPS

- Als Dessertbeigabe oder zu Müsli reichen.
- Eventuell gleich die doppelte Menge zubereiten.

Petersiliengranité mit Heidelbeereis und Ricotta

ZUTATEN (für 4 Personen)

FÜR DAS PETERSILIENGRANITÉ

100 ml Apfelsaft

100 ml Mineralwasser

Saft von 2 Limetten

60 g Kristallzucker

30 g Petersilie · 10 g Minze

FÜR DAS SCHNELLE HEIDELBEEREIS

300 g TK-Heidelbeeren · 1 EL Honig

40 g Staubzucker

70 g Joghurt (3,6 %)

Saft von 1 Zitrone

FÜR DEN RICOTTA

250 g Ricotta

fein geriebene Schale und Saft von 1 Orange

30 g Staubzucker

40 ml Schlagobers, leicht geschlagen

frische Heidelbeeren als Garnitur

ZUBEREITUNG

- Für das GRANITÉ Wasser, Apfelsaft, Limettensaft und Kristallzucker aufkochen und lauwarm abkühlen lassen. Petersilie und die Minze abzupfen und mit der lauwarmen Flüssigkeit vermischen, mit dem Stabmixer oder Cutter ganz fein pürieren.
- In eine Form gießen und über Nacht im Tiefkühler gefrieren.
- Für das HEIDELBEEREIS alle Zutaten mit den tiefgekühlten Heidelbeeren vermischen und im Cutter nach und nach fein cuttern, dann nochmals in den Tiefkühler stellen und 2 Stunden oder kürzer durchfrieren.
- Für den RICOTTA Staubzucker, Orangenschale und -saft und den Ricotta verrühren und das leicht geschlagene Obers unterheben.
- Ricottacreme in Schüsseln geben, das Granité mit einem Löffel schaben und darüber verteilen, ebenso das Heidelbeereis. Mit frischen Heidelbeeren garnieren..

Nusskrokanteis

ZUTATEN FÜR DEN KROKANT

100 g Feinkristallzucker

60 g brauner Zucker

180 g Walnüsse, Haselnüsse, Mandeln oder eine Nussmischung

FÜR DAS EIS

300 ml Milch · 800 ml Obers

30 g Vanillezucker · 6 Dotter

160 g Zucker · Prise Salz

20 g Rum

ZUBEREITUNG

- Für den KROKANT den Zucker in einer beschichteten Pfanne hellbraun karamellisieren. Die Nüsse zugeben und gut abmischen. Die Masse auf eine Silikonmatte oder auf ein geöltes Blech geben und abkühlen lassen.
- Krokant zerstoßen oder in einer Küchenmaschine zerkleinern.
- Für das EIS Milch, 700 ml Obers und Vanillezucker aufkochen.
- In der Zwischenzeit im Rührkessel Dotter mit Zucker und Salz aufschlagen. Die Dottermasse bei laufendem Mixstab in die Milch-Obers-Mischung einmixen, eventuell durch ein Sieb gießen.
- Nach dem Abkühlen den Rum und das cremig geschlagene restliche Obers einrühren.
- In der Eismaschine durchgefrieren.

Schnelles Beereneis mit Früchten

ZUTATEN (für 4 Personen)

300 g gemischte TK-Beeren

ca. 130 g Joghurt

50 g Staubzucker

ca. 200 g gemischte Beeren und Minze zum Garnieren

ZUBEREITUNG

- Beeren tiefgekühlt lassen. Mit Joghurt und Zucker vermengen und in kleinen Portionen cuttern. Jede Portion gleich aus dem Cutter in eine vorgefrorene Schüssel geben und sofort in den Tiefkühler stellen. Bei der nächsten Portion die Schüssel wieder aus dem Tiefkühler nehmen und wie zuvor: raus aus dem Cutter, rein in die Schüssel und einkühlen.
- In gekühlte Becher streichen oder portionieren und mit Beeren und Minze garnieren.

Foto links

Schnelles Sauerrahmeis mit Prosecco und Ribiseln

ZUTATEN (für 4 Personen)

FÜR DAS SCHNELLE SAUERRAHMEIS

250 g Sauerrahm

Saft und Schale von 1 Zitrone

50 g Staubzucker

100 ml Schlagobers, leicht geschlagen

100 g Ribiseln

1/2 Flasche Prosecco

ZUBEREITUNG

- Sauerrahm, Staubzucker, Zitronensaft und -schale vermengen und das leicht geschlagene Schlagobers unterheben, dann in ein Gefäß füllen und einige Stunden kalt stellen. Die Masse sollte leicht gefroren sein.
- Im Cutter nach und nach zu einer cremigen Eismasse rühren.
- In den Schüsseln verteilen, mit Prosecco aufgießen und mit Ribiseln auffüllen.

Foto S. 150

Säfte & Smoothies

Sanddorn-Karotten-Saft

ZUTATEN

50 g Cashewkerne
6 Datteln, entkernt
250 ml Karottensaft
2 EL Sanddornsaft
250 ml Kokoswasser
Karottenjulienne und Chia-Samen für die Deko

ZUBEREITUNG

- Alle Zutaten in einem Mixer pürieren. Falls erwünscht oder notwendig, das Mus durch ein Sieb passieren.

Grapefruit-Granatapfel-Smoothie mit Hanfsamen

ZUTATEN

50 ml Grüntee
1 Grapefruit, geschält und in kleine Stücke geschnitten
1 Granatapfel, entkernt
3 EL Hanfsamen
1 kleines Stück Ingwer
evtl. 2 TL Maqui-Pulver

ZUBEREITUNG

- Die Grapefruitstücke, die Granatapfelkerne, den Ingwer und die Hanfsamen miteinander pürieren. Danach den Grüntee dazugeben und nochmal kurz durchmixen.
- Für eine schönere Farbe 2 TL Maqui-Pulver untermengen.

Erdbeer-Chia-Maulbeer-Smoothie

ZUTATEN

300 g Erdbeeren
30 g Maulbeeren
300 ml Kamillentee
20 ml Zitronensaft
4 EL Chia-Samen

ZUBEREITUNG

- Erdbeeren, Maulbeeren und Chia-Samen miteinander pürieren und den Kamillentee hinzufügen. Mit dem Zitronensaft abschmecken.

Mango-Goji-Smoothie mit Hanfsamen

ZUTATEN

2 reife Mangos, in Stücke geschnitten

1 EL getrocknete Goji-Beeren

150 ml Apfelsaft · 150 ml Wasser

25 ml Zitronensaft,

2 EL Hanfsamen

Chilipulver und Chia-Samen für die Garnitur

ZUBEREITUNG

- Alle Zutaten miteinander vermengen und gut mixen. Falls der Smoothie nicht so cremig ist wie erwünscht, einfach noch ein paar Hanfsamen dazugeben.

Minze-Spinat-Smoothie

ZUTATEN

400 g frischer Spinat · 2 Bananen

50 g Cashewkerne

1 Handvoll Minzeblätter

300 ml Mandel- oder Sojamilch

100 ml Kokoswasser

Kakaonibs, Minzeblatt oder Goji-Beeren für die Garnitur

ZUBEREITUNG

- Spinat, Bananen, Minze, Cashewkerne cuttern, nach und nach die Flüssigkeiten hinzufügen, bis der Smoothie die gewünschte Konsistenz erreicht hat.

Gurken-Holunder-Smoothie

ZUTATEN

1 mittelgroße Salatgurke

70 ml Holunderblütensirup

3 Minzeblätter

1 TL Avocado-Öl

200 ml Prosecco oder Mineralwasser

Zitrone nach Geschmack

ZUBEREITUNG

- Alle Zutaten miteinander cuttern oder mixen und mit Prosecco oder Mineralwasser aufgießen.

Vitaltrunk

ZUTATEN

1 Handvoll Blattspinat

1 Apfel · 1 Banane · 1 Avocado

200 ml Wasser

ZUBEREITUNG

- Alle Zutaten miteinander pürieren und mit Zitronensaft abschmecken.

Himbeer-Thymian-Drink mit Bananenbrot

ZUTATEN (für 4 Personen)

FÜR DEN HIMBEER-THYMIAN-DRINK

- 250 g Himbeeren, frisch oder TK
- einige Thymianblätter
- Saft von 2 Limetten
- 40 g Staubzucker
- 100 g Eiswürfel

FÜR DAS BANANENBROT

- 250 g Bananen
- Saft von 1 Zitrone
- 200 g Kristallzucker
- gute Prise Salz
- 2 Eier
- 100 g Butter, geschmolzen
- 70 ml Haselnussöl
- 200 g Mehl, glatt
- 1 TL Backpulver

ZUBEREITUNG

- Für das BANANENBROT Bananen schälen und grob schneiden, Zitronensaft und Kristallzucker zugeben und mit dem Stabmixer oder Cutter pürieren.
- Salz, Eier, Butter und das Haselnussöl langsam untermischen, Mehl und das Backpulver versieben, unter die Masse heben und glatt rühren.
- Ein Backblech mit Backtrennpapier auslegen, die Masse 1,5 cm dick darauf verteilen und glatt streichen oder in einer kleinen Backform backen.
- Im vorgeheizten Backrohr bei 180 °C (Ober- und Unterhitze) auf der mittleren Schiene ca. 30 Minuten backen. Auskühlen lassen.
- In beliebige Stücke schneiden.
- Für den DRINK Himbeeren mit den restlichen Zutaten vermischen und mit dem Stabmixer fein pürieren. Eiswürfel zugeben, ganz kurz mixen und in Schalen füllen.
- Mit dem geschnittenen Bananenbrot servieren.

BACKZEIT: ca. 30 Minuten

Foto rechts

Eistee

ZUTATEN (für 1 Portion)

- 120 ml gekühlter, weißer Tee, evtl. Zitronenmelissentee
- 100 ml Mineralwasser oder Soda
- 10 ml frisch gepresster Limetten- oder Zitronensaft
- 40 ml frisch gepresster Orangensaft oder beliebiger Fruchtsaft
- 20 ml Holunderblütensirup
- 4–5 Eiswürfel

- 3–4 frische Minzeblätter
- einige unbehandelte, frische, lange Orangenzesten
- einige Orangen- und Zitronenspalten zum Garnieren

ZUBEREITUNG

- Eistee in ein Glas geben und mit Mineralwasser oder Sodawasser auffüllen. Restliche Zutaten zugeben und aufrühren.
- Minze zugeben, mit Zitronen- und Orangenstücken sowie Zesten garnieren.

600 ml
APPROX. VOL.
400
300
200

Grundrezepte

Links: Blätterteig mit Schokoladecreme gefüllt

Blätterteig

ZUTATEN

FÜR DEN VORTEIG

450 g glattes Weizen- oder feines Dinkelmehl

50 g zerlassene bzw. weiche Butter

Prise Salz und Zucker

ca. 230–250 ml lauwarmes Wasser

10 ml Essig, Weißwein oder Most

Mehl für die Arbeitsfläche

FÜR DEN BUTTERZIEGEL

400–450 g zimmertemperierte Butter

50 g glattes Mehl

ZUBEREITUNG

- Für den VORTEIG sämtliche Zutaten in einer Küchenmaschine mit Knethaken gut abkneten, herausnehmen und mit den Handballen rund schleifen (formen). Mit einem Messer kreuzweise ca. 2–3 cm tief einschneiden, mit Frischhaltefolie, feuchtem Tuch oder mit einer Schüssel abdecken und ca. 20 Minuten rasten lassen.
- Für den BUTTERZIEGEL Butter mit Mehl ebenfalls im Kessel mit Knethaken oder händisch gut vermengen und zu einem Ziegel formen. Dann den Vorteig auf einer gut bemehlten Arbeitsfläche von der Mitte ausgehend wie ein vierblättriges Kleeblatt ausrollen, Butterziegel darauflegen und einschlagen. Wieder ausrollen und zu einer einfachen Tour zusammenschlagen, noch einmal ausrollen und zu einer doppelten Tour zusammenschlagen. Gut in Frischhaltefolie (oder ein feuchtes Tuch) gehüllt etwa 20 Minuten kühl rasten lassen.
- Nochmals eine einfache und eine doppelte Tour legen und wieder 20 Minuten rasten lassen. Bei den einzelnen Touren das Mehl mit einem Mehlbesen oder Pinsel abkehren. Zur weiteren Verarbeitung etwa 2–3 mm dick ausrollen.
- Diese Masse wiegt ca. 1300 g und reicht für 5 Strudel.
- Für Strudel den Teig auf einer gut bemehlten Arbeitsfläche rechteckig mit ca. 40 cm (Blech-)länge und 33–35 cm Breite ausrollen. Auch hier überschüssiges Mehl abkehren.
- Nach dem Ausrollen vor dem Füllen einige Minuten rasten lassen.

TIPP: Blätterteig kann auch auf Vorrat hergestellt und dann in 200–250 g schwere Stücke portioniert eingefroren werden.

VARIATIONSMÖGLICHKEITEN

- Blätterteig lässt sich äußerst vielseitig verwenden, etwa indem Sie ihn ausrollen, in Bahnen schneiden und ungefüllt backen. Dann mit beispielsweise Vanillepuddingcreme oder geschlagenem Obers mit Früchten nach Wahl belegen und mit flüssigem Tortengelee, Fondant oder warmer Marmelade bestreichen.
- Für dekoratives Zuckergebäck rollen Sie Blätterteig ca. 4 mm dick aus, stechen beliebige Formen aus, bestreichen diese mit verquirltem Ei und streuen Hagelzucker darüber. Rasten lassen und backen.
- Für Marmeladetascherln schneiden Sie den Teig in Quadrate, tragen etwas Ribisel-, Powidl-, Orangen- oder Preiselbeermarmelade auf, klappen sie zu Tascherln zusammen und backen sie. Aber auch alle anderen Füllcremen wie Topfen-, Apfel-, Marzipan-, Nuss- oder Mohnfülle können zum Einsatz kommen.
- Für einen dunklen Teig färben Sie den Blätterteig mit Kakao ein.
- Die Buttermenge kann auch reduziert werden.
- Backrohrtemperatur: bei 185–210 °C mit Heißluft oder Ober- und Unterhitze

Mürbteig

ZUTATEN

100 g Feinkristallzucker

200 g kühle Butter

300 g glattes Weizen- oder feines Dinkelmehl

1–2 Eidotter · 20 g Vanillezucker

Prise Salz

ZUBEREITUNG

- Sämtliche Zutaten rasch zu einem glatten Teig verarbeiten. Zu einem flachen Ziegel formen und in Folie gehüllt 30 Minuten kühl stellen.
- Je nach weiterer Verwendung ausrollen oder anderweitig verarbeiten.

VERWENDUNG: für beliebige Torten als Unterboden

Vollkornmürbteig mit Mandeln oder Nüssen

ZUTATEN

(Masse reicht für 2 Böden einer Tortenform von 26 cm Ø)

120 g kühle Butter, in kleine Stücke geschnitten

100 g Honig · 1 Eidotter

etwas unbehandelte Zitronen- oder Orangenschale

20 g Vanillezucker

200 g Weizenvollkorn- oder Dinkelvollkornmehl

100 g fein geriebene Mandeln oder Nüsse

Prise Salz

Gewürze nach Belieben: Zimt, Lebkuchengewürz, Ingwer u. dgl.

ZUBEREITUNG

- Alle Zutaten in einer Schüssel oder auf einer Arbeitsplatte rasch zu einem Mürbteig verarbeiten. Mit Frischhaltefolie abgedeckt eventuell kurz im Kühlschrank rasten lassen. Auf einer leicht bemehlten Arbeitsfläche ca. 2–3 mm dick ausrollen und weiterverarbeiten.

Topfen-Grieß-Teig für Obstknödel

ZUTATEN

250 g Topfen · 70 g Butter

70 g Grieß

70 g griffiges Weizenmehl

1 Ei

Prise Salz

20 g Vanillezucker

evtl. etwas Zitronen- oder Orangenschale (oder-pulver)

ZUBEREITUNG

- Die Butter in einem kleinen Topf schmelzen.
- In einer Schüssel Topfen mit dem Ei verrühren. Mit Butter, Grieß, Mehl, einer Prise Salz sowie Vanillezucker und nach Belieben etwas abgeriebener Zitronen- oder Orangenschale zu einem Teig verarbeiten. Etwa 45 Minuten rasten lassen.
- Je nach weiterer Verwendung zu einer Rolle formen und für Knödel oder Nudeln weiterverarbeiten.

VERWENDUNG: für Knödel und süße Nudeln

Ziehteig

ZUTATEN

200 g glattes Weizenmehl

50 g beliebiges Pflanzenöl wie Sonnenblumen-, Oliven-, Raps- oder Maiskeimöl

gute Prise Salz

100 ml Wasser

Öl für die Form

ZUBEREITUNG

- Alle Zutaten in einer Rührschüssel vermengen und gut abkneten. Der Teig soll weich und elastisch sein.
- Den Teig in eine mit Öl ausgestrichene Form geben und mit Frischhaltefolie abgedeckt ca. 1–2 Stunden an einem warmen Ort rasten lassen.

SCHAUMROLLEN

- Zum Weiterverarbeiten den Teig auf einer leicht bemehlten Arbeitsfläche ca. 2–3 mm dick ausrollen, in ca. 1 cm breite Streifen schneiden. Auf kleine oder große Schaumrollformen aufrollen, mit verquirltem Ei bestreichen und bei ca. 190–200 °C ca. 6–9 Minuten backen. Noch warm von den Formen lösen.
- Ausgekühlt mit Schlagobers oder Füllcreme für Schaumrollen füllen.

BACKZEIT: ca. 6–9 Minuten

ZIEHTEIGBLÄTTER MIT SESAM

- Den ausgerollten Ziehteig mit verquirltem Ei bestreichen und mit Sesam bestreuen, in ca. 10 cm dicke gefällige Stücke schneiden. Auf ein vorbereitetes Backblech geben und im vorgeheizten Backrohr bei ca. 180 °C etwa 3–6 Minuten backen.

BACKZEIT: ca. 3–6 Minuten

Erdäpfelteig für süße Tascherl und Nudeln

ZUTATEN

200 g griffiges Weizenmehl (ersatzweise Vollkornmehl)

500 g gekochte, geschälte, warm durchgedrückte mehlige Erdäpfel

50 g zerlassene Butter oder Butterschmalz

30–40 g Grieß

1 Ei

Salz

evtl. Vanillezucker und frisch geriebene Zitronen- oder Orangenschale

ZUBEREITUNG

- Die noch warmen, passierten Erdäpfel mit Mehl, zerlassener Butter, Grieß, Ei, je einer Prise Salz und Vanillezucker sowie nach Belieben geriebener Zitronen- oder Orangenschale rasch zu einem glatten Teig verarbeiten.
- Je nach weiterer Verwendung entweder auf einer bemehlten Arbeitsfläche ca. 5 mm dick ausrollen und Scheiben, Dreiecke, Quadrate etc. ausstechen oder daraus fingerdicke Nudeln formen.
- In Salzwasser je nach Größe ca. 10 Minuten leicht wallend ziehen lassen.

VERWENDUNG: Der Teig eignet sich für gefüllte Tascherl, Powidltascherl, Mohn- oder Schupfnudeln sowie für Obstknödel.

Gelingteig

Dieses Rezept stammt von Edith von Payr, Deutschland

ZUTATEN (für 1 Tortenform von 24–26 cm Ø)

200–230 g Feinkristallzucker

200 ml Sonnenblumen-, Maiskeim- oder Rapsöl

200 ml Flüssigkeit wie Wein, Most, beliebiger Fruchtsaft, Kompottsaft, Milch, Kaffee, Prosecco, Glühwein, Punsch

4 Eier

1 Pkg. Backpulver

300 g glattes Weizen- oder feines Dinkelmehl

zerlassene Butter oder Margarine und Semmelbrösel für die Form

ZUBEREITUNG

- Den Boden der Tortenform mit Butter oder Margarine einstreichen und mit Bröseln bestreuen. Eier mit Zucker ca. 4–5 Minuten hell und dickschaumig aufschlagen. Öl und Flüssigkeiten einrühren und zuletzt das mit Backpulver vermischte Mehl untermengen. Die Teigmasse in die Form füllen und bei ca. 175–185 °C mit Heißluft ca. 40–50 Minuten backen. Gegen Ende der Garzeit eine Stäbchenprobe machen, kurz überkühlen lassen und aus der Form nehmen.
- Unter den Teig können auch 1–2 EL Kakaopulver, ca. 150 g gemahlene Nüsse, Mandeln, Walnüsse, Mohn oder Nussmischungen, Marzipan, Nougat, After-Eight-Stücke, kleine Bountys, Kokosflocken, 100 g Schokoladeraspeln, Rosinen, beliebige Dörrfrüchte sowie Backaromen wie Vanille, Zitronen-, Orangen- oder Limettenschalen oder -zucker, Bittermandelöl u. v. m. gemengt werden.

BACKZEIT: ca. 40–50 Minuten

FÜR EINEN GEMISCHTEN BODEN

- Masse herstellen, teilen, einen Teil mit 1–2 EL Kakaopulver einfärben und getrennt backen oder zuerst den hellen und dann den dunklen Teig in eine Tortenform füllen.
- Eventuell 2/3 des Teiges in die Tortenform füllen, restlichen Teig mit Kakao einfärben, in einen Spritzbeutel füllen und spiralförmig in den hellen Teig einspritzen.

FÜR EINE FRUCHTFÜLLE UND HALBEN TEIGBODEN

1 Dose Kompottmarillen, -pfirsiche oder -birnen (ca. 450 g Abtropfgewicht)

800 g Buttermilch oder Joghurt

ca. 150 g Feinkristallzucker oder fein gesiebter Staubzucker

8–10 Blatt Gelatine

etwas Zitronensaft

- Gelatine ca. 10 Minuten in kaltem Wasser einweichen.
- Früchte abgießen, Saft auffangen, Früchte pürieren (3 EL für Belag zur Seite geben), mit Buttermilch oder Joghurt und Zucker verrühren. Gelatine mit etwas Zitronensaft in einem Topf sehr warm auflösen und zügig unter die Masse rühren.
- Die Masse auf dem Tortenboden verteilen und ca. 3 Stunden im Kühlschrank durchziehen lassen.

- Das Fruchtpüree mit Saft auf 250 ml auffüllen und mit 1 Packung Tortengelee einkochen.

VARIANTE: Fruchtpüree noch vor der Cremezugabe auf das Biskuitblatt verteilen und fest werden lassen oder Fruchtpüree als Gelee über die fertig abgestockte Creme ziehen.

Backteig

ZUTATEN

2 Eidotter · 2 Eiklar

150 g glattes Weizen- oder feines Dinkelmehl

1 TL Stärkemehl

20 g Feinkristallzucker

125 ml Weißwein (oder Most, Milch, aber auch Bier)

Salz

Rum, Schnaps, Vanillezucker und Zitronenschale nach Belieben

ZUBEREITUNG

- Dotter mit Mehl, Weißwein und einer Prise Salz zu einem glatten Teig verrühren.
- Eiklar mit Kristallzucker und Stärke zu cremigem Schnee aufschlagen.
- Nach Belieben mit Rum, Schnaps, Vanillezucker und/oder Zitronenschale aromatisieren.

VERWENDUNG: für gebackene Apfelspalten, Früchte in Backteig, aber unter Weglassen der süßen Aromen und entsprechender Würzung auch für pikante Gerichte

Germteig mit Topfen

Dieses Rezept stammt von Edith von Payr, Deutschland

ZUTATEN

500 g glattes Weizenmehl

1 Pkg. Trockengerm

100 ml kalte Milch

1 Ei

125 g Topfen

100 ml Öl

80 ml kaltes Wasser

1 EL Salz

20 g Feinkristallzucker

ZUBEREITUNG

- Mehl mit Germ vermischen, mit den restlichen Zutaten vermengen und zu einem Teig kneten.
- Zugedeckt ca. 1 Stunde gehen lassen.
- Für gebackene oder gekochte Teigtaschen, Strudel, Pasteten, Kipferl oder Früchtekuchen weiterverarbeiten.
- Diese Masse ergibt ca. 30 Taschen mit Topfenfülle.
- Bei 170 °C ca. 15–18 Minuten backen.

BACKZEIT: ca. 15–18 Minuten

Biskuitboden (Biskuittorte)

ZUTATEN
FÜR HELLEN BODEN

- 6 Eier
- 180 g Feinkristallzucker
- 180 g glattes Weizen- oder feines Dinkelmehl
- evtl. 30 g Öl oder zerlassene Butter
- Butter und Mehl für die Form
- Marmelade nach Bedarf

FÜR DUNKLEN BODEN

- 6 Eier
- 190 g Feinkristallzucker
- 160 g glattes Weizenmehl
- 30–40 g fein gesiebter Kakao
- evtl. 30 g Öl oder zerlassene Butter
- Butter und Mehl für die Form
- Marmelade nach Bedarf

ZUBEREITUNG

- Das Backrohr auf 165–175 °C Heißluft vorheizen.
- In einer Schüssel die Eier mit Zucker sehr schaumig rühren, Mehl (bei dunklem Biskuitboden mit Kakao) unterheben und zuletzt Öl bzw. Butter unterrühren.
- Einen Tortenreifen (oder eine Springform) mit Butter ausstreichen, mit Mehl ausstreuen und den Teig einfüllen.
- Im vorgeheizten Backrohr ca. 35–45 Minuten backen.
- Dann herausnehmen und überkühlen lassen. Nach Belieben halbieren, mit Marmelade oder Füllcreme füllen oder anderweitig weiterverarbeiten.

TIPP: Biskuit eignet sich recht gut zum Tiefkühlen, weshalb Sie am besten gleich einen zweiten Biskuitboden auf Vorrat backen sollten.

BACKZEIT: ca. 35–45 Minuten

Nussboden

ZUTATEN
(für einen Tortenreifen von 24 cm Ø, 3 cm hoch)

- 80 g weiche Butter
- 10 g Vanillezucker
- Schale einer 1/2 unbehandelten Zitrone oder Orange
- 4 Dotter

- 4 Eiklar
- 80 g Feinkristallzucker
- Prise Salz
- 100 g fein geriebene Hasel- oder Walnüsse
- 50 g Semmelbrösel

ZUBEREITUNG

- Butter mit Vanillezucker und Zitronenschale schaumig rühren, nach und nach die Dotter einmengen.
- Eiklar mit Zucker und Salz zu schmierig-steifem Schnee schlagen.
- Die Dottermasse behutsam unter den Schnee ziehen und die Nüsse und Brösel vorsichtig unterheben.
- Die Masse in eine mit Butter ausgestrichene Tortenform füllen und im vorgeheizten Backrohr bei ca. 165–175 °C mit Heißluft ca. 25–30 Minuten backen.

BACKZEIT: ca. 25–30 Minuten

TIPPS

- Die Hälfte der Brösel kann auch durch Biskuitbrösel ersetzt werden.
- Beliebig mit Zimt, Nelken, Ingwer, Muskatnuss u. dgl. geschmacklich aromatisieren.
- Eignet sich sehr gut als Tortenboden für diverse Füllungen.

Schokolade-Nussboden

Dieses Rezept stammt von Andrea Dechant, Scharnstein

ZUTATEN
(für 1 Tortenreifen von 24 cm Ø)

60 g Bitterkuvertüre, klein geschnitten oder Linsen
5 Dotter
10 g Feinkristallzucker
20 g Rum
Prise Salz
20 g Vanillezucker

5 Eiklar
30 g Feinkristallzucker
35 g glattes Weizen- oder feines Dinkelmehl
120 g fein geriebene Nüsse oder beliebige Nussmischungen

ZUBEREITUNG

- Kuvertüre in einer Schüssel über einem Wasserbad schmelzen.
- Dotter, 10 g Zucker und Aromen zuerst warm, danach kalt rühren und schaumig aufschlagen.
- Eiklar mit 30 g Zucker zu cremig-steifem Schnee schlagen, Kuvertüre in die Dottermasse mengen, Schnee unterheben und Mehl und Nüsse vermengen und ebenfalls vorsichtig unterheben.
- Die Tortenform mit Papier einschlagen oder mit zerlassener Butter ausstreichen und auf ein Backblech oder Gitter stellen.
- Den Teig in die Tortenform einfüllen, glatt streichen und im vorgeheizten Backrohr bei ca. 170 °C ca. 20–30 Minuten backen.
- Für einen kleinen Boden nur die Hälfte der Masse zubereiten.

BACKZEIT: ca. 20–30 Minuten

Marzipan-Tortenboden

ZUTATEN
(für 1 Tortenreifen von 24 cm Ø)

200 g Rohmarzipan
30 g Orangensaft
Schale von 1–2 unbehandelten Orangen oder Orangenzucker
70 g Vanillezucker
8 Dotter (ca. 160 g)
120 g Butter
7 Eiklar
160 g Feinkristallzucker
120 g glattes Weizen- oder feines Dinkelmehl
50 g Aranzini

zerlassene Butter und Mehl für die Form

ZUBEREITUNG

- Marzipan eventuell durch eine Erdäpfelpresse drücken und mit Orangensaft, -schale, Vanillezucker verrühren, nach und nach Dotter unterrühren und schaumig schlagen.
- Butter heiß schmelzen. Eiklar mit Zucker zu einem festen, cremigen Schnee schlagen und behutsam unter die Marzipanmasse heben.
- Mehl mit Aranzini vermengen und zusammen mit der heißen Butter unter die Masse mengen.
- Den Tortenreifen mit zerlassener Butter ausstreichen, mit Mehl ausstreuen und die Masse einfüllen.
- Backofen auf ca. 170–180 °C vorheizen und den Tortenboden ca. 35 Minuten backen.

BACKZEIT: ca. 35 Minuten

Butterbrösel

ZUTATEN

100 g Butter oder Butterschmalz

130–200 g Semmelbrösel

ca. 60 g Feinkristallzucker, je nach gewünschter Süße

10 g Vanillezucker

etwas Zimt

ZUBEREITUNG

- In einer Pfanne die Butter zerlassen, Semmelbrösel und Zucker beigeben und hellbraun rösten.
- Mit Vanillezucker und Zimt aromatisieren.

VARIATIONSMÖGLICHKEITEN

Je nach weiterer Verwendung lassen sich die Butterbrösel noch durch folgende beigemengte Zutaten abwandeln:

- Gemahlene Nüsse (Mandeln, Walnüsse, Haselnüsse, Pekannüsse, Macadamianüsse oder Erdnüsse), Sesam, Kürbiskerne oder Sonnenblumenkerne
- Geriebener Nusskrokant, Mohn oder Lebkuchenbrösel
- Nelkenpulver, Lebkuchengewürz
- Kokosflocken, Kakaopulver
- Zitronen- oder Orangenzucker
- Zerkleinerte Trockenfrüchte oder fein gehackte Minzeblätter

VERWENDUNG: Zum Verfeinern von warmen Mehlspeisen, wie Obst- oder Topfenknödeln, Powidltascherln, aber auch von Strudel-Füllmassen.

Nussstreusel

ZUTATEN

120 g glattes Weizen- oder feines Dinkelmehl

100–120 g Feinkristall-, Gelb-, Roh- oder Rohrzucker

20 g Vanillezucker

Prise Zimt oder Lebkuchengewürz

100 g kalte Butter, klein geschnitten

120 g fein geriebene Haselnüsse, Kürbiskerne, Mandeln oder beliebige Nüsse oder eine Nussmischung

Prise Salz

evtl. fein geriebene, unbehandelte Zitronen- oder Orangenschale

ZUBEREITUNG

- Alle Zutaten in einer Küchenmaschine mit dem Knethaken oder von Hand rasch zu einem Teig vermengen und nur sehr kurz durchkneten. Eventuell ca. 2 Stunden kühl stellen, mit einer feinen oder gröberen Reibe reiben oder durch die Erdäpfelwiege drücken und auf ein vorbereitetes Backblech geben.
- Im vorgeheizten Backrohr bei ca. 170 °C ca. 10–12 Minuten mit Heißluft knusprig backen.
- Gröbere Stücke eventuell mit den Händen zerteilen.
- Abgekühlt gut verschlossen lagern und zum Bestreuen von Fruchttorten, Eisbechern, Parfaits oder als Fruchttortenunterlage anstelle von Biskuit oder Biskotten verwenden.
- Ungebacken die Masse in Frischhaltefolie verpackt einige Tage im Kühlschrank lagern und bei Bedarf auf einen beliebigen Kuchen (Zwetschken-, Marillen- oder Früchtekuchen bzw. -fleck) reiben und backen.

BACKZEIT: ca. 10–12 Minuten

Füllcreme für Mohn-Nuss-Roulade mit Kirschen

ZUTATEN (für 1 Roulade)

- 500 g Obers
- 40 g Vanillezucker
- 3 Blatt Gelatine, ca. 10 Minuten in kaltem Wasser eingeweicht
- 70 g Feinkristallzucker
- 350 g Dunstkirschen oder Weichseln, gut abgetropft

ZUBEREITUNG

- Obers mit Zucker und Vanillezucker cremig-steif aufschlagen, Gelatine ausdrücken und mit einer Teigkarte eine kleine Menge Obers gut unterrühren. Diese Masse unter das verbliebene Obers mengen.
- Die Kirschen einrühren und die Biskuitroulade damit füllen.

Foto rechts

Topfenfülle

ZUTATEN
(für 1 helle Torte von 26 cm Ø)

- 1 vorbereitete Biskuittorte (Rezept siehe Seite 209)
- 500 g Topfen (20 %)
- ca. 80–100 g Feinkristallzucker
- 1 Pkg. Vanillezucker
- 250 ml Milch
- 1–2 Eier
- 40 ml Zitronensaft
- 400 ml Schlagobers, cremig-steif geschlagen
- 6–7 Blatt Gelatine
- 20 ml Rum
- evtl. 200–250 g abgetropfte Kompottfrüchte nach Belieben

- Ribiselmarmelade oder beliebige Marmelade zum Bestreichen
- Staubzucker zum Bestreuen der Torte

ZUBEREITUNG

- Gelatine ca. 10 Minuten in kaltem Wasser einweichen.
- Milch mit Zucker und Vanillezucker aufkochen, die Eier in einer Schüssel aufschlagen. Den Mixstab in die heiße Milch stellen, einschalten und die Eier darin einmixen. Gelatine aus dem Wasser nehmen, ausdrücken und in der heißen Milch auflösen. Etwas überkühlen lassen.
- Topfen, Rum sowie Zitronensaft einmengen und zuletzt geschlagenes Obers unterheben. Nach Belieben die abgetropften Kompottfrüchte einmengen oder auf dem Tortenboden verteilen.
- Die vorbereitete Biskuittorte zweimal durchschneiden, eine mit einem Reifen umstellte Tortenform (Springform) an den Rändern mit Backpapier auslegen. Einen Tortenboden hineinlegen, mit Ribiselmarmelade bestreichen, zweiten Tortenboden auflegen und die Topfenmasse einfüllen. Deckel auflegen und ca. 3–4 Stunden kalt stellen. Dann Reifen abziehen und die Torte mit Zucker bestreut servieren.

VARIATIONSMÖGLICHKEITEN

- Die Topfenmasse mit Orangenpaste abschmecken und anstelle von Rum mit Cointreau aromatisieren.
- Für eine weihnachtliche Topfentorte die Milch mit Zimt, Lebkuchengewürz, Ingwer, Orangenschale aufkochen.
- Anstelle von Rum und Zitronensaft mit Eierlikör aromatisieren.
- Mit Roh-, Gelb-, Blüten- oder Minzzucker bereiten.
- 200 g Schlagobers durch Joghurt oder Sauerrahm ersetzen.
- 100 g Topfen durch 100 g Beerenpüree ersetzen.

GARNITUREMPFEHLUNG: Beeren und frische Früchte
TIPP: Zucker kann auch wesentlich reduziert werden.

Pariser Creme

ZUTATEN

300 ml Obers

250–300 g Kuvertüre, klein geschnitten oder kleine Linsen

evtl. 30 g Haselnussmark oder Nougat

ZUBEREITUNG

- In einem Topf das Obers mit der Kuvertüre aufkochen. Eventuell Haselnussmark oder Nougat einmengen, durchrühren und wieder abkühlen lassen.
- Vor der weiteren Verarbeitung cremig aufrühren.
- Verwendung als Füllcreme für Torten, Kuchen und Kekse.

Maronen- bzw. Kastanienmus

ZUTATEN (für 4–6 Portionen)

FÜR DAS MUS

3 Blatt Gelatine

40 ml Kirschwasser

250 g Maronenpüree aus der Dose oder tiefgekühlt

2 Eiklar (pasteurisiertes Eiklar)

20 g Vanillezucker

250 g Obers

ZUM GARNIEREN

Hippenblätter, Waffeln, Minze- oder Melissenblätter

Kirschenragout oder beliebige Früchte

ZUBEREITUNG

- Gelatine ca. 10 Minuten in kaltem Wasser einweichen.
- Hälfte des Kirschwassers gut erwärmen und ausgedrückte Gelatine darin auflösen.
- Maronenpüree mit dem restlichen Kirschwasser verrühren, dann die Kirschwassergelatine in die Mischung einrühren. Eiklar mit dem Zucker nach und nach zu cremigem Schnee aufschlagen.
- Obers cremig aufschlagen und mit dem Schnee unter die Maronencreme heben. Das Mus in vorbereitete Gläser füllen.
- Mit Kirschenragout oder beliebigen Früchten garnieren bzw. servieren.

FÜR DAS PÜREE ZUM SELBSTHERSTELLEN

- 125 ml Wasser aufkochen, die aufgeschnittenen Maronen zugeben und ca. 15 Minuten weich kochen.
- In der Zwischenzeit 70 ml Wasser mit 20 g Zucker sirupartig einkochen lassen.
- Die Maronen damit pürieren, bis eine streichfähige Masse entsteht.

Vanillesauce von „englischer Creme"

ZUTATEN (für 4 Portionen)

250 ml Milch

40 g Obers

10 g Vanillezucker

Prise Salz

2 Eidotter

40 g Feinkristallzucker

ZUBEREITUNG

- Milch, Obers, Vanillezucker und Aromen (siehe Tipp) aufkochen. In einem Rührkessel die Dotter mit dem Zucker aufschlagen, dann die gekochte Milchmasse einrühren, noch einmal auf ca. 85 °C erhitzen. Die Sauce ist fertig, wenn sie die richtige Kochtemperatur erreicht hat.
- Eventuell passieren und noch einige Minuten weiterrühren.
- Diese Sauce kann sowohl warm als auch kalt serviert werden.

TIPP: Mit Aromen wie Zimt, Nelken, Kaffee, Kamille, Minze, Holunder, Tees, Alkohol oder Likören eine beliebige Geschmacksnote geben.

Vanillesauce

ZUTATEN

500 ml Milch

ca. 20 g Vanillepudding-pulver

ca. 2 EL Zucker nach Geschmack

Mark von 1 ausgekratzten Vanilleschote oder 1 EL Vanillezucker

je nach Verwendung ein kräftiger Schuss Rum, Cointreau, Weinbrand, Amaretto oder beliebiger Alkohol oder Fruchtsirup

ZUBEREITUNG

- In einer Tasse das Puddingpulver mit wenig Milch glatt rühren.
- Die restliche Milch in einen Topf gießen, mit Zucker sowie Vanillemark oder Vanillezucker aromatisieren und alles unter wiederholtem Umrühren aufkochen lassen. Angerührtes Puddingpulver einmengen und unter ständigem Rühren einkochen lassen.
- Vom Feuer nehmen und je nach weiterer Verwendung mit einem kräftigen Schuss Alkohol oder Fruchtsaft abschmecken. Warm auftragen oder mit Frischhaltefolie abdecken und auskühlen lassen.

KOCHZEIT: 5 Minuten

VERWENDUNG: Warme Vanillesauce wird zu vielen warmen Mehlspeisen gereicht, etwa zu Dukatenbuchteln, Milchrahmstrudel oder Topfenstrudel.

VARIATIONSMÖGLICHKEITEN

- Wenn Sie in die noch heiße Vanillesauce einige Eidotter einmixen, so wird die Sauce besonders schön gelb und noch sämiger.
- Teilweises Ersetzen der Milch durch Obers macht die Sauce besonders samig.
- Verfeinern Sie die Sauce durch die Zugabe von Zimt, Sternanis, Nelken, Lebkuchengewürz oder Bittermandelöl; auch eingerührter geriebener Mohn, Nüsse oder Kürbiskerne setzen einen neuen Geschmacksakzent.
- Verwenden Sie statt Vanillepuddingpulver Schokolade-, Kaffee-, Karamell- oder Pistazienpuddingpulver.
- MARZIPANSAUCE: Etwas Marzipanmasse fein reiben und unter die heiße Vanillesauce rühren, überkühlen lassen und mit Mandellikör, etwas Amaretto oder Bittermandelöl aromatisieren.
- KROKANTSAUCE: Vanillesauce mit fein geriebenem Krokant mischen.
- KOKOS-VANILLESAUCE: 100 ml Milch durch Kokosmilch ersetzen und nach dem Kochen mit 50 ml Kokoslikör aromatisieren, mit Rohzucker oder Honig abschmecken.
- MARONISAUCE: 100 g Maronipüree in die heiße Vanillesauce einrühren und mit Cognac oder Grappa aromatisieren.
- PFEFFERMINZSAUCE: Die fertige Vanillesauce mit Pfefferminzpaste oder -aroma abschmecken.
- SCHOKOLADESAUCE: Etwas Nougat, Schokolade oder Schokoladetropfen in der heißen Sauce auflösen und bei Bedarf noch etwas Milch einrühren.
- KAFFEESAUCE: Etwas Löskaffeepulver mit der Milch aufkochen.
- KARAMELLSAUCE: 100–150 g Zucker in einem Topf hellbraun schmelzen, mit Milch aufgießen, auflösen und wie im Rezept beschrieben fortfahren.
- ORANGENSAUCE: Mit Cointreau oder Grand Marnier abschmecken und eventuell einen Teil der Milch durch Orangensaft ersetzen.
- ZIMTSAUCE: 1 Zimtstange oder fein gemahlenen Zimt in der Milch mitkochen und etwas ziehen lassen, dann die Sauce wie beschrieben zubereiten.
- Für KANARIMILCH, die zu vielen warmen Wiener Mehlspeisen gereicht wird, verdünnen Sie die Vanillesauce noch mit 3–4 Dottern.

Register

WEITERE LIEFERANTEN UND PARTNER VOM LANDHOTEL GRÜNBERG AM SEE

KÜCHENGERÄTE:

GAGGENAU

Gaggenau ist Hersteller von hochwertigen Hausgeräten und gilt als Innovationsführer für Technologie und Design „Made in Germany". Eine mehr als 330-jährige Tradition zeichnet das Unternehmen aus, das mit international vielfach prämierten Produkten die private Küche immer wieder revolutioniert. Die Gaggenau Muldenlüftung VL 414 ist die elegante Alternative zur klassischen Esse. Sie wird direkt in die Arbeitsplatte eingebaut und schafft mit der dadurch gewonnenen Freiheit über dem Kochfeld die ideale Lüftungslösung für anspruchsvolle Raumsituationen, offene Küchen und Kochinseln.

Mitglied der Kenwood Kochakademie,
www.kenwoodworld.com

KENWOOD KOCH AKADEMIE

LEBENSMITTEL & CO:

Silvia und Markus Oberhauser, vulgo Zimmermann zu Broding, Kremsmünster, weidegans.oberhauser@aon.at Weidegänse, Bauernenten, Hühner, Erdäpfel, Knoblauch, Most, Apfelsaft, Nudeln, Eier

Schaffleisch, Familie Beiskammer, Kirchham/Vorchdorf, rupern.beiskammer@aon.at, http://www.schafe-ooe.at/direktvermarktung.html

Fa. Riess Kelomat, Ybbsitz, www.riess.at

Kochrezepteforum und Kochschule in Wien, www.ichkoche.at

Gmundner Keramik, www.gmundner.at

Die Seer, www.dieseer.at

Schafkäse, Familie Mössl, Vorchdorf, fam.moessl@aon.at

Heidelbeeren, Lohninger Gerhard, Seewalchen, www.lohningers-heidelbeergarten.at

Frischfangfischerei Seewalchen am Attersee, www.finestfish.at

Hasenfit, Familie Voglsam, Hofkirchen, Biofruchtsäfte, www.hasenfit.at

Trachtenmode: www.wichtlstube.at

Gemüse Edthofer, Gmunden

Trawöger-Dorfner, Fischerei in der Fischerbucht, Altmünster, karin.trawoeger@traunseenet.at

Gemüse Lackner, Eferding, lacknergemuesehandel@aon.at

Konditorei und Lebzelter Lubinger, Freistadt, www.konditorei.lubinger.at

Fleischhauerei Pöll, Vorchdorf, www.poell-vorchdorf.at

Fa. Rechberger, Linz, www.rechberger.at

Hotel 3 Sonnen, Franz und Irene Lechleitner, Serfaus, www.dreisonnen.com

Hotel Castel, Christian Pernkopf, Serfaus, www.castel.at

WEITERE KOOPERATIONEN,
INTERESSANTE ADRESSEN UND AUSFLUGSZIELE

www.kultiwirte.at · www.boeg.at
www.salzkammergut.fischrestaurants.at
www.schloesseradvent.at · www.genussland.at
www.traunsee.at
www.traunseeschifffahrt.at · www.gutesvombauernhof.at
www.oberoesterreich.at · www.landesausstellung.at
www.ama.at/Genussregionen · www.genussland.at
www.genuss-region.at
Österreichs 1. Kindererlebnishof Funtasia,
www.kindererlebnishof.at

Traunseewirte: www.traunseewirte.at
Die Traunseewirte bereiten traditionelle Gerichte aus regionalen Produkten zu. Nach dem Motto „natürlich regional – die beste Art, unsere Landschaft zu erhalten" werden viele Zutaten für die abwechslungsreichen Spezialitäten direkt bei den Landwirten gekauft.

LANDHOTEL GRÜNBERG AM SEE

Idyllisch am Traunseeostufer liegt das Landhotel Grünberg. Mit eigenem Badeplatz, Schiffsanlegestelle und herrlichem Terrassenrestaurant lädt man zum Entspannen und Genießen. Zahlreiche Freizeitmöglichkeiten bieten sich sowohl für Sportbegeisterte als auch für Genießer. Für Seminare und Feiern jeglicher Art stellen wir großzügige und gut ausgestattete Räumlichkeiten zur Verfügung.
Verbringen Sie Traumtage am Traunsee mit Wanderungen, Badespaß am hauseigenen Badestrand, Ruder- oder Elektrobootfahren. Wasserski-, Segel- oder Surfschule sind nur wenige Gehminuten entfernt. Biken auf der Salzkammergut-Radstrecke, Fliegenfischen oder sich einfach „erholen" im familiengeführten Landhotel Grünberg am See.

LANDHOTEL GRÜNBERG AM SEE

Hotel & Gastronomie
Traunsteinstraße 109 | 4810 Gmunden
Tel.: +43 (0) 7612 77 700 oder+43 (0) 699 177 700 71
hotel@gruenberg.at · www.gruenberg.at

DIE PERNKOPF GENUSSKOCHSCHULE

Bei einem Kochkurs lernen Sie Spezialitäten der österreichischen Küche kennen und auch selbst zu kochen. Gekocht wird in gemütlichem Rahmen in einer multifunktionalen Küche, die keine Wünsche und Fragen offen lässt, optimal eingerichtet mit vielen Details und Raffinessen.
Intensive Kommunikation, Motivation und Entwicklung von Gruppendynamik passieren in lockerer, zwangloser Atmosphäre.
Verlassen Sie einmal Ihren gewohnten Arbeitsplatz und verbringen Sie einen Kochabend, einen ganzen Kochtag oder eine Tagung mit anschließendem Kochevent in unserer neuen Kochschule.
Unsere Küche ist bewusst einer Haushaltsküche nachempfunden, damit Sie Erlerntes auch daheim einfach nachkochen können.
Hier können Anfänger und Begabte ihre Kochkünste verfeinern, die Speisen kreativ anrichten und anschließend in gemütlicher Runde genießen.

DANK

Wir bedanken uns besonders bei Franz Pernkopf für die Unterstützung bei der Fertigstellung des Buches. Weiters bei den Mitarbeitern aus der Küche des „Grünberg" – Küchenchef Josef Durstberger, Peter Riess, Thomas Pointl, Konditorin Andrea Dechant, Sandra Hummer, Maria Miglbauer und Anneliese Wartha. Sie haben durch das geduldige Nachkochen der Rezepte und das Ausprobieren der Gerichte dieses Buch mit möglich gemacht.

Weiters ein herzliches Dankeschön an alle Helfer, die im Hintergrund fleißig und mit vollem Einsatz an diesem schönen Buch mitgearbeitet haben.

Besonderer Dank gilt den Partnern:
www.traunseewirte.at · www.gaggenau.at
www.genussland.at · www.kenwoodworld.com

Alexander Höss-Knakal
Michael Rathmayer
Das Styria-Verlagsteam

IMPRESSUM

ISBN 978-3-85431-735-7

styria BOOKS

Bücher aus der Verlagsgruppe Styria gibt es in jeder Buchhandlung und im Online-Shop

styriabooks.at

Foodfotografie: Michael Rathmayer
Foodstyling: Alexander Höss-Knakal
Assistenz: Gabi Balaz & Julia Schmid
Geschirr: Marianne Seiz · *www.seiz-keramik.at*
Foto S. 6: Archiv Pernkopf
Vor- und Nachsatz: istockphoto.com/KIV_ph

Lektorat: Josef Weilguni
Umschlag- und Buchgestaltung: Bruno Wegscheider

Reproduktion: Pixelstorm, Wien
Druck und Bindung: FINIDR

7 6 5 4 3 2
Printed in EU

DIE AUTOREN

INGRID PERNKOPF, geb. in Gmunden am Traunsee, gestorben am 16. August 2016, führte seit 1989 gemeinsam mit ihrem Mann Franz das Gasthaus „Grünberg am See". Im Pichler Verlag erschienen von ihr u. a. die Kochbuch-Bestseller „Die Vorratsbibel", „Die Resteküche", „Die Österreichische Küche" und zuletzt die „Oberösterreichische Küche" (2016).

ALEXANDER HÖSS-KNAKAL, geb. in Wien, lebt in Klosterneuburg und ist ausgebildeter Koch: Er spezialisierte sich auf Patisserie und war jahrelang in der Spitzengastronomie im In/Ausland tätig. Seit 1997 selbständig als Foodstylist und Rezeptautor für Kochbücher und Magazine; seit 1999 Kochlehrer an der Höheren Bundeslehranstalt für Tourismus in Wien.

DER FOTOGRAF

MICHAEL RATHMAYER, geb. 1960, ist seit 1990 als Fotograf in den Bereichen Food-Fotografie und Werbung tätig. Zahlreiche Kunstprojekte für internationale Organisationen. Fotografierte für den Pichler Verlag u. a. das „Sacher-Kochbuch", „Moos.Fisch.Rinde.Blatt", „Burgenländische Hochzeitsbäckerinnen", „Die Steirische Küche" und „Weihnachten mit den burgenländischen Hochzeitsbäckerinnen".